D1810932

Bibliotheque Médico-Physique Du Nord
by Philippe Rodolphe Vicat

Copyright © 2019 by HardPress

Address:
HardPress
8345 NW 66TH ST #2561
MIAMI FL 33166-2626
USA
Email: info@hardpress.net

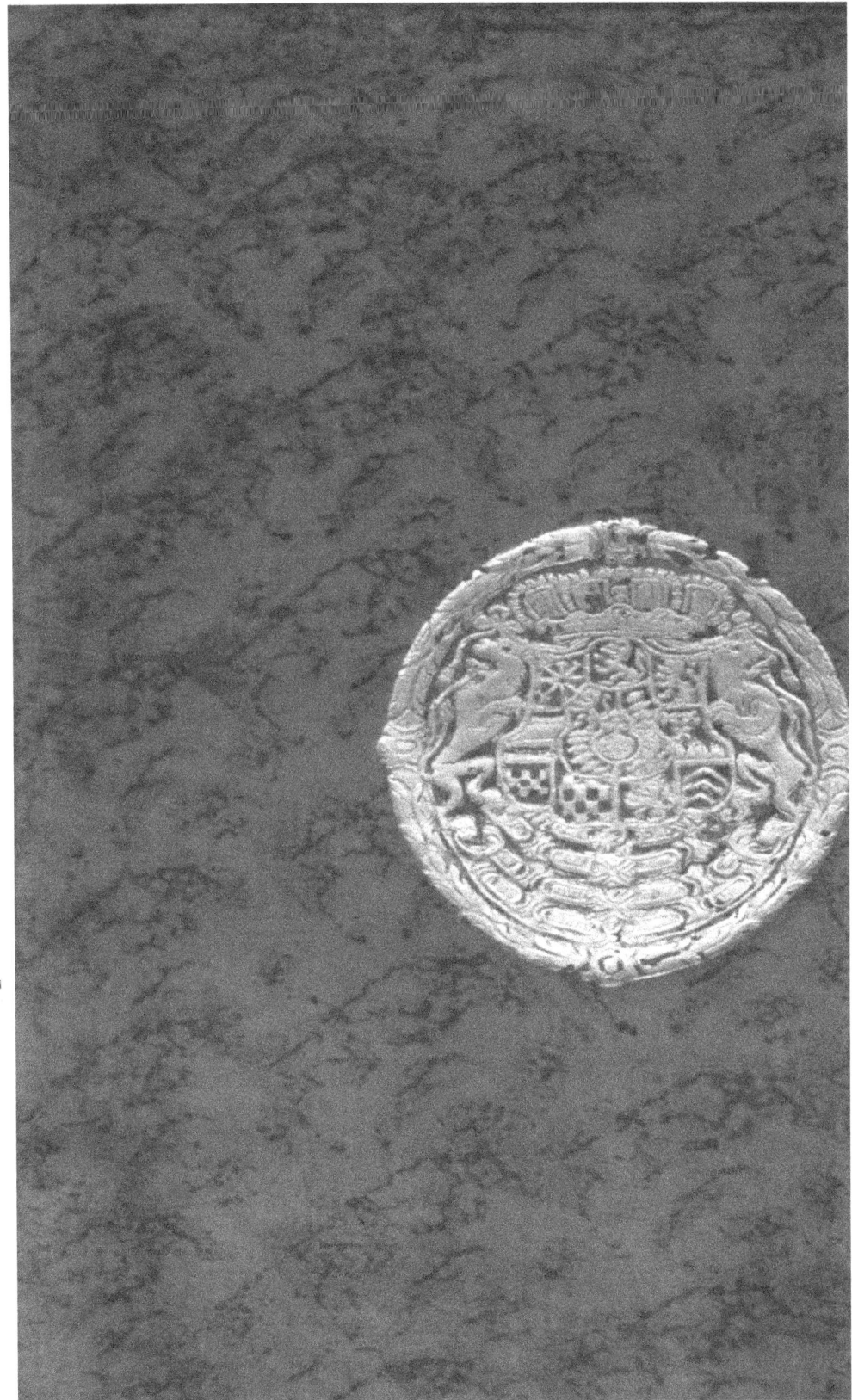

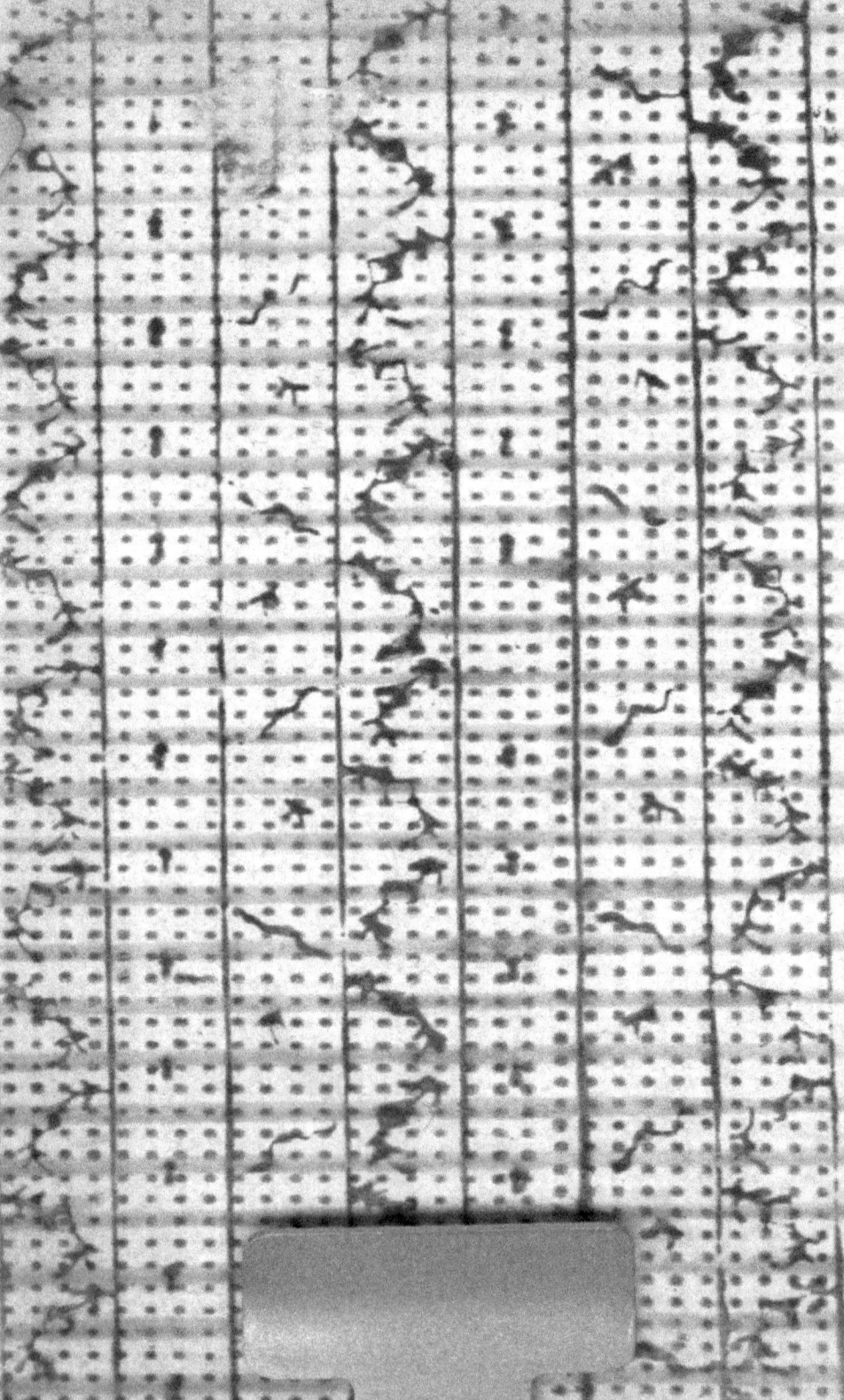

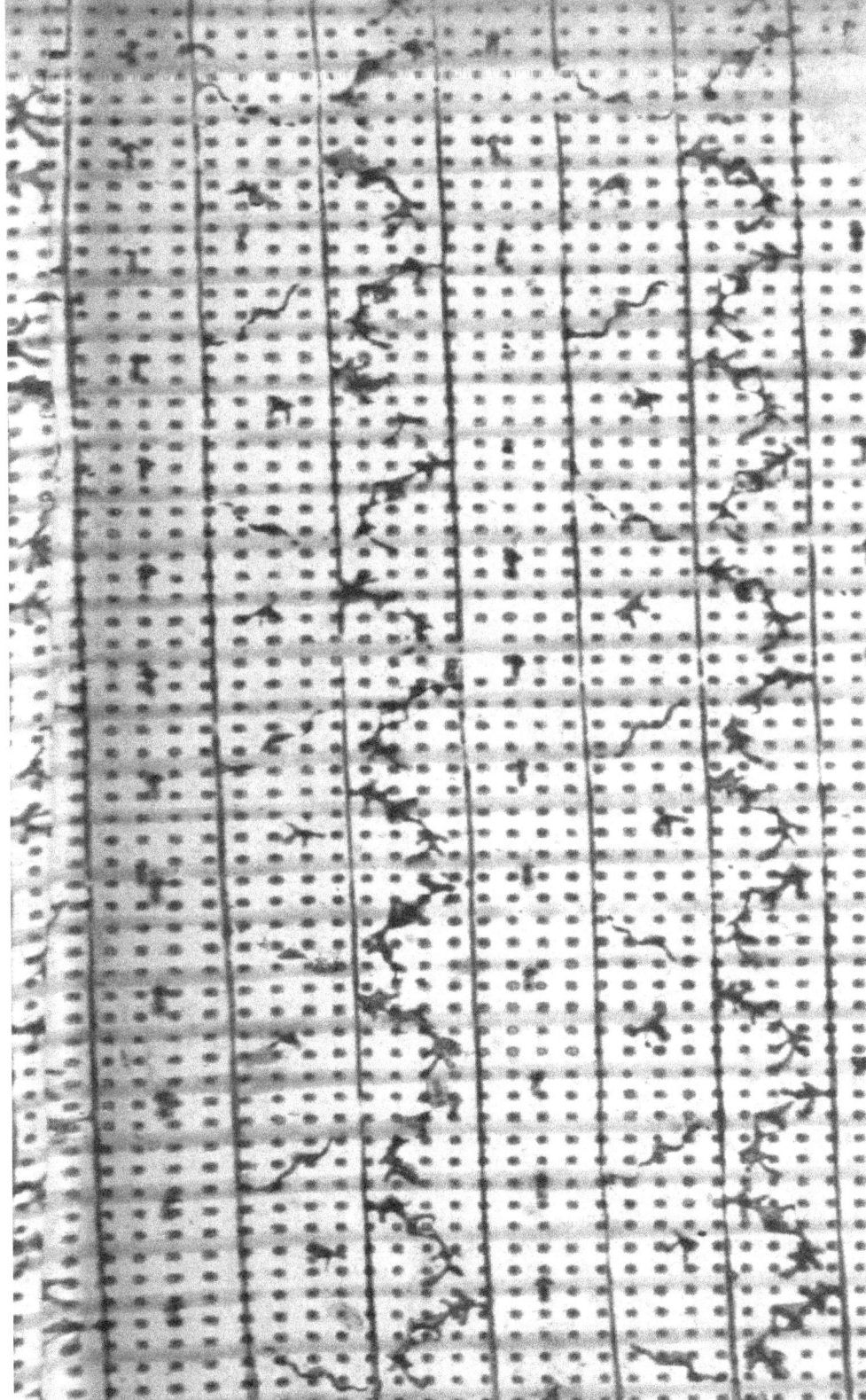

<36635991090010

<36635991090010

Bayer. Staatsbibliothek

Med. gen. ...

Medicina. Scripta varia ar
mediciam illuftrantia

Jl.⁶ 3861³

BIBLIOTHEQUE
MÉDICO-PHYSIQUE
DU NORD,
OU

Recueil périodique de ce qu'il y a d'essentiel, d'intéressant & de plus nouveau, sur-tout en fait d'observations & de découvertes, dans les collections académiques, & dans les autres ouvrages des savants du nord, soit en Médecine, Chirurgie & Pharmacie, en Histoire naturelle & Physique, ou en Chymie, avec les extraits & la notice des livres modernes qui traitent de ces sciences.

Ouvrage divisé en trois parties indépendantes, séparées en faveur des lecteurs de différentes classes, entr'autres des amateurs de l'économie & des arts, & rédigé d'après tout ce que le Nord fournit de plus intéressant dans ces différentes parties, &c. &c.

PAR M. P. R. VICAT.

Docteur Médecin, Membre de la Société médico-physique Helvétique, correspondant de la Société royale des Sciences de Göttingue, &c. & Médecin pensionné de la ville de Payerne.

TOME PREMIER.

A LAUSANNE,
Chez FRANÇOIS GRASSET & Comp.

M. DCC. LXXXIII.

BIBLIOTHECA
REGIA
MONACENSIS.

PRÉFACE.

CEux qui, par état ou par goût, cultivent la médecine & les différentes parties, l'histoire naturelle, la physique & la chymie, conviendront sans peine qu'on ne peut se passer de la lecture des collections académiques, & des journaux qui rendent compte des livres nouveaux & des découvertes qui se publient en divers pays pour l'avancement de ces belles & utiles sciences. Mais ils sentiront sans doute en même tems, qu'il est bien peu de personnes en état de se procurer tous ces ouvrages périodiques, ou de les lire dans les différentes langues dans lesquels ils font écrits. C'est assurément-là un grand obstacle à la propagation de ces connoissances si nécessaires & si agréables.

C'est dans la vue d'y remédier, que j'ai conçu l'idée de recueillir & de publier en françois dans un même journal, tout ce qu'il y a d'essentiel & d'intéressant rélativement à la médecine, à la physique, &c. dans les collections académiques & dans les journaux qui nous viennent du Nord, & qui font écrits dans des langues beaucoup moins connues en France que celles des contrées méridionales de l'Europe, dans lesquelles ces sciences se cultivent avec succès.

On ne manque pas en France de journaux très-bien faits qui rendent compte des nouveautés les plus intéressantes en fait de médecine, d'hiftoire naturelle, &c. qui paroiffent dans ce royaume ainfi qu'en Italie & dans d'autres contrées méridionales de l'Europe ; mais on n'y a pas des fecours fuffifants par rapport aux productions du même genre, fur-tout par rapport aux collections académiques, mémoires particuliers &c. qui fe publient en Angleterre, en Suede, &c. &c. ; productions dont le nombre & l'importance font confidérables, comme il fera facile de le voir en parcourant le premier tome de cette *Bibliotheque.* C'eft à fuppléer à ce défaut qu'eft principalement deftinée la *Bibliotheque médico-phyfique du Nord.*

Conféquemment, & conformément à ce titre, je me borne à rédiger en françois ce qu'il y a d'intéreffant & de nouveau dans les ouvrages périodiques du nord relativement aux fciences en queftion. On verra qu'à l'exemple des plus célebres journaliftes allemands, je donne des extraits complets des mémoires & obfervations confignés dans les collections académiques angloifes, fuédoifes, hollandoifes, allemandes, &c. collections très-volumineufes & très-cheres, dont les favants qui n'ont pas affez de fortune ou de connoiffance des langues du nord pour fe les procurer, pourront fe paffer au moyen de mon journal, qui fera le feul, fi je ne me trompe fort, qui offre en françois un enfemble auffi complet de tout ce que le nord fournit annuellement de nouveautés en médecine, phyfique, &c. &c.

Voici le catalogue des recueils périodiques & des journaux que je mets à contribution pour cette bibliotheque :

PRÉFACE. ♥

Pour la *claffe de la Médecine*, qui comprend en même tems la *Chirurgie* & la *Pharmacie*.

Sammlung auferlefener abhandlungen zum gebrauche praktifcher aerzte. C'eft-à-dire : Recueil de mémoires à l'ufage des médecins praticiens. A Leipfick, chez Dyck. Il en paroît toutes les années quatre cahiers qui forment un volume d'environ 720 pages, grand *in*-8°. fans nom d'auteur. Il paroît que c'eft l'ouvrage d'un très-habile médecin, du moins à en juger par fes notes.

Murray *medicinifche - praktifche bibliothek.* C'eft-à-dire : Bibliotheque de médecine-pratique par Mr. Murray, très-célebre profeffeur de Goettingue, &c. chez qui on admire généralement l'étendue & la profondeur des connoiffances auxquelles il joint le jugement le plus exquis, le plus fûr, le plus impartial & le plus modéré dans fa critique. Cette bibliotheque s'imprime à Goettingue, chez J. Christ. Dieterich : il en paroît chaque année quatre cahiers *in*-8°. pareillement d'environ 720 pages.

Tode *medicinifch-chirurgifche bibliothek.* C'eft-à-dire : Bibliotheque de médecine & de chirurgie, par Mr. Tode, profeffeur de Coppenhague, &c. Jufqu'à préfent il en a paru huit volumes *in*-8°. d'environ 600 pages, dont le premier eft imprimé en 1775, & le dernier en 1781. Il eft bien fâcheux pour les gens de l'art, que l'auteur ne le continue pas, ce qui fera caufe que depuis ce dernier volume, il n'en fera plus fait mention dans cette claffe de la *Bibliotheque mé-*

dico-physique. Le grand HALLER faisoit un cas particulier du journal de ce professeur Danois.

RICHTER *chirurgische bibliothek.* Cette bibliotheque de chirurgie, qui est très-estimée, s'imprime à Gœttingue depuis 1771, *in-8°.* il en paroît également quatre cahiers par an.

Pour la classe d'*Histoire naturelle* & de *Physique.*

Sammlungen zur physik und naturgeschichte, &c. C'est-à-dire : Recueil de pieces qui ont rapport à la physique & à l'histoire naturelle, par quelques amateurs de ces sciences. A Leipsick, chez DYCK. Il en paroît six cahiers d'environ 100 pages, grand *in-8°.* par an.

Magazin für das neuste aus der physik und naturgeschichte, &c. C'est-à-dire : Magazin des nouveautés de physique & d'histoire naturelle, publié par Mr. LICHTENBERG, célebre naturaliste, secretaire du conseil secret, & archiviste de Gotha. A Gotha, chez ETTINGER. Il en a paru en 1781 les deux premiers cahiers du premier tome, & le troisieme en 1782, chacun de 120 à près de 200 pages *in-8°.*

Pour la classe de *Chymie.*

Die neuesten entdeckungen in der chemie, &c. C'est-à-dire : Découvertes les plus nouvelles en chymie, recueillies par Mr. CRELL, professeur de médecine & de chymie à Helmstadt, &c. A Leipsick, chez WEYGAND. Depuis le mois de Mai 1781, jusqu'en Février

1782 il en a paru cinq parties, chacune d'environ 250 à 280 pages *in*-8°. Mr. CRELL est aussi un auteur du premier mérite.

Outre cela, j'ai quelquefois recours à l'*Esprit des journeaux*, dont le mérite est assez connu, pour certaines choses que je ne trouve pas dans les journaux susdits.

On trouvera toujours au commencement ou à la fin de chaque article la citation de celui de ces journaux, ou de tout autre secours dont j'aurai fait usage.

J'ajoute par-ci par-là quelques notes & additions à mesure qu'elles me paroissent nécessaires, mêmes des observations que la pratique m'a fournies, & qui, à ce que j'espere, ne paroîtront pas superflues.

Enfin cette *Bibliotheque médico-physique* sera enrichie des planches nécessaires pour l'intelligence des mémoires concernant les instrumens de chirurgie, physique ou chymie de nouvelle invention, ou concernant les descriptions de plantes, d'animaux, &c. &c. nouvellement découverts.

Il y aura une table alphabétique des matieres pour deux volumes. En un mot, on peut être assuré que je ne négligerai rien de ce qui pourra rendre cette bibliotheque de la plus grande utilité possible, soit par l'abondance & le choix des matériaux, soit par l'exactitude & la régularité du travail ; avantages auxquels ne contribueront pas peu le zele, l'industrie & les soins infatigables de Mr. GRASSET, à qui les lettres ont déja obligation de tant de bons ouvrages, dont il s'est toujours empressé de procurer la publication.

En donnant la préférence aux productions du nord dans cette bibliotheque, nous ne prétendons point en exclure les mémoires, observations ou découvertes utiles qui pourroient nous venir d'ailleurs de la part de leurs auteurs, entant que ces productions ne fortiroient pas de notre plan. Nous invitons donc inftamment les favans ou artiftes, tant ceux du nord que des autres contrées de l'Europe, qui pourroient nous fournir de tels mémoires, &c. à vouloir bien nous les communiquer en nous les envoyant francs de port & écrits lifiblement. Ils peuvent être écrits en latin, en françois, en italien, ou en allemand: mais nous defirons que ceux écrits en allemand le foient en caracteres françois. Nous ne manquerons point d'en témoigner notre reconnoiffance à ces perfonnes, & de leur faire honneur des productions dont elles voudront bien enrichir cette bibliotheque.

TABLE

DES ARTICLES DU TOME PREMIER.

PREMIERE PARTIE.

Mémoires & Differtations.

DEUXIEME PARTIE.

Extraits de livres nouveaux.

BIBLIOTHEQUE

DE

MÉDECINE, DE CHIRURGIE ET DE PHARMACIE.

PREMIERE PARTIE.
MÉMOIRES ET DISSERTATIONS.

I.

Practical observations on the trealment of confumptions, by SAMUEL FOART SIMMONS, member of the royal college of phyficians and F. R. S. London 1780 (*a*).

C'eft-à-dire ,

Obfervations pratiques fur le traitement de la phthifie , par SAMUEL FOART SIMMONS *, membre du college royal des médecins , &c. Londres* 1780.

Mon deffein n'eft pas de rapporter toutes les caufes qui peuvent donner lieu à la phthifie. Il eft

---

(*a*) Ceci eft traduit de la collection intitulée, *Sam-*

connu que toute maladie inflammatoire qui attaque les vifceres contenus dans la cavité de la poitrine, peut dégénérer en cette terrible maladie :
il eft pareillement connu qu'il arrive très-fouvent
auffi, qu'elle eft la fuite de diverfes autres maladies chroniques. Mais dans tous ces cas, la phthifie doit être envifagée comme l'effet d'une autre
maladie, ou comme étant une maladie fecondaire
(*a fecondary difeafe*) : c'eft pourquoi, dans ces
cas-là, la méthode curative differe plus ou moins,
fuivant la nature de la maladie primitive, ou de
celle dont la phthifie eft une fuite.

La vraie phthifie (*b*) eft communément l'effet
d'une certaine difpofition du corps, laquelle eft
très-fouvent héréditaire. Cet état donne lieu ou
à un penchant à l'hémoptyfie, ou à la formation
de tubercules dans les poumons. De ces deux
caufes, la derniere eft celle qui eft la plus fréquente, & qui caufe auffi le plus fouvent la mort
chez les perfonnes attaquées de phthifie ; mais il
en eft plufieurs chez qui ces deux caufes fe trouvent réunies.

Je bornerai mes obfervations principalement à
la méthode que l'on doit fuivre dans le traitement de l'efpece de phthifie qui eft occafionnée
par les tubercules des poumons, & cela par la
raifon que, comme on le fait affez, lorfque cette
maladie a déja fait de certains progrès, au point

---

lung auferlefener abhandlungen zum gebrauche prakti-
ficher aerzte, Leipfik 1780, grand 8°. dans la librairie
de DYOK, Tome VI, I. Partie, page 38.
   (*b*) Il me femble qu'il vaudroit mieux fe fervir de la
dénomination de *phthifie idiopathique ou primitive*. Note
de l'Editeur.

de fe trouver compliquée avec une fievre lente ou hectique, & avec une expectoration de pus formé dans les poumons; les indications curatives font alors à peu près les mêmes, quelque différence qu'il y ait eu auparavant entre les deux efpeces.

§. I.

Des tubercules des poumons.

Dans le nombre des perfonnes qui meurent de la phthifie pulmonaire, il en eft peu dans les poumons defquelles il ne fe trouve plus ou moins de ces concrétions; du moins n'ai-je jamais vu que ces vifceres en fuffent entiérement exempts dans les cadavres des phthifiques que j'ai ouverts. J'ai même vu de ces tubercules dans les cadavres de perfonnes de différens âges, quoique de leur vivant ces perfonnes n'euffent pas éprouvé le plus léger fymptome qui décélât une maladie de poitrine: mais alors ces tubercules étoient petits & peu nombreux, ce qui prouve que ces concrétions peuvent fe rencontrer dans le corps fans y caufer la moindre incommodité. Ils ne deviennent incommodes que lorfque, par leur groffeur & par leur nombre, ils gènent les fonctions du poumon, ou lorfqu'il y furvient un certain degré d'inflammation caufée par quelque accident ou par quelque altération qui leur arrive, enforte que cette inflammation attaque la fubftance même des tubercules; car d'ailleurs nous ne favons que très-peu de chofe de leur nature.

Ces petites tumeurs varient beaucoup à raifon de leur confiftance. Chez quelques perfonnes leur fubftance eft formée d'une forte de bouillie, &

chez d'autres elle approche davantage de la nature
du fquirrhe.

Elles proviennent communément, comme je
l'ai remarqué tout-à-l'heure, d'une certaine difpofition du corps qui donne lieu à leur formation, & qui dépend de fa conftitution primitive.
Au refte il paroit que tout ce qui eft capable d'exciter dans les poumons une irritabilité contre nature, peut aulfi donner lieu à la naiffance des
tubercules en queftion. Ainfi, par exemple, le
catarrhe fuffoquant fpafmodique fe termine fouvent par des tubercules de cette efpece & par une
confomption, & il n'eft pas rare de voir que les
meuniers, les tailleurs de pierre & d'autres artifans de cette claffe (tels que les mineurs) meurent de la phthifie, parce qu'ils vivent continuellement dans un air qui eft rempli de beaucoup de
pouffiere, laquelle, dans ces cas-là, donne probablement lieu à la formation de femblables concrétions. J'ai moi-même vu deux exemples de ce
genre chez des meuniers, & Mr. KIRKLAND obferve dans fon *traité des maladies des femmes en
couche* (c), que les émouleurs font fujets à une
maladie des poumons qui provient de la pouffiere
des particules de fable mêlées avec celles du fer,
laquelle ils avalent continuellement; maladie que
ces artifans appellent entr'eux du nom de maladie
des émouleurs (*grinders rot*). On trouve plufieurs exemples pareils dans RAMAZZINI *de mor-
bis artificum*, & dans MORGAGNI *de fedibus &
caufis morborum*.

Ces tubercules font fouvent auffi occafionnés

(c) *Treatife on child-bed fevers.*

par une acrimonie fcrophuleufe ; il eft même des médecins de la plus grande réputation, qui font dans l'idée que la plupart des phthifies font de l'efpece écrouelleufe : mais ils vont affurément trop loin à cet égard. Il eft vraifemblable que les concrétions tuberculeufes dont nous venons de parler, & que ces médecins ont trouvées dans les poumons, les ont induits dans cette erreur, parce qu'ils les ont regardées fans raifon comme étant des glandes endurcies, & qu'ils ont conféquemment cru qu'elles étoient de même nature que celles que l'on trouve chez les écrouelleux.

Enfin, les tubercules des poumons peuvent quelquefois auffi provenir de la rentrée fubite d'une éruption chronique ou fébrile, ou même encore de différentes autres caufes qu'il n'eft pas néceffaire d'expofer pour le préfent.

§. 2.

Des fymptomes de cette maladie, de fes progrès, &
de la méthode à fuivre dans le traitement.

Les perfonnes qui font ordinairement le plus fujettes à la phthifie pulmonaire font celles qui ont le teint d'un bel incarnat, la peau fine & délicate, les joues rouges & la taille déliée, mais qui en même tems ont les os des joues faillants, les tempes creufes, le cou long, les épaules faillantes en maniere d'ailerons, avec une poitrine étroite, & chez qui l'apophyfe de l'os facrum s'avance fenfiblement en dehors. On peut ajouter encore un figne à ces caracteres, qui font ceux dont les auteurs font communément mention ; c'eft que ces perfonnes ont ordinairement de fort belles

A 3

dents, & qui, à mefure que la maladie gagne, deviennent d'un blanc de lait, & plus ou moins
tranfparentes. J'ai appris cette particularité du célebre CAMPER il y a quelque tems, lorfque je
fus le voir en Weftfrife. Suivant lui, cette blan-
cheur & cette tranfparence des dents a lieu dans
toutes les efpeces de confomptions : mais des obfervations réitérées, & que j'ai faites avec attention, m'ont porté à croire que cette circonftance
eft le figne caractériftique de la vraie phthifie pulmonaire, ou de la difpofition à cette maladie.

Dans le grand nombre des perfonnes qui meurent de la phthifie, il ne s'en trouve point qui
aient une feule dent creufe. Cependant quoique
cette circonftance, lorfqu'on obferve qu'elle a lieu
chez un malade, doive toujours nous rendre cir-
confpects, elle n'eft pourtant pas d'un fi mauvais
préfage qu'il faille à caufe de cela regarder fa maladie comme abfolument incurable. J'ai même été
témoin en dernier lieu de l'heureux rétabliffement
d'un jeune homme de condition, chez qui cette
tranfparence des dents avoit lieu à un haut degré,
& qui de plus avoit d'autres fymptomes d'un commencement de phthifie.

Nous examinerons maintenant quels font les
commencemens & les progrès de cette maladie,
& nous parlerons en même tems de la méthode
fuivant laquelle on doit la traiter dans fes différens périodes & degrés.

On remarquera que les perfonnes dont la conftitution eft telle que nous l'avons décrite plus
haut, font fouvent très-longtems à s'appercevoir
fenfiblement de quelque indifpofition, fi ce n'eft
qu'elles éprouvent un certain ferrement dans la
poitrine lorfqu'il fait un tems humide, ou lorf-

qu'elles fe tiennent dans une chambre chaude. Leur refpiration fe dérange facilement, & cela fouvent par de légeres caufes, même par un mouvement modéré. Elles deviennent toujours plus foibles, plus pâles & plus maigres. Cependant elles n'éprouvent pendant tout ce tems-là aucune chaleur ni fenfation douloureufe dans la poitrine : mais lorfque le mal augmente, il furvient une petite toux feche & fréquente, qui ordinairement eft plus incommode pendant la nuit. On peut pourtant fouvent parvenir à appaifer cette toux par des attentions convenables, & fi le malade connoit le danger qui le menace, & qu'il prenne toutes les précautions néceffaires pour s'en garantir, en ufant d'un régime convenable, il peut vivre un affez longtems & même plufieurs années, fans que fon état empire.

Cependant il arrive ordinairement que la toux augmente, & que de tems en tems elle eft compliquée avec plus ou moins de catarrhe. On attribue la plupart du tems ce catarrhe & le progrès de la toux, uniquement à un réfroidiffement, & il n'arrive malheureufement que trop fouvent que l'on néglige ces fymptomes, jufqu'à ce qu'enfin la maladie commence à donner de l'inquiétude au malade par fon opiniâtreté & par fes fuites. On peut regarder cet état comme le commencement, *le premier période*, ou *le premier degré de la phthifie pulmonaire.* Durant ce période la toux eft d'abord feche, ou dans le cas où la maladie s'eft manifeftée fous l'apparence d'un catarrhe, cette toux eft accompagnée d'une expectoration pituiteufe plus ou moins abondante.

Les médecins font parfaitement d'accord entr'eux fur la méthode à fuivre, foit pour empê-

cher que cette maladie ne fe déclare, foit pour
en procurer la guérifon lorfqu'elle n'eft encore
qu'à fon premier période, & avant que les poumons mêmes & le refte du corps en fouffrent, de
maniere que la phthifie foit complette (d). Il
n'eft point de maladie dans laquelle il importe
plus que dans celle-ci d'obferver ce précepte, favoir, qu'il faut s'oppofer au mal dès fon principe.

La toux fe montre t-elle fous l'apparence d'une
toux catarrhale, enforte qu'elle paroiffe être excitée par la fécrétion trop abondante d'une férofité ténue & falée qui irrite la membrane interne
de la trachée-artere? Dans ce cas, tous les médecins raifonnables confeillent unanimément d'obferver un régime exact, d'ufer de beaucoup de
boiffons délayantes, d'employer des émulfions
douces, & du nitre à petites dofes, de faire faire
de petites faignées de quelques onces lorfque l'inflammation eft confidérable, de faire refpirer au
malade la vapeur de l'eau chaude, & de lui faire
prendre de tems en tems de l'élixir parégorique de
la pharmacopée de Londres, & cela à une dofe
qui foit fuffifante pour diminuer l'irritabilité des
ramifications de la trachée-artere, & pour procurer une douce tranfpiration par la peau. Ordinairement il n'eft pas néceffaire d'employer d'autres
fecours que ceux-là pour remédier à cette toux,
fur-tout lorfque l'air de la chambre du malade n'eft
ni trop chaud ni trop froid, & qu'il prend toujours bien garde de ne point s'expofer à un air
froid, humide ou crud, jufqu'à ce que ce fymptome de catarrhe foit paffé. Dans certains cas où

(d) Confirmed confumption.

la toux étoit fort opiniâtre, & où les fymptomes inflammatoires étoient très-violens, j'ai obfervé de très-bons effets de l'ufage du bain chaud, mais dont la chaleur ne paffoit point celle du quatre-vingt-deuxieme degré (e). Lorfqu'on a recours à ce dernier remede, on ne doit pas permettre que le malade refte dans le bain au-delà de quelques minutes, après quoi il faut qu'il fe mette tout de fuite au lit. Mais il ne faut pas non plus chercher à forcer la fueur en le couvrant trop, comme l'on a fouvent l'imprudence de le faire.

Il arrive d'ordinaire que lorfque les perfonnes qui ont de la difpofition à la phthifie ont eu dès le commencement de l'hiver une attaque de cette efpece, elles font enfuite fujettes, tant que le froid dure, à éprouver derechef de femblables attaques, & cela à la plus légere occafion ; de plus, ces attaques deviennent la plupart du tems toujours plus violentes. Il faut donc mettre tout en œuvre pour prévenir une rechûte : rien n'eft plus propre à cet effet, que de faire porter au malade des chauffons & un plaftron de flanelle fur la peau. Il eft vrai que plufieurs médecins ont écrit que l'on devoit abandonner l'ufage des plaftrons de fla-nelle, par la raifon qu'ils rendent la tranfpiration infenfible beaucoup trop abondante : mais fans parler de plufieurs autres occafions dans lefquelles ces plaftrons pourroient être utiles, il n'en eft pas moins vrai que, dans le cas dont il s'agit préfen-tement, la flanelle portée fur la peau nue eft com-

---

(e) Ce degré, qui eft fans doute de la graduation de FAHRENHEIT, répond à peu près au trentieme & demi de celle de Mr. DE RÉAUMUR. *Note de l'Editeur.*

munément d'une très-grande utilité.   Elle empêche que les humeurs ne se portent en trop grande
abondance aux poumons; c'eſt pourquoi on ne
devroit point la quitter avant le commencement
de l'été.   Dans certains cas où la flanelle faiſoit
un effet déſagréable, une piece de futaine miſe
ſur la poitrine par deſſous la chemiſe a ſuffi pour
empêcher la rechûte de cette ſorte de catarrhe chez
des perſonnes dont la conſtitution étoit délicate,
& qui d'ailleurs étoient ſujettes à s'enrhumer avec
la plus grande facilité.   Que l'on ne regarde donc
pas ce que je dis ici comme des choſes ſuperflues,
puiſque nonobſtant qu'elles paroiſſent n'être en
elles-mêmes que des minuties, elles ne laiſſent pas
d'être importantes dans les circonſtances dont il
eſt queſtion.

Quelquefois la toux eſt occaſionnée par l'inflammation immédiate d'une partie des poumons,
laquelle eſt produite par une des cauſes ordinaires
de l'inflammation. Lorſque cela a lieu, il ne faut
point perdre de tems, mais chercher à remédier le
plutôt poſſible à cet état.   Il ſe peut que pour y
parvenir, il eſt néceſſaire de faire plus d'une ſaignée: de plus, il faut ſuivre la méthode rafraî-
chiſſante avec la plus grande exactitude, faire prendre au malade beaucoup de boiſſon délayante, lui
faire fréquemment reſpirer la vapeur de l'eau chaude, & au cas que cela ſoit praticable, lui faire
en même tems uſer du bain chaud: mais ſur toutes choſes, il faut lui faire appliquer, auſſi-tôt
que poſſible, un emplâtre véſicatoire, & cela proche de l'endroit où l'on ſoupçonne qu'eſt le ſiege
de l'inflammation. Dans ces cas-là, il arrive ſouvent, même après que l'on a remédié à la maladie principale, qu'il reſte encore de la toux; alors

on fe trouve bien de faire un ufage circonfpect de l'opium en le donnant à l'heure du fommeil, après l'avoir combiné avec de la gomme ammoniac dont l'addition eft ici néceffaire; ce qui en fait un re-mede anodyn & antifpafmodique.

Plufieurs médecins font fort portés, comme je le fais par ma propre expérience, à mettre trop tôt leurs malades à l'ufage du quinquina, lorfqu'il leur refte une femblable toux à la fuite de ces in-flammations de poumon, & cela, difent-ils, dans la vue de fortifier ces malades. Mais cette prati-que, qui malheureufement n'eft peut-être que trop en vogue, eft réellement nuifible, parce que le quinquina augmente toujours la toux, & fait or-dinairement par-là un mal confidérable, & auquel on ne peut fouvent pas remédier.

Je crois qu'il n'eft pas inutile d'obferver ici qu'une toux fymptomatique qui ne reconnoît pas pour caufe un rhume ou une inflammation des poumons, mais qui n'eft qu'une fimple toux fto-machale, provenant de la fympathie qu'il y a en-tre les poumons & l'eftomac, peut quelquefois réellement donner lieu à une phthifie pulmonaire, & cela uniquement, parce que l'on n'a pas bien connu cette toux, & que conféquemment on ne l'a pas traitée fuivant la méthode convenable. Il paroît que cette toux provient d'une furabondance ou d'un état de corruption de la bile, ou d'un certain vice de l'eftomac qu'il n'eft peut-être pas poffible de décrire avec précifion. Elle eft quel-quefois compliquée avec d'autres fymptomes de bile, auquel cas on ne peut guere manquer de la reconnoître: mais d'autrefois auffi elle eft toute feule, & a communément lieu chez des perfon-nes qui menent une vie fédentaire. Mr. le Doc-

teur STOLLE, médecin de Vienne & dont la fagacité est connue, a aussi observé cette espece de
toux, & lui a donné le nom très-approprié de
toux stomachale (f).

La saignée est si peu propre à appaiser cette
toux qu'elle la fait bien plutôt empirer, principalement lorsque l'on tire une quantité un peu
considérable de sang. Les remedes huileux la rendent ordinairement toujours plus fâcheuse. Dans
les commencemens elle est seche, fréquente & extraordinairement violente : mais elle cede communément à un ou deux émétiques doux, & à
l'usage de laxatifs légers que l'on réitere de tems
en tems. Il arrive à celle-ci comme aux autres especes de toux, c'est que quoique la cause qui y
avoit donné lieu soit détruite, elle est cependant
encore sujette après cela à continuer, uniquement
parce que comme ces autres especes de toux, elle
devient habituelle : dans ce cas, on se trouve très-
bien de faire usage des remedes où il entre de
l'opium.

Mais il peut se faire que la maladie ait été négligée, ou que les soins que l'on s'est donnés pour
remédier à la toux dès les commencemens, par
les moyens que nous avons indiqués, n'ont pas
eu le succès que l'on s'en promettoit, ce qui n'arrive malheureusement que trop souvent: alors le
malade commence à se plaindre d'une sensation
désagréable & d'une petite douleur lancinante qui
se font sentir dans toute la poitrine, & qui de
plus affectent quelquefois plus particulierement

(f) Tussis stomachica : voyez l'ouvrage publié par
cet auteur sous le titre de Ratio medendi, &c. Tome I.

de fuivre la direction du médiaftin, mais qui
d'autrefois auffi ne fe font fentir que d'un feul
côté. La fenfation défagréable, dont je viens de
parler, dure en même tems fans relâche, & devient beaucoup plus incommode par la toux. Outre cela, lorfque la douleur a fon fiege d'un côté
de la poitrine, elle empêche que le malade ne
puiffe fe coucher de ce côté: cependant il fe préfente fouvent des cas où le malade ne peut fe coucher que de cette maniere, c'eft-à-dire, fur un
côté feulement, quand même il n'y éprouve pas
fenfiblement une douleur femblable à celle qui
vient d'être décrite.

Dans ce période de la maladie le malade éprouve fouvent des chaleurs paffageres, & une chaleur
brûlante à la paume des mains & à la plante des
pieds. La refpiration eft courte & fort gênée, &
affez peu de tems après, le malade commence à
expectorer une férofité ténue, mêlée d'écume &
de pituite. Dans les commencemens, la toux n'a-
mene ces crachats qu'en petite quantité & avec une
certaine difficulté, accompagnée d'une fenfation
défagréable; ils font auffi mêlés quelquefois de
quelques petites ftries fanguinolentes.

On peut regarder cet état comme le période
inflammatoire de la maladie, lequel eft fuivi du
période de la fuppuration. Dans celui-ci, l'expectoration devient plus abondante & participe davantage de la nature du pus, l'haleine devient
dans la même gradation plus puante, & les redoublemens de la fievre lente deviennent auffi toujours plus violens & plus fenfibles. Le pouls devient plus fréquent environ midi, mais le plus
fort redoublement de la fievre arrive vers le foir,
& au commencement il dure jufques vers le ma-

tin, tems auquel il fe termine par une fueur qui ordinairement fe manifefte d'abord fur la poitrine. Lorfque la maladie augmente, les fueurs deviennent auffi beaucoup plus violentes, & elles commencent quelquefois à paroître auffi-tôt que le pouls devient plus fréquent. Cependant elles ne procurent pas le moindre foulagement au malade. Pendant les redoublemens de la fievre hectique, on remarque une tache rouge aux joues, tandis que le refte du vifage eft tout-à-fait pâle., & paroît comme fi l'on ne l'avoit pas bien lavé.

Au penchant à la conftipation, qui a le plus fouvent lieu au commencement de la maladie, fuccede une diarrhée, pendant laquelle l'expectoration diminue de telle forte, qu'il femble que le pus ne s'évacue plus par la toux, mais par les felles. L'amaigriffement & le défaut de nutrition font que les ongles deviennent crochus, que les cheveux tombent, & que les yeux s'enfoncent dans leurs orbites. Pendant ce tems-là il arrive d'ordinaire que les pieds commencent à enfler : enfin la mort termine toute cette marche qui paroît lugubre à tous ceux qui en font les témoins, excepté au malade, qui le plus fouvent conferve jufqu'à fon dernier moment fa préfence d'efprit & l'ufage de fes fens, & qui fouvent encore fe flatte de l'efpérance vaine de pouvoir prolonger une fi miférable vie. Mr. WHYTT, ainfi que d'autres médecins, a cherché à rendre raifon de cette finguliere vivacité & de cette efpérance de prolonger leur vie, que l'on remarque chez les perfonnes atteintes de la phthifie (*g*). Mais il me

_____

(*g*) *Voyez le recueil des écrits de cet auteur fur la*

paroît que l'explication que cet auteur en donne
eft plutôt une marque de fon génie inventif qu'elle
n'eft fondée en vérité, & il y a apparence que
la fingularité en queftion dépend de certaines
caufes qui nous font inconnues, & que nous ne
parviendrons jamais à connoître. —— Dans certains
cas, & ces cas ne font point rares, les malades
commencent fur la fin de la maladie à avoir des
rèveries.

La fievre hectique qui a lieu dans cette maladie, ainfi que dans d'autres maladies chroniques,
eft vifiblement l'effet d'une acrimonie, laquelle doit
être attribuée à un pus abforbé, & introduit dans
la maffe des humeurs. C'eft vraifemblablement
dans la nature de cette acrimonie & dans la différente irritabilité des malades, qu'il faut chercher
la caufe de la différence qui fe trouve entre les

---

médecine pratique, page 475 de l'édition allemande.
Mr. WHYTT remarque que lorfqu'il arrive, chez les
perfonnes fujettes à l'affection hypochondriaque, & qui,
comme l'on fait, vivent dans des craintes continuelles,
que la matiere morbifique quitte l'eftomac & les inteftins & fe jette fur les poumons, où elle donne lieu à
une phthifie incurable ; les malades dès lors perdent
leurs craintes & entretiennent jufqu'à la fin l'efpérance
de prolonger leur vie. Suivant le fentiment de ce médecin, il en faut attribuer la raifon à ce que lorfque les
poumons font attaqués, il n'en réfulte point une fenfation fi défagréable, ni cette crainte & cette pufilla-
nimité dans l'ame, comme quand l'eftomac & les inteftins fouffrent. Car, dit Mr. WHYTT, ces dernieres
parties font douées d'une beaucoup plus grande fenfibilité que les poumons, & elles ont furtout une fympathie beaucoup plus marquée avec le cerveau & avec tout
le fyftéme nerveux. *Note de l'Editeur de Leipfik.*

diverfes fievres que l'on a accoutumé d'appeller fievres hectiques ; différence qui eft fans doute beaucoup plus confidérable qu'on ne le remarque communément. Ainfi, par exemple, on obferve que le pus de la petite-vérole excite une fievre de ce genre, que l'on appelle proprement fievre fecondaire de la petite-vérole, mais qui eft abfolument différente de l'efpece de fievre hectique qui a lieu dans la phthifie pulmonaire, & celle-ci n'eft point non plus la même que cette fievre lente qui accompagne la fuppuration d'un ulcere cancereux.

La fievre qui a lieu dans le troifieme période ou degré de la phthifie pulmonaire appartient abfolument aux fievres putrides, & c'eft à caufe de cela que MORTON a eu raifon de lui donner le nom de *fievre hectique putride :* outre cela, cet auteur penfoit que cette fievre étoit compliquée avec une efpece d'inflammation de poumons ou de fievre inflammatoire, qui fe renouvelloit chaque fois que de nouveaux tubercules commençoient à s'enflammer. J'avertis donc d'après cela, que quoique j'aie défigné un des périodes de la phthifie pulmonaire par le nom de *période inflammatoire,* & l'autre par celui de *période de fuppuration,* il ne faut pourtant point l'entendre comme s'il ne devoit du tout point y avoir d'inflammation dans ce dernier période ; car pendant le tems que la matiere purulente fe verfe d'une partie des poumons dans les ramifications de la trachée-artere, ou qu'elle eft répompée dans la maffe des humeurs & qu'elle s'y mêle de nouveau, il y a d'autres parties qui font à leur tour dans un véritable état inflammatoire, ou qui s'approchent de celui de la fuppuration. C'eft à caufe de cela, que lorfque l'on examine les poumons d'une perfonne sonne morte de la phthisie, on y trouve certains tubercules qui sont encore petits & qui s'étoient formés peu de tems auparavant, tandis qu'au contraire on en apperçoit d'autres qui sont fort gros & remplis de matiere, & enfin d'autres encore qui sont semblables à de vrais ulceres. Il est facile de comprendre, par ce que l'on vient de dire, comment il arrive chez les personnes attaquées de phthisie, que les symptomes de la fievre hectique putride sont de tems en tems accompagnés de symptomes inflammatoires.

Si la matiere absorbée est un pus louable, comme cela a coutume d'arriver; par exemple, lorsqu'il se fait une collection purulente sur le *psoas*, alors on trouve que la fievre hectique, qui a lieu dans ce cas, est tout-à-fait différente des autres especes de ce genre de fievre dont j'ai fait mention tout-à-l'heure. Je pourrois encore parler de quelques autres différences pareilles, mais cela m'engageroit dans de trop longues digreffions, & qui m'écarteroient trop du but que je me suis proposé dans ce Mémoire.

Il est aifé de voir quelles sont les indications curatives auxquelles on doit se conformer dans les différens périodes de la phthisie pulmonaire. On doit donc chercher à prévenir la formation de nouveaux tubercules, & l'inflammation de ceux qui viennent de se former : il faut tâcher de les résoudre; faire ensorte de diminuer la trop grande irritabilité, & d'appaiser la toux, de même que les autres symptomes qui fatiguent le malade; il faut sur-tout tâcher de détruire la disposition à la fievre hectique. Ce sont-là assurément tout autant d'indications qu'un médecin raisonnable se propose dans le traitement de toute vraie phthisie

Tome I. B

pulmonaire : mais malheureusement il eſt très-difficile de répondre à la queſtion, comment il faut remplir ces indications ?

Nous ne connoiſſons point de remede qui ſoit doué d'une vertu ſpécifique qui le rende propre à réſoudre les tubercules qui ſe trouvent dans les poumons, & d'après ce que nous connoiſſons de la ſtructure des corps animés, il n'eſt pas du tout vraiſemblable que nous puiſſions un jour découvrir un pareil remede. Cependant, & malgré cette conſidération, nous ne devons pas renoncer entiérement à la guériſon des malades qui ſe trouvent dans ce cas. Les remedes qui agiſſent ſur toute la machine de notre corps, qui procurent l'abſorption des humeurs & qui diminuent le penchant qu'elles ont à ſe porter aux poumons, peuvent auſſi, à raiſon de ces propriétés, procurer la réſolution de ces tubercules, ou empêcher leur formation. On ne manque point d'exemples de malades de cette claſſe que l'on eſt pourtant parvenu à rétablir, quoique l'on eût déja perdu toute eſpérance d'y réuſſir ; cela eſt même arrivé à des malades entiérement abandonnés des médecins : c'eſt pourquoi aſſurément, un médecin qui connoît la diverſité & l'efficacité des moyens de guériſon que la nature trouve en elle-même, ne déclarera une maladie comme étant abſolument incurable, qu'après y avoir bien mûrement réfléchi.

Les effets que l'on a le plus à redouter de la part des ulceres des poumons ſont, l'abſorption du pus, & la fievre hectique qu'elle occaſionne. Il eſt très-certain que dans pluſieurs cas, la mort arrive plutôt par ces deux cauſes, que par le mauvais effet que les ulceres des poumons font en rendant ces organes peu propres à la reſpiration.

En nous bornant donc à diminuer les mauvais effets de l'abforption du pûs, & la trop grande affluence des humeurs vers les poumons; & à remplir les indications curatives générales dont j'ai fait mention ci-deffus, nous pouvons très-fouvent, par là-même, mettre la nature en état de s'aider elle-même, & de procurer le rétabliffement du malade. Il eft vrai que jufqu'ici les médecins n'ont pas réuffi à l'ordinaire dans le traitement de ces fortes de cas: mais cela peut bien venir principalement de ce que les remedes, par lefquels ils ont cherché à guérir les malades, fe font trouvés au fond & jufqu'à un certain point, nuifibles à leur état.

De tous les remedes ufités dans la phthifie pulmonaire, le quinquina eft peut-être celui dont on fe fert le plus fréquemment; fouvent même on le regarde comme le principal remede à cette maladie, ou comme celui auquel on peut encore avoir recours comme à une derniere reffource, lorfque tous les autres font fans effet. Il en eft d'autres qui ont tous eu leurs partifans: tels font l'élixir de vitriol, les baumes naturels, & les faignées fréquentes. Prefque tous les médecins recommandent auffi l'ufage des véficatoires & des fontanelles, celui des préparations d'opium, la diete blanche & la diete végétale, l'exercice & le changement d'air. Cependant, il me paroît néceffaire de parler de chacun de ces remedes en particulier.

Je commence par le quinquina, au fujet duquel j'ai déja remarqué ci-deffus, que lorfqu'on l'adminiftre d'abord & au commencement de la maladie, il eft très-fouvent fujet à produire de mauvais effets. Je dis plus, je fuis même perfuadé, que tout médecin qui veut bien réfléchir feu-

lement aux cas de phthifie pulmonaire qu'il a été
occafion de voir dans fa pratique , & dans lefquels
le quinquina a été mis en ufage , fe convaincra
certainement, que ce remede n'eft pas moins nuifible dans le progrès de cette maladie , que dans
fon commencement. Mr. DESAULT a déja remarqué , il y a longtems (*h*), que le quinquina eft
fouvent très-nuifible aux perfonnes atteintes de
la phthifie pulmonaire , & Mr. FOTHERGILL a
démontré d'une maniere très-folide , dans une excellente differtation qui fe trouve dans le cinquieme volume des *Mémoires* des médecins de
Londres (*i*), que l'ufage du quinquina , bien
loin de remédier à la fievre hectique qui reconnoît pour caufe le délabrement des poumons , fait
non feulement perdre le tems que l'on auroit
vraifemblablement pu employer beaucoup plus
utilement , en effayant l'efficace d'autres remedes ,
mais que de plus , il fait , pour l'ordinaire , empirer la maladie à tel point , que l'on ne peut
plus tirer parti d'aucun autre remede.

Je fuis perfuadé que tout médecin qui voudra
fe donner la peine de faire fes obfervations d'une
maniere exacte , trouvera certainement que le quinquina fait fûrement & conftamment empirer la
maladie dans les cas où le pus , ou une humeur
âcre d'une autre efpece , excite une fievre hectique , enfuite de l'abforption de cette matiere &
de fon mèlange avec les humeurs , & que ce mauvais effet du quinquina a principalement lieu , lorf-

_____

(*h*) Dans fa *Differtation fur la phthifie.*
(*i*) *Obfervations and inquiries by a fociety of phyficians in London ;* & dans le vol. IIIᵉ. des *Sammlungen*
d'où ceci eft tiré , page 459.

qu'il y a dans le corps une certaine difpofition à l'inflammation (*k*). Cependant il faut excepter de cette regle les cas dans lefquels la matiere a une iffue libre à l'extérieur, telles que font par exemple les tumeurs purulentes : dans ces cas-là, le quinquina fait fouvent de très-bons effets. Outre cela, l'expérience nous apprend que ce médicament peut s'employer avantageufement à titre de fortifiant, dans la vue de prévenir les mauvaifes fuites des fleurs blanches, ou de quelque autre évacuation trop abondante chez des perfonnes délicates ; évacuations qui d'ailleurs affoibliffent le corps & donnent fouvent lieu à une phthifie pulmonaire. Mais auffi-tôt que nous avons quelque raifon de foupçonner qu'il s'eft réellement formé un ulcere dans les poumons, il faut ceffer l'ufage du quinquina : enfin, le quinquina eft nuifible en tout tems dans une phthifie qui reconnoît pour caufe des tubercules dans ces vifceres (*l*).

On eft communément dans l'ufage, dans les cas de ce genre, de combiner l'élixir de vitriol avec le quinquina, & cela dans la vue d'augmenter la vertu fortifiante de ce dernier remede. J'ai vu cet élixir faire de très-bons effets en le donnant avec de l'eau, à la dofe de quinze, vingt, jufqu'à vingt-cinq gouttes dans le fecond, & particuliérement dans le troifieme période de la maladie (*m*). Il paroît que dans ces cas-là, cet élixir agit principalement en qualité de médicament

(*k*) *Inflammatory diathefis.*
(*l*) *Tuberculous confumption.*
(*m*) Si l'efpace ne me manque pas, je pourrai dans la feconde partie de ce volume, rendre compte à mes lecteurs du fuccès de cet élixir dans le traitement de deux

B 3

antiputride ; il rafraichit & récrée le malade , &
diſſipe les ſueurs colliquatives. Par contre , je ſuis
du ſentiment que ce remede eſt preſque toujours
préjudiciable dans le premier période de la maladie , ou avant que les ſymptomes qui appartiennent proprement à la fievre hectique ſe ſoient ma-
nifeſtés. L'acide du ſel marin , à ce que l'expérience nous apprend , agit à peu près de la même
maniere. Cependant , il me paroît qu'un uſage
abondant d'oranges & de fruits mûrs ſeroit toujours à préférer , & à l'élixir de vitriol & à l'a-
cide marin.

Il y a fort longtems que l'on a recommandé l'u-
ſage des baumes naturels dans les maladies des
poumons: mais Mr. FOTHERGILL , ce médecin
expérimenté & rempli d'humanité, que j'ai cité
tout-à-l'heure , rejette l'uſage de ces baumes , &
cela principalement à raiſon de celles de leurs propriétés qui tombent ſous nos ſens , telles par exemple que leur odeur , leur ſaveur , &c. leſquelles
donnent à connoître que tous ces baumes ont
une vertu puiſſamment irritante. Mais quoique je
rende la plus grande juſtice à la ſagacité de ce
grand médecin , je ne puis m'empêcher de douter
que les propriétés ſenſibles de quelque médicament que ce ſoit , puiſſent nous faire connoître
quels ſont les véritables effets qu'il eſt capable de
produire dans le corps.

A la vérité, il paroît très-vraiſemblable , comme BOERHAAVE l'avoit déja remarqué , que ce
qui a engagé à faire uſage des remedes balſami-

---

eſpeces de phthiſie , que j'ai eu le bonheur de guérir ,
ſuivant toute apparence, par le moyen de ce remede
principalement. *Note de l'Editeur.*

ques dans la phthisie & dans l'hectisie, ç'a été en premier lieu l'idée que l'on s'est faite des propriétés vulnéraires de ces remedes, puis l'heureuse expérience que l'on a eu occasion de faire de leurs bons effets dans le traitement des ulceres externes. Mais comme la découverte de la plus grande partie des remedes usités aujourd'hui n'est peut-être uniquement due qu'au hazard, il n'est pas nécessaire de rechercher les raisons pour lesquelles on s'est avisé pour la premiere fois d'employer ces remedes : mais toute la question gît simplement à savoir pourquoi l'on continue toujours à faire usage de ces remedes ?

Il n'est personne qui ayant seulement les notions les plus simples en médecine, croie que le baume du Pérou, ou tout autre baume semblable, passe sans éprouver aucun changement, de l'estomac & des intestins, dans la masse des humeurs, & que les propriétés vulnéraires de ces baumes puissent de cette maniere agir sur un ulcere du poumon, & en procurer la guérison. Cependant il est certain aussi que, d'un autre côté, personne ne peut nier que ces substances balsamiques ne possedent des propriétés antiputrides & antispasmodiques. Il n'est point facile non plus de déterminer quelles sont les autres propriétés dont ces substances peuvent encore être douées. FULLER assure que le baume de Copahu, nonobstant sa qualité échauffante & son amertume, est très-utile dans les fievres hectiques, & qu'il a vu des toux des plus dangereuses qui menaçoient visiblement de la consomption, se guérir néanmoins par le seul usage de ce remede (n).

_____

(n) Il étoit un habile praticien à Lausanne, qui étoit

Je fuis d'autant plus porté à ajouter foi au témoignage de FULLER, que j'ai eu moi-même occafion de voir de très-bons effets, tant de l'ufage
du baume de Copahu que de celui du baume du
Pérou, dans le période de fuppuration de la phthifie pulmonaire, & cela à la dofe d'une demi-
dragme jufqu'à une dragme entiere fur du fucre,
deux ou trois fois par jour. L'un & l'autre de
ces remedes, lorfqu'on les donne de cette maniere, paroiffent faire de beaucoup meilleurs effets,
que lorfqu'on les diffout avec un jaune d'œuf,
comme l'on eft communément dans l'ufage de le
faire. Il paroit que le falpètre corrige la propriété
échauffante de ces baumes; c'eft pourquoi, je confeille, au cas que l'on ait des malades à qui l'on
veuille adminiftrer des remedes de nature balfamique, de leur faire toujours prendre après chaque dofe une petite potion dans laquelle on ait
mêlé douze à quinze grains de falpètre.

Mr. le Docteur GRIFFITH, médecin très-véri-
dique, rempli de candeur, & qui a une pratique
confidérable, a recommandé, dans les *obfervations
pratiques* qu'il a publiées, il n'y a pas longtems,
fur la cure des fievres hectiques ou lentes (o), une
mixture compofée de myrrhe, de falpètre & de

---

en réputation de guérir la phthifie, & qui pour cela
fe fervoit beaucoup du foufre & des baumes, comme
je l'ai appris de fa propre bouche. *Note de l'Editeur.*

(o) *Practical obfervations on the cure of hectic and
slow fevers and the pulmonary confumptions, to wich
is added a method of treating feveral Kinds of inter-
nal hemorrhages. By* MOSES GRIFFITHS *M. D. of the
royal college of phyficians:* London *printed for* BENJ.
WHITE 1776. 8°.

vitriol de Mars ; il en conseille l'usage même dans les fievres inflammatoires & dans les fievres hectiques ou accompagnées de consomption, & il assure qu'il s'en est servi depuis quelques années avec un très-grand succès. Le Docteur MUSGRAVE fait pareillement de grands éloges d'un mèlange de camphre & de nitre donné à petites doses (p).

Dans le tems que j'étois sur le point de faire imprimer ce Mémoire, j'ai eu le plaisir d'entendre lire à Mr. le Docteur SAUNDERS, médecin de l'hôpital de Guy, en présence d'une société de médecins, une dissertation, qui entr'autres observations pratiques importantes, contenoit quelques remarques sur l'usage de la myrrhe dans les fievres hectiques : je transcrirai ici quelques passages de cette dissertation, avec la permission de son auteur.

Il y a déja longtems qu'on est dans l'usage dans l'hôpital que Mr. SAUNDERS soigne en qualité de médecin, de prescrire la myrrhe dans la phthisie, ce que prouvent les ordonnances encore existantes des médecins qui ont ci-devant pratiqué dans cet hôpital, tels, par exemple, que Mr. ODFIELD & d'autres. Mr. STEAD, apothicaire de cet hôpital, se souvient qu'il y a plus de trente ans qu'un médecin de la comté d'York étoit dans l'usage d'administrer aux personnes pulmoniques un bolus composé de myrrhe & de blanc de baleine, & il y a déja longtems que l'on trouvoit dans le dispensaire du même hôpital, la recette d'un pareil bolus.

(p) Voyez les *Gulstonian lectures* & le cinquieme tome de la Collection d'où ceci est tiré, pages 664 & suivantes.

Quoique dès fa jeuneffe Mr. Saunders eût été porté à croire qu'un des principaux caractères de l'hectifie étoit une certaine difpofition à l'inflammation, & que conféquemment, on devoit, dans cette maladie, faire fur-tout ufage de la méthode antiphlogiftique & des remedes rafraichiffans, & s'abftenir au contraire foigneufement de tous les remedes réfineux ; néanmoins il ne put s'empècher de faire attention au remede dont nous parlons, vu les bons effets que fes prédéceffeurs en avoient obfervés dans leur pratique. Il fe détermina donc à en faire l'effai, & l'expérience l'ayant bientôt convaincu de l'efficacité de ce médicament, il a continué dès lors à l'employer très-fréquemment, en forte que depuis environ dix années, il l'a fait prendre au moins à trois cents malades. Mais il donne la myrrhe toute feule, & fans la mêler avec d'autres drogues, comme le recommande Mr. Griffith : il a auffi remarqué qu'il réfultoit de mauvais effets du mèlange de la myrrhe avec le quinquina & le vitriol de mars.

Mais les malades auxquels Mr. Saunders a trouvé que la myrrhe étoit le plus avantageufe, font ceux chez qui la fievre hectique vient d'une foibleffe, & eft accompagnée d'un pouls petit & fréquent, joint à une irritabilité extraordinaire. De ce genre eft la fievre hectique des femmes en couche, laquelle arrive ordinairement à la fuite de l'inflammation du péritoine (q). Dans cette fievre, les accès de friffons reviennent fréquemment, & fe terminent le plus fouvent par des fueurs abondantes. Les malades éprouvent de la pefanteur, & une fenfation défagréable dans la

_____

(q) *Peritoneal inflammations.*

région de l'eftomac, fur-tout du côté droit, fous les côtes; elles maigriffent en même tems, deviennent toujours plus foibles, & les urines charrient une matiere qui reffemble à du pus. Dans les cas de cette nature, Mr. SAUNDERS a adminiftré la myrrhe avec un très-grand fuccès. Elle augmente la chaleur de la fievre, diminue la violence des accès de froid, & détruit la difpofition aux fueurs colliquatives.

Le même médecin a employé ce remede avec fuccès dans ces fievres hectiques dans lefquelles les efprits vitaux du malade fouffrent principalement, où le pouls eft foible & languiffant, & où il y a une chaleur extraordinaire à la peau, quoique les malades n'aient d'ailleurs pas de violens accès de fievre. Dans quelques cas de cette efpece, on avoit déja employé auparavant le quinquina & la limaille de fer, mais fans le moindre fuccès. Outre cela, & fuivant les expériences du même Mr. SAUNDERS, la myrrhe donnée à l'intérieur a réellement corrigé les mauvaifes qualités du pus, dans des fievres hectiques provenant de l'abforption d'une matiere que rendoient des ulceres phagédéniques, ou de l'abforption d'un pus de mauvaife qualité qui s'écouloit de vieilles plaies, ou de celle qui avoit lieu à la fuite de l'amputation de quelque membre, dont le tronçon étoit refté en mauvais état, &c. &c. cas dans la plupart defquels on avoit cependant employé préalablement le quinquina, mais fans aucun fruit.

Dans cette efpece de fievre hectique que SYDENHAM appelloit la *fievre blanche* (r), Mr.

(r) C'eft la fievre chlorotique ou des filles qui ont les pâles couleurs. *Note de l'Editeur.*

SAUNDERS combine souvent quelque préparation de mars avec la myrrhe. Il s'en est même servi pareillement pour remédier à certaines douleurs violentes auxquelles sont de tems en tems sujettes les femmes fort sensibles, sans cependant que ces douleurs reviennent à des tems marqués. Il faut rapporter ici ces maux de tête & ces douleurs dans les muscles, qui ressemblent aux douleurs de rhumatisme ; douleurs auxquelles les femmes hystériques sont ordinairement sujettes, & dont SYDENHAM avoit aussi fait mention.

D'après les expériences de Mr. SAUNDERS, la myrrhe est ordinairement trop échauffante pour cet ordre de pulmoniques qui ont en même tems des crachemens de sang, comme aussi dans le période inflammatoire de la phthisie. Mais ce médecin trouve que la myrrhe est un bon remede lorsque la suppuration vient de s'établir, & que le période de la foiblesse a déja commencé. Toutefois, quoiqu'il ait fait l'essai de ce médicament dans un très-grand nombre de fievres hectiques, qui reconnoissoient visiblement pour cause une phthisie pulmonaire, ce n'a pourtant été uniquement que dans les cas qui viennent d'être indiqués que la myrrhe a eu de grands succès : il a même été obligé d'en faire discontinuer l'usage à quelques malades & de recourir à une méthode différente.

Mr. SAUNDERS termine sa dissertation par cette observation ; c'est que comme il a soumis la myrrhe à une si grande multitude d'essais, il n'étoit pas naturel de s'attendre qu'elle eût toujours un succès parfaitement heureux, ni qu'elle eût fait le même effet chez chacun de ses malades. Cependant, à ce qu'il assure, la myrrhe lui a rendu de beaux coup plus grands fervices qu'aucun autre des remedes qu'il ait jamais employé dans la phthifie : & qui plus eft, parmi les malades à qui elle a été utile, il s'en eft trouvé plufieurs qui n'ont ufé d'aucun autre remede que de celui-là (s).

Tout cela fait voir que l'on ne doit pas être fi prompt à rejetter la claffe entiere des balfamiques dans le traitement de la phthifie pulmonaire, mais que l'on peut les employer avec circonfpection. Si donc on veut en faire cet ufage, il faut commencer par de petites dofes, & en même tems être bien attentif aux effets qu'elles produifent fur le corps. Trouve-t-on que ces balfamiques échauffent les malades, qu'ils rendent le pouls plus fréquent, qu'ils augmentent la toux, ou qu'ils occafionnent d'ailleurs quelque fenfation défagréable ; il faut alors inceffamment en abandonner l'ufage.

Pour ce qui eft des faignées fréquentes, il eft fûr qu'elles peuvent faire beaucoup de bien, lorfque l'on a l'attention de ne les réitérer qu'autant que les fymptomes & les forces du malade le permettent. Le docteur DOVER qui introduifit le premier cette pratique il y a environ cinquante ans, ne fe faifoit point de peine de faire tous les jours tirer fix onces de fang à fes malades, pendant quinze jours de fuite, puis de faire réitérer

_____

(s) Plufieurs bons auteurs ont recommandé d'après le célebre HOFMANN, l'extrait de myrrhe aqueux dans les maladies dont il s'agit ici, par la raifon que n'étant pas mêlé avec la partie réfineufe, il n'eft pas échauffant. Je n'ai jamais remarqué qu'il fît de mauvais effets, & le plus fouvent mes malades s'en font très-bien trouvés. *Note de l'Editeur.*

de pareilles faignées tous les deux ou trois jours; en continuant de cette maniere, jufques-à-ce que le malade eût été faigné cinquante à foixante fois. Mais il poufioit cela trop loin, & ce fut vraifem- blablement auffi par cette raifon, que cette mé- thode tomba bientôt en difcrédit. DOVER regar- doit la phthifie pulmonaire comme une maladie purement inflammatoire, & il y a toute apparence qu'il avoit pris cette opinion d'après l'infpection du fang. Or, comme on le fait, le fang des per- fonnes attaquées de la phthifie pulmonaire eft prefque toujours couvert d'une peau qui reffem- ble à la couenne inflammatoire : mais dans des cas de cette nature, la préfence d'une pareille couenne ne doit influer en rien fur la maniere de traiter les malades.

Un médecin très-habile & très-expérimenté m'a dit qu'il fe fouvenoit d'avoir vu il y avoit plu- fieurs années, un malade, qui avoit été traité fuivant la méthode recommandée par le docteur DOVER & à qui l'on avoit ouvert la veine cin- quante fois : mais le fang que l'on avoit tiré la derniere fois ne laiffoit pas que d'être toujours couvert d'une couenne auffi forte que celle de la premiere.

Dans les cas dont nous parlons, les malades fupportent bien de petites faignées, mais non pas de fortes. C'eft bien affez de leur tirer feulement trois ou quatre onces de fang à la fois ; & l'on ne doit réitérer ces faignées qu'avec beaucoup de circonfpection. J'ai remarqué en général à cette oc- cafion, que deux ou trois jours après la faignée, les malades fe trouvent beaucoup plus foulagés qu'immédiatement après. Généralement parlant, il ne faut avoir recours à la faignée que de tems à au-

tre, & ne l'envifager fimplement, que comme un fecours qui, de même que nombre d'autres, peut fervir dans la vue de diminuer l'inflammation, &
d'empêcher que les humeurs ne fe portent avec trop
de force vers les poumons. C'eft un de ces remedes qui peuvent devenir très-utiles entre les mains
d'un médecin habile & expérimenté, mais qui au
contraire ne peuvent manquer de caufer de grands
maux, lorfqu'on ne les prefcrit que fur de fimples
préfomptions, fans avoir mûrement examiné le cas
qui fe préfente, & fans avoir apporté une attention fcrupuleufe aux nombreufes circonftances qui
l'accompagnent.

Pour ce qui eft des ulceres artificiels, tels par
exemple que ceux que l'on procure par le moyen
des véficatoires, des fétons, des fontanelles, &c.
tous moyens que l'on eft dans l'ufage de recommander fi fréquemment dans les maladies des poumons ; l'abus de cette pratique n'eft pas fi fujet
à nuire, que celui de la faignée, parce que les
écoulemens qui fe font par ces plaies n'affoibliffent pas fi fort les malades, & que le foulagement
qu'ils procurent fi fouvent eft une raifon bien
propre à nous engager à en faire l'effai.

Les véficatoires, comme on le fait, agiffent de
deux manieres, en ce qu'ils diminuent les fpafmes
& qu'ils détournent en même tems les humeurs
de la partie affectée. Quant aux fontanelles & aux
fétons, ils agiffent principalement de cette derniere maniere: il eft vrai qu'à les confidérer fous
ce point de vue, leurs effets ne font pas auffi
prompts ni auffi fenfibles dès les commencemens,
que ceux des véficatoires ; mais ces effets font
plus durables, parce que l'évacuation qu'ils procurent dure beaucoup plus longtems.

Je crois qu'il n'eft prefque pas befoin d'obferver, que lorfque l'on veut tirer un parti avantageux des fontanelles & des fétons, il eft néceffaire de les établir dès le commencement de la maladie. On a un traité de Mr. MUDGE *fur les
toux catarrhales* (*t*), dans lequel cet auteur rend
compte des bons effets qu'il a éprouvés fur lui-
même, d'une fontanelle à l'épaule : il fait à ce
fujet une remarque judicieufe, c'eft que dans les
cas dont il s'agit, l'évacuation procurée par un
ulcere artificiel doit être affez abondante, pour
que le malade puiffe fentir qu'elle a lieu. Cependant, lorfqu'il eft queftion de perfonnes délicates,
comme le font ordinairement les pulmoniques, il
eft rare que les médecins puiffent les engager à fe
laiffer pratiquer une fontanelle entre les épaules.

L'écoulement de matiere que procure un féton
eft affez confidérable : or comme dans les cas dont
nous parlons, le malade fent prefque toujours
comme un point inflammatoire, ou que par une
infpiration profonde il fouffre davantage dans une
partie des poumons que dans les autres, alors
on lui procure beaucoup de foulagement, fi l'on
établit le féton à côté & auffi près que cela fe
peut de la partie fouffrante. J'ai vu de très-bons
effets de cette méthode, & cela dans différens cas.

Dans l'énumération que j'ai faite précédemment,
des remedes dont on peut faire ufage pour ces
efpeces de toux qui font les avant-coureurs de la
vraie phthifie, j'ai déja eu occafion de parler des
préparations d'opium. Mais l'utilité de ce genre
de

(*t*) On en a donné une traduction allemande à Leip-
zick en 1780.

de remedes ne fe borne point uniquément à ces
cas-là. On s'en fert principalement dans chaque
période de la maladie, dans la vue d'appaifer la
toux; de provoquer le fommeil; & dans le dernier période à deffein d'arrêter un peu la diarrhée.
Cependant auffi les préparations d'opium ont fouvent fait des maux infinis dans tous ces cas.

Dans le période inflammatoire de la maladie;
ils augmentent la difpofition à l'inflammation, tout
comme auffi dans la fievre hectique putride, ils
rendent les fueurs colliquatives plus abondantes.
Il ne faut donc adminiftrer ces préparations d'opium
aux perfonnes pulmoniques; qu'en très-petite
quantité & avec une grande circonfpection; & je
fouhaiterois qu'il n'y eût abfolument que les médecins habiles & expérimentés qui fiffent ufage de
ces remedes. J'ai vu plus d'une fois que des toux
font devenues abfolument incurables par l'ufage
inconfidéré du cordial de GODFREY & d'autres
pareilles drogues de charlatans; dont l'opium eft
le principal ingrédient. Pour ce qui eft de la diarrhée; l'opium n'y remédie que d'une maniere in-
certaine & pour peu de tems. Les fruits mûrs &
les autres chofes qui réfiftent à la putridité font
ici les meilleurs remedes.

J'ai déja dit plus haut; que prefque tous les
médecins recommandent dans la phthifie de fe
nourrir de lait & de végétaux, & cela par la raifon qu'ils croient que les alimens tirés de la viande
augmentent les fymptomes inflammatoires par l'irritation qu'ils excitent, & favorifent la difpofition
à la fievre hectique, à raifon de leur nature alca-
line. Je dois cependant avouer, que j'ai rarement
vu de ces mauvais effets réfulter de l'ufage de quelque efpece de viandes que ce fût, pourvu feu-

lement que ces mets fuffent accommodés tout fimplement, que les malades n'en priffent que mo-
diquement, & qu'en même tems ils ufaffent de
beaucoup de pain , de poudding, de fruit, de lait,
de beurre, & d'autres chofes de cette nature. Dans
cette maladie , on a prefque autant à craindre de
la quantité des remedes que de leurs mauvaifes
qualités. Il n'eft prefque pas néceffaire d'avertir
que les alimens falés & fort épicés font fur-tout
nuifibles (u).

Il faut, pour ce qui concerne la diete, faire
beaucoup d'attention aux goûts du malade. Lorfqu'un malade marque de l'envie de manger d'un
certain mets à la viande , qu'il le mange de bon
appétit, & qu'il ne s'en trouve point mal enfuite ,
alors le médecin peut lui permettre d'en ufer convenablement , pourvu qu'en même - tems il lui
recommande de n'en pas prendre en trop grande
quantité , & qu'il faffe bien attention aux effets
que ce mets produit chez le malade après qu'il en
a mangé.

Il fe trouve quelquefois des malades qui ont
une répugnance abfolue pour toutes fortes de
viandes ; ceux-là ne doivent vivre que de lait,
de fruits, &c. Mr. MUTZEL de Berlin parle d'un
malade qui fe guérit d'un commencement de phthifie, en ne mangeant uniquement que du pain &
des concombres , & en ne buvant que de l'eau

(u) Cette expreffion *fort épicés* femble fuppofer que
l'auteur ne défapprouve pas les mets qui ne font qu'un
peu épicés, ce qui me paroit cependant peu d'accord
avec les indications curatives.

froide (x). Et BONNET rapporte (y) qu'un ulcere des poumons, & qu'une phthifie déja confirmée, s'étoient guéris par l'ufage du creffon de
fontaine : mais comme ce rapport n'eft fondé que
fur un oui-dire, & que l'hiftoire de ce cas eft
accompagnée de certaines circonftances qui ne paroiffent mériter que très-peu de créance ; cette obfervation ne vaut guere la peine que l'on s'y arrête.

Cependant, je puis bien affurer que j'ai trouvé
que la plûpart des malades fe trouvent beaucoup
mieux d'ufer de quelques légers mets à la viande,
lorfqu'ils n'en prennent que peu & à dîner feulement, que de s'abftenir entiérement de toutes ces
fortes de nourritures, pourvu feulement que du
refte ils vivent principalement de lait écrêmé, de
lait de beurre, de petit lait, & d'autres alimens
de cette nature. Quelquefois auffi on peut tirer
parti des écreviffes, des moules, & particulierement des huitres ; on peut en dire autant des ef-
cargots que l'on mange entiers ou cuits au lait.
On peut encore ufer avec avantage de bouillons
légers & fans graiffe, faits avec la viande des animaux dont l'accroiffement eft complet. Au contraire, toutes les boiffons fpiritueufes & fermentées, de quelque efpece qu'elles foient, font généralement nuifibles. Le lait pur, de quelque efpece
qu'il foit, eft fouvent trop irritant pour les perfonnes atteintes de phthifie, & j'ai vu que les
malades avoient quelquefois de la répugnance
pour cette boiffon, & s'en trouvoient incommo-

(x) Voyez fes *Obfervations de médecine & de chi-*
rurgie publiées en allemand, premier recueil, page 1.
(y) Sepulchret. T. I. p. 693.

C 2

dés, lorfqu'ils en buvoient en trop grande quantité
à la fois. L'acide du lait fait fouvent que lorfqu'il
fe mèle avec la bile, il acquiert une propriété purgative, fur-tout lorfqu'il fe fait une fécrétion trop
abondante de bile, ce qui arrive quelquefois chez
les pulmoniques : mais il arrive bien plus fouvent
qu'elle occafionne de la conftipation, lorfqu'elle fe
coagule fans pouvoir enfuite reprendre fa fluidité.
C'eft pourquoi le lait d'âneffe eft fans contredit
préférable au lait de vache, parce qu'il eft moins
épais & plus nourriffant que ce dernier, & que
de plus il ne contient pas autant de parties ca-
féeufes. Mais en ne le prenant qu'à la quantité
que l'on eft communément dans l'ufage de le prendre, il ne peut être que d'une bien petite utilité.
Je vois que l'on n'en donne aux malades qu'une
demi-chopine deux fois par jour, quantité qui
va au-delà de celle des remedes, en forte que l'on
peut regarder cette boiffon comme faifant partie
de la nourriture : mais pour que l'on put en attendre quelque avantage, il faudroit qu'elle fit la
plus grande partie de la nourriture du malade.

Lorfque l'on veut permettre au malade l'ufage
du lait de vache, il faut qu'il foit écrêmé, ou
bien fi l'on veut boire ce lait au moment où l'on
vient de le traire, il faut le mèler avec un tiers
d'eau ou davantage. Au refte, le lait de beurre
ou le petit-lait, foit qu'ils aient été préparés avec
du lait de vache ou avec du lait de chevre, font
en général de beaucoup à préférer à quelque lait
pur que ce foit, & de ces deux boiffons, il paroît encore que le lait de beurre mérite la préférence fur le petit-lait, non feulement parce qu'il
eft plus nourriffant, mais de plus parce qu'il eft
plus rafraichiffant. J'ai vu des toux très-opiniâtres

accompagnées de confomption, de chaleurs paffageres, & de tous les fymptomes qui pouvoient
donner lieu de craindre une phthifie complette,
lefquelles cependant n'ont pas laiffé de fe guérir
heureufement chez des perfonnes qui n'ufoient
que de lait de beurre, de fruits mûrs, & d'une
petite quantité de viande, & à qui en même tems
on avoit appliqué un véficatoire au côté, outre
que l'on leur tiroit de tems en tems un peu de
fang, & que l'on leur adminiftroit quelques autres remedes convenables dans leurs circonftances.

Quelques médecins de Vienne ont recommandé
en dernier lieu le lichen d'Iflande dans la phthifie,
en prefcrivant de le cuire dans du lait, & de le
faire prendre aux malades à titre de nourriture.
Mr. SCOPOLI, qui eft un écrivain digne de foi,
affure que ce remede a été utile dans divers cas
où les malades avoient déja des ulceres aux poumons, & Mr. le Docteur STOLLE en confirme
l'efficacité par plufieurs exemples (z). L'expérience ne m'a rien appris de la vertu de ce médicament: mais il paroît du moins qu'il vaut la peine
de faire des recherches ultérieures fur fon efficacité. Suivant nos auteurs de botanique, tels, par
exemple, que MM. HUDSON (a), BERKEN-
HOUT (b), & LIGHTFOOT (c), ce lichen croît
fur des collines dans le Comté d'York, dans le
Weftmoreland, comme auffi fur les montagnes

(z) Dans fon ouvrage intitulé *Ratio medendi*, &c.
(a) Voyez fa *Flora Anglica*.
(b) *Outlines of the natural hiftory* &c. c. à d. Effais
d'hiftoire naturelle de la Grande Bretagne.
(c) Voyez fa *Flora Scotica*.

& dans les landes de la principauté de Galles (*d*).

Il y a déja fort longtems que l'on a regardé l'exercice, & particuliérement l'équitation, comme un remede essentiel pour le traitement de la consomption. C'est sur-tout depuis SYDENHAM que l'on a recommandé l'équitation dans cette maladie : ce médecin avoit une si grande opinion de cet exercice, qu'il assuroit qu'il avoit autant d'efficacité pour guérir la phthisie, que le mercure en a dans le traitement des maladies vénériennes, ou le quinquina pour la guérison des fievres intermittentes, pourvu seulement que le malade eût soin que ses draps de lit fussent toujours bien secs, & qu'il fit d'assez longs voyages (*e*).

Cependant on a quelques raisons de craindre que ce sentiment de SYDENHAM, notre illustre compatriote, n'ait donné lieu à bien des maux, & cela pour avoir été pris dans un sens trop étendu, & faute d'avoir suffisamment distingué les cas. Il est très-certain que de longs voyages à cheval font fort salutaires aux malades dans certains

_____

(*d*) Suivant Mr. DE HALLER il croît par-tout sur nos Alpes en très-grande quantité, & même sur les Montagnes du Jura, sur la terre & les rochers. Mr. DE LINNÉ dit qu'on général le Lichen d'Islande se trouve dans les bois les plus stériles de l'Europe. *Note de l'Editeur.*

(*e*) Voici les propres paroles de l'Hippocrate Anglois : *Hoc tamen sanctè affero, quod neque mercurius in lue venerea, neque cortex Peruvianus in intermittentibus efficaciores exstent, quam in phthisi curanda exercitium jam laudatum, modo æger curet, ut linteamina lecti probe fuerint arefacta, atque etiam ut satis longa itinera emetiantur.* Voyez SYDENHAMI *Opera omnia*, Geneve 1716. 4. vol. I. p. 427.

cas où la phthifie eft la fuite d'une autre maladie (ƒ), comme par exemple dans la phthifie ner-
veufe, dans la phthifie hypochondriaque, &c. ou
auffi lorfque cette maladie eft furvenue à la fuite
d'une fievre intermittente qui a été de longue durée, ou lorfqu'elle reconnoît pour caufe des obftructions dans les vifceres du bas-ventre ; en un
mot, lorfque la phthifie n'eft pas compliquée avec
une inflammation ou avec un ulcere des poumons.
Cette efpece d'exercice peut auffi être utile pour
prévenir une attaque de phthifie, ou pour remédier à une toux feche & qui n'eft fuivie d'aucune
expectoration, & chez les perfonnes qui ont de la
difpofition à la phthifie pulmonaire, pourvu qu'il
ne fe foit point encore formé de tubercules dans
les poumons.

J'ai vu moi-même un exemple de cette efficacité de l'équitation dans la perfonne de mon valet,
qui étoit un jeune homme d'environ quinze ans,
d'une conftitution foible & délicate, qui avoit de
très-belles dents, & un teint fleuri qui paroiffoient
indiquer une difpofition à la phthifie pulmonaire.
Au mois de Décembre, il fut attaqué à Edimbourg
d'une toux feche qui paroiffoit devenir dangereufe
à raifon de fon opiniâtreté & de fa violence, &
de ce qu'elle avoit refifté durant quinze jours à
quantité de remedes. Au bout de ce tems-là, je
fis avec lui un voyage à cheval vers le fud de
l'Ecoffe. Le troifieme jour nous arrivâmes à Mor-
peth, & je trouvai que fa toux avoit déja diminué: mais m'étant arrêté cinq à fix jours dans cette
ville, elle redevint beaucoup plus incommode &

(ƒ) *A fecondary difeafe.*

C 4

presque auffi violente qu'elle l'avoit été au commencement. Nous reprimes notre route vers Londres en faifant trente à quarante milles de chemin
chaque jour : le tems étoit très-froid, il tomba un
peu de neige, & malgré cela la toux ne laiffa pas
de s'amender de jour en jour, en forte qu'avant
que nous arrivaffions à Londres, elle avoit prefque entiérement ceffé. Mais m'étant encore arrêté
quelques jours dans cette ville, la toux recommença à empirer, mais fans redevenir auffi violente qu'elle l'avoit été auparavant. Au bout de
ce tems-là, ce domeftique fut obligé tous les jours
de faire avec moi des voyages de quelques milles
dans le voifinage de Maidftone, toujours à cheval ; quelques-uns même de ces voyages étoient
d'une forte journée ; de cette maniere mon valet
fut entiérement délivré de fa toux fans avoir pris
le moindre remede.

Cependant quelque avantageufe que l'équitation
ait été dans le cas que je viens de rapporter, il
n'eft pas moins vrai qu'une équitation trop longue ou violente ne convient pas dans une phthifie
confirmée, lorfqu'il y a de l'inflammation dans les
poumons, ou qu'ils font déja réellement ulcérés.
J'ai vu plus d'un exemple où l'équitation a certainement hâté la mort du malade. C'eft pourquoi
les malades, dont il s'agit ici, ne doivent faire
qu'un exercice très-modéré & proportionné à leurs
forces, & cela feulement dans la matinée. Lorfque le tems eft favorable, il n'eft peut-être point
d'exercice plus convenable que de fe promener
dans une voiture commode & ouverte, parce que
de cette maniere le malade refpire le grand air
en même tems qu'il prend l'efpece d'exercice qui
eft le plus néceffaire en pareil cas.

La promenade à pied, qui dans l'état de fanté
eft ordinairement le plus falutaire de tous les exer-
cices, eft le plus nuifible pour les pulmoniques,
parce qu'il exige l'action d'un très-grand nombre
de mufcles, & que par là-même il fatigue beaucoup trop les malades. L'équitation fecoue plus
les entrailles que la promenade à pied, & c'eft par
cette raifon qu'elle lui eft préférable dans plufieurs
maladies chroniques. Mais lorfque les humeurs
ont une pente qui les porte avec trop de force
vers les poumons, cet exercice augmente facilement le mal, & peut auffi devenir nuifible à raifon de la fatigue qui l'accompagne. Conféquemment, je crois que le mieux feroit de commencer
par fe promener en voiture, & qu'auffi-tôt que le
malade auroit repris des forces, & que la maladie
auroit diminué, il feroit alors affez à tems pour
qu'il eût recours à l'exercice du cheval.

L'expérience fait voir que les mouvemens doux
que l'on éprouve en fe promenant en carroffe font
fouvent très-utiles dans les maladies des poumons.
Il paroît que l'on doit principalement attribuer ce
bon effet à ce que cet exercice facilite la tranfpiration, outre qu'il excite chez quelques perfonnes des maux de cœur, ou des envies de vomir.
C'eft ce qui fait qu'il eft auffi très-utile dans la
phthifie pulmonaire, & je tiens, comme une chofe
très-fûre, d'un médecin qui a beaucoup de favoir
& d'expérience, qu'une de fes malades qui étoit
phthifique, après avoir pris inutilement une quantité de remedes, s'étoit enfin guérie en faifant
quelques centaines de milles d'Angleterre avec fa
voiture dans diverfes provinces de ce royaume.
Au commencement fon mal reprenoit le deffus dès
qu'elle s'étoit feulement arrêtée deux ou trois jours

dans un endroit : mais en continuant fes voyages, la maladie acheva de fe diffiper entiérement.

Mr. DESAULT, qui exerçoit la médecine il y a environ quarante ans à Bourdeaux, affure (g) qu'il a prefcrit avec fuccès à diverfes perfonnes attaquées de phthifie, l'ufage des eaux de Barréges ; mais qu'à la vérité en leur donnant ce confeil, il n'avoit pas tant eu en vue l'efficacité de ces eaux, que l'avantage que fes malades pourroient retirer du mouvement de la voiture, & du changement d'air qu'un voyage auffi long devoit leur procurer.

On eft prefque généralement dans l'idée que les bons effets que les voyages fur mer font chez les perfonnes pulmoniques, doivent s'attribuer plutôt au mouvement continuel & uniforme du vaiffeau, qu'à de certaines particules dont on fuppofe que l'air de la mer eft chargé : il faut convenir cependant que la fraicheur de cet air de la mer peut être très-avantageufe, furtout dans la faifon des chaleurs, tems auquel on entreprend toujours ces voyages. Les anciens connoiffoient déja très-bien l'utilité des voyages par mer, & les Romains étoient en ufage d'envoyer par cette voie en Egypte, les malades attaqués de phthifie. PLINE remarque que ces voyages leur étoient utiles, non pas à raifon du climat de l'Egypte, mais à raifon de la longueur du trajet (h).

Plufieurs de nos médecins en Angleterre, re-

(g) Voyez fa *Differtation fur la phthifie.*
(h) Voici fes termes ; Navigatio utilis eft phthificis.——
Neque enim Egyptus propter fe petitus, fed propter longinquitatem navigandi.

commandent aux malades dont nous parlons, de faire route par mer jufqu'à Lisbonne. Mais lorfque l'on eft déterminé à faire un pareil voyage, il faut furtout faire attention de ne l'entreprendre que dans une faifon favorable. J'ai connu une perfonne qui s'étant embarquée pour Lisbonne avec les fymptomes d'une phthifie commençante, s'apperçut à la vérité de quelques foulagemens réels pendant la route; mais comme le tems de fon arrivée en Portugal fe rencontra juftement au commencement de la faifon pluvieufe, la maladie empira en peu de temps confidérablement, & fe termina enfin par la mort.

Mr. FOTHERGILL a fait plufieurs remarques judicieufes fur le choix des lieux où il convient que les pulmoniques faffent leur féjour dans notre climat (*i*). Je ne les rapporterai pas ici, parce qu'elles doivent déja être connues à la plupart de mes lecteurs. Au refte, parmi les perfonnes que la phthifie confume, il n'y en a qu'un petit nombre qui foient dans le cas de pouvoir s'abfenter longtems de chez elles, ou de s'éloigner à une grande diftance du lieu de leur demeure pour le rétabliffement de leur fanté; & fur ce petit nombre, il y en a ordinairement la plus grande partie qui different fi longtems d'avoir recours à ce moyen de guérifon, que lorfqu'ils s'y déterminent, la maladie a fait de fi grands progrès, qu'il n'y a plus aucun moyen d'y remédier.

L'expérience nous apprend que dans le premier

(*i*) Voyez *Medical obfervations and inquiries :* ces remarques fe trouvent auffi dans le troifieme tome de la Collection allemande d'où ceci eft tiré, p. 459.

période, ou dans le période inflammatoire de la
phthisie, on se trouve toujours bien à quelques
égards de faire un voyage aux eaux minérales de
Bristol. Le changement d'air, la diéte & la maniere de vivre que l'on fait ordinairement observer aux personnes délicates qui boivent ces eaux,
concourent avec l'efficacité de ces mêmes eaux,
& tout cela contribue sans doute au soulagement
des malades. Il est seulement fâcheux qu'il arrive
aussi avec ce moyen de guérison, qui devroit spé-
cialement être mis en œuvre avant tout autre,
que c'est ordinairement le dernier auquel on a
recours, & que le plus souvent on ne commence à en faire usage, que lorsqu'il ne peut presque
plus être d'aucune utilité.

Mais parmi ce grand nombre de personnes pulmoniques qu'il y a dans ce pays, & qui sont en état
de séjourner dehors de chez elles, il y en a bien
peu qui voyagent seulement dans le royaume; il y
en a beaucoup moins encore qui aillent chercher
dans les pays étrangers un azile contre cette maladie. Il y en a bien peu qui veuillent imiter l'exemple d'un habitant d'Ancone, dont ETTMULLER
dit, qu'ayant vu tous ses plus proches parens mourir de la phthisie, il se détermina enfin à voyager
sans cesse d'un pays dans un autre, ce qui lui fit
en effet éviter le sort qui le menaçoit.

Lorsque l'on prend le parti de suivre cette méthode dans la vue de guérir une personne attaquée
de phthisie, le succès dépend beaucoup, comme
je l'ai dit ci-dessus, du choix de la saison, & de
celui du climat dans lequel le malade doit séjourner. Il est généralement connu qu'un hiver ri-
goureux est très-contraire aux phthisiques. Cependant il est certain que toutes ces personnes se

trouvent auffi très-mal des chaleurs de l'été dans
les climats chauds ; du moins cela eft-il vrai par
rapport à la phthifie confirmée, quoique l'on pré-
tende communément que cette chaleur ne leur
eft pas auffi nuifible que le froid.

Il eft vrai que la chaleur que l'on éprouve dans
les climats chauds prévient les attaques de phthifie, & cela peut-être par la raifon que cette chaleur fait que les humeurs du corps fe portent en
plus grande quantité à fa furface, ou parce qu'elle
augmente la tranfpiration ; c'eft pourquoi ordinairement cette maladie n'eft pas auffi commune
dans ces pays là qu'elle l'eft dans le nôtre. Cependant l'expérience nous apprend que lorfque
la phthifie a une fois commencé à fe manifefter
dans un pays chaud, elle eft ordinairement fujette à faire des progrès d'autant plus rapides.
Dans nos contrées, elle dure communément deux
ou trois années avant que le malade en meure,
tandis qu'en Italie au contraire elle emporte déja
le malade au bout de deux ou trois mois.

On voit par ce que nous venons de dire qu'un
air tempéré eft celui qui convient le mieux aux
pulmoniques, & que conféquemment il importe
à ces malades de changer fouvent de féjour. Dans
plufieurs cas, les progrès ultérieurs de la phthifie ont été retardés pendant plufieurs années, fouvent même elle s'eft complettement guérie, &
cela par l'attention que les malades ont eue de
ne refter en Angleterre que pendant l'été, & de
paffer l'hiver dans les contrées méridionales de
l'Europe, en obfervant en même tems exactement
la diéte & les autres chofes néceffaires. Mais il
faut fuivre cette méthode jufques-à-ce que l'on
foit à l'abri du danger des rechûtes. Une dame

qui étoit menacée de phthifie, empêcha pendant plufieurs années cette maladie de fe manifefter, en paffant l'été dans les contrées les plus froides de la Grande Bretagne, puis en féjournant durant l'hiver dans les environs de Touloufe; jufques-à-ce qu'enfin elle négligea de quitter l'Angleterre avant le commencement de l'hiver : alors comme elle craignoit d'entreprendre un voyage par mer aux approches de cette faifon, elle fe détermina à refter en Angleterre pendant l'hiver. Mais cela fut caufe que dans peu de tems fon état empira, & qu'enfin elle mourut de la phthifie.

Jufques ici je n'ai point encore parlé de l'ufage des émétiques dans la phthifie pulmonaire. Plufieurs médecins ont été du fentiment, que les émétiques font nuifibles dans tous les cas où les humeurs fe portent avec trop de force vers les poumons. Mais je fuis convaincu, que les émétiques bien loin d'augmenter en aucune maniere cette affluence, la diminuent plutôt; & que conféquemment on peut efpérer de très-bons effets d'un ufage raifonnable de ces médicamens, vû que de tous les remedes il n'en eft point ordinairement, qui agiffent fur le corps avec plus d'efficacité & d'une maniere plus générale. S'il eft quelque moyen capable de refoudre des tubercules qui fe font formés dans les poumons, c'eft à mon avis un émétique. Pareillement il n'eft rien qui remédie mieux aux maladies du foie qui fe trouvent quelquefois compliquées avec la phthifie pulmonaire, que des émétiques réitérés. J'ai éprouvé les bons effets de ces remedes dans divers cas, où la toux & la nature des crachats, les chaleurs paffageres, la perte de l'appétit & d'autres fymptomes, faifoient craindre les maux les plus graves.

Dans quelques-uns de ces cas, l'ufage de l'émétique a confidérablement diminué les fymptomes,
& dans d'autres il les a entiérement diffipés. Il eft
vrai qu'ordinairement on faifoit en même tems ufage d'autres remedes convenables, mais le foulagement que les malades éprouvoient chaque fois après
l'ufage de l'émétique, prouvoit affez que ce remede
agiffoit d'une maniere falutaire. Je dois cependant
avertir, que je ne prétends pas donner à entendre par ce que je viens de dire, que les émétiques
font également utiles dans chaque période de la
phthifie pulmonaire, & à toutes les perfonnes qui
ont cette maladie : au contraire, je prie mes lecteurs d'être fort fur leurs gardes & fort réfervé
dans l'emploi de ces médicamens.

Dans cette maladie, comme dans toute autre, il
peut arriver que tel remede efficace qui eft fouvent
très-utile, devient d'autres fois auffi très-nuifible;
c'eft pourquoi un médecin raifonnable, qui a des
principes d'humanité, & qui apporte une attention
fcrupuleufe à toutes les circonftances qui fe préfentent pendant le cours de la maladie, ne manque-
ra point de mettre ce remede de côté, auffi-tôt qu'il
paroîtra le moins du monde être nuifible. A en juger d'après l'expérience, il me paroît qu'en général
plus on a recours de bonne heure aux émétiques
dans le traitement de la phthifie, plus on peut
compter d'en retirer de l'avantage, & moins ils doivent être fujets à produire de mauvais effets. Ordinairement ces remedes m'ont paru ne pas convenir
dans les cas où la maladie faifoit des progrès très-
rapides, & dans ceux où les malades étoient déja
très-foibles & épuifés par des fueurs colliquatives.

Arrive-t-il chez un pulmonique qu'en lui adminiftrant un émétique deux fois dans l'efpace d'une

femaine, la toux diminue, que l'expectoration
devienne plus facile, & que tous les autres fymptomes s'amendent; ce fuccès doit encourager & le
malade & le médecin à continuer l'ufage de ce
médicament. Alors on peut donner l'émétique de
deux jours l'un, ou tous les jours pendant quelques jours de fuite, comme je l'ai fait dans certains cas, où cet évacuant a été vifiblement utile.

Le choix de l'efpece d'émétique dont il convient
de faire ufage dans les cas dont nous parlons,
n'eft rien moins qu'une chofe indifférente. L'infufion de chardon bénit, ou l'eau tiéde, ou d'autres chofes de cette nature, qui ne font capables
d'exciter le vomiffement qu'à raifon de leur quantité ou des maux de cœur qu'elles donnent, re-
lâchent trop l'eftomac, lorfque l'on y revient à
plufieurs fois; c'eft pourquoi à la fin les malades
s'en trouvent mal. Afin donc d'éviter cet inconvénient, il faut avoir recours à des émétiques plus
efficaces, & à ce titre il femble qu'il feroit naturel de donner la préférence à certaines préparations d'antimoine. Mais l'activité de cette derniere
forte d'émétiques ne fe borne point uniquement
à l'eftomac; ils agiffent de plus comme laxatifs
& comme fudorifiques, & deviennent de cette
maniere nuifibles aux pulmoniques.

On connoit l'utilité de l'ipécacuana, & on fait
qu'il opere doucement: mais j'ai fouvent fait
ufage du vitriol bleu ou du vitriol de cuivre, au
fujet duquel plufieurs médecins ont avancé toutes fortes de chofes deftituées de fondement. Son
activité fe borne principalement à l'eftomac, il opere
à l'inftant même où on l'a donné: de plus il paroit que la qualité ftyptique dont il eft doué, le
rend propre à prévenir le relâchement que l'on
croit

croit communément être inséparable de l'usage
fréquent des émétiques. J'ai vu de très-bons effets
de ce remede chez deux malades à qui on avoit
auparavant administré l'ipécacuana sans aucun succès. —— Au reste, il faut toujours donner cet émétique le matin, en le faisant prendre de la maniere
que je vais dire.

On fait d'abord boire au malade environ une
demi-chopine d'eau, après quoi on lui fait tout
de suite avaler le vitriol de cuivre que l'on a auparavant dissous dans une tasse d'eau. —— Il faut,
outre cela, que la dose de cet émétique soit appropriée à l'âge & aux autres circonstances du
malade ; cette dose peut varier depuis la quantité
de deux grains jusqu'à celle de dix, de quinze &
même de vingt grains. Comme il est des personnes qui vomissent plus facilement que d'autres,
on fera bien de ne commencer que par de petites
doses. Il ne faut pas croire que je conseille cette
précaution dans la vue d'éviter qu'une trop grande
dose n'eût des effets dangereux, parce que le remede ressort tout aussi-tôt & en entier par le vomissement ; mais parce qu'il pourroit arriver que
les nausées seroient très-violentes, & dureroient
trop longtems, ce qui seroit capable de dégoûter
le malade de reprendre ce remede. Ordinairement
le vomissement arrive sur le champ & à l'instant
que le vitriol est parvenu dans l'estomac. Il faut
alors donner derechef au malade une demi-chopine d'eau, que pour l'ordinaire il revomit pareillement aussi-tôt, & le plus souvent cela suffit
pour dissiper les maux de cœur.

J'ai appris cette méthode de faire boire de l'eau
au malade, avant qu'il avale la dissolution de vitriol, dans une petite dissertation que Mr. ROBERT

Tome I. D

BROOKES fit imprimer, il y a quelques années, dans le *Magazin de médecine* (k) ; differtation dans laquelle cet Auteur recommandoit la diffolution du vitriol bleu ou vitriol de cuivre, à titre d'émétique, utile dans certaines maladies de l'eftomac & dans la coqueluche.

Mr. MARRYAT prefcrit dans fa *Nouvelle médecine pratique* (l), l'ufage d'un remede qu'il appelle émétique fec (m), par la raifon que les malades ne doivent point boire en le prenant. Ce remede qui eft de fon invention, eft compofé de vitriol bleu & de tartre émétique : mais comme je ne l'ai jamais fait prendre à mes malades, je ne puis rien en dire de plus.

Outre les remedes dont j'ai parlé jufques ici, on recommande encore dans les maladies des poumons des préparations mercurielles, des remedes tirés du fer, & l'eau de la mer. Pour ce qui eft des médicamens mercuriels, il eft fûr qu'ils peuvent faire du bien dans certains cas, favoir, quand la confomption eft la fuite d'une autre maladie : mais dans la véritable phthifie pulmonaire, il paroît qu'ils agiffent conftamment en accélerant l'inflammation des tubercules, & en augmentant la difpofition à la fievre hectique ; c'eft pourquoi, dans ces cas-là, il n'eft point à propos de faire ufage de ces remedes.

On a prefcrit beaucoup plus fréquemment les remedes tirés du fer ; mais ils ont fouvent fait du mal aux malades, lorfque la maladie étoit dans

---

(k) *Medical magazine.*
(l) *New pratice of phyfic.*
(m) *Dry vomit.*

fon période inflammatoire. Il eft vrai que dans
cette maladie, MORTON recommandoit fort l'u-
fage des eaux de Tumbridge: mais il paroît que
ces eaux font principalement utiles dans la phthifie écrouelleufe dans laquelle, comme l'on fait
bien, les glandes du méfentere font communément plus ou moins en mauvais état : or ce qui
fait que les eaux minérales font du bien à ces malades, c'eft pour l'ordinaire leur propriété irritante. —— Je me fouviens qu'étant à Spa, j'ai vu,
dans des cas de cette nature, de bons effets des
eaux de la fource de Pouhon & de celle de Ge-
ronftere.

Mais pour ce qui eft de l'eau de la mer, je fuis
du fentiment que l'on en a vanté l'efficacité pour
la guérifon des maladies écrouelleufes, beaucoup
plus que ce remede ne le méritoit (*n*). Cette eau
doit néceffairement faire de mauvais effets dans
chacun des périodes de la vraie phthifie pulmonaire. Au commencement elle nuit par fa propriété
irritante ; & parce qu'elle accélere l'inflammation
des tubercules : mais enfuite elle eft nuifible, parce
qu'elle augmente les fymptomes de la fievre hectique. On ne peut pas beaucoup compter fur ce
que Mr. RUSSEL dit de l'utilité de l'eau de la
mer (*o*), & il ne paroît pas que dans aucun des
cas que cet Auteur rapporte pour exemple de
l'efficacité de cette eau, il ait fait des recherches

(*n*) J'ai vu un jeune écroueleux boire fans aucun
fuccès l'eau de la mer, pendant plufieurs mois. Il eft
vrai qu'elle n'étoit pas fraiche, puifqu'on la faifoit venir
de plus de cent lieues. *Note de l'Editeur.*

(*o*) Dans fa differtation intitulée *De tabe glandula-
ri, five de ufu aqua marina.* London 1750.

exactes & convenables pour s'en affurer, vu qu'il
a joint en même tems, à l'ufage de ce remede,
celui de plufieurs autres.

Outre les remedes internes que l'on confeille
dans les maladies des poumons, les médecins ont
encore fouvent recommandé de refpirer la fumée
des fubftances réfineufes & balfamiques. On a
auffi fait ufage, dans les mêmes cas, de la vapeur
qui s'éleve de l'efprit de vitriol dulcifié, lorfqu'on
le verfe goutte à goutte dans de l'eau chaude, &
l'on vend ici ce remede fous le nom d'éther, comme un fecret. En dernier lieu, on a auffi fort
recommandé dans ces maladies, de refpirer de
l'air fixe.

J'ai vu employer toutes ces méthodes en différens tems; mais je ne puis pas dire qu'aucune ait
produit réellement quelque bon effet dans le période de fuppuration de la phthifie pulmonaire,
qui eft pourtant celui dans lequel l'utilité de ces
méthodes devoit principalement fe faire appercevoir: mais dans le commencement de cette maladie, l'infpiration de la fumée des fubftances balfamiques, & de la vapeur de l'éther vitriolique,
occafionne fouvent une trop grande irritation.
C'eft pourquoi j'ai préféré de faire fimplement refpirer à mes malades la vapeur de l'eau chaude;
moyen dont j'ai déja fait mention ci-deffus en parlant des remedes dont on peut faire ufage dans
le commencement de la maladie. J'ai vu plufieurs
exemples des excellens effets de cette vapeur,
lorfque l'on y a recours dès la naiffance du mal:
mais lorfque la maladie a fait des progrès fenfibles, on ne s'apperçoit pas auffi vifiblement de
ces bons effets, & lorfque le malade eft déja fort
affoibli, il arrive ordinairement, comme je l'ai

vu moi-même, que ce bain de vapeur provoque des sueurs abondantes, sur-tout lorsque les malades en font usage tandis qu'ils sont au lit. Afin donc d'éviter cet inconvénient dans de semblables cas, je n'ai fait respirer la vapeur de l'eau que pendant le jour & hors du lit.

Je me servois ordinairement pour cet effet d'une machine qui est décrite dans le *Gentleman's magazine* de l'année 1748, & qui étoit construite de maniere que l'air que le malade attiroit par l'inspiration passoit au travers de l'eau chaude par le moyen d'un tuyau qui au dehors avoit une ouverture servant à l'introduction de l'air extérieur, & qui intérieurement s'ouvroit au fond du vase. Mais à présent nous avons une machine de l'invention de Mr. MUDGE, de laquelle il a donné la description & le dessin dans son *Mémoire sur les toux catarrhales*, & qui est beaucoup plus parfaite & plus utile à raison de la soupape, & de l'embouchure dont elle est pourvue, en sorte que l'on peut s'en servir très-commodément pour l'usage que je viens de dire (*p*).

Avant que de terminer ces observations, je veux encore dire quelque chose d'un certain remede que l'on vante pour la guérison de la phthisie, quoique, à la vérité, je ne puisse pas en parler d'après ma propre expérience, & que je n'aie point oui dire qu'aucun médecin l'ait mis en usage en Angleterre : cependant sa simplicité & les té-

---

(*p*) Il a paru depuis peu à Leipsick une traduction de ce petit ouvrage, imprimé chez WEIDMANN. On peut y voir la figure de cette machine. *Note de l'Editeur de Leipsick.*

moignages que l'on a de ſes bons effets, méritent
aſſurément que l'on faſſe des recherches ultérieures
pour s'aſſurer de ſon efficacité. Auſſi me flatte-je
que lorſque mes lecteurs auront lu d'un bout à
l'autre les relations que j'ai recueillies à ce ſujet,
& dont je leur préſente ici l'enſemble, ils conviendront avec moi que l'on peut ſe promettre de
très-bons effets de ce remede, dans la vue d'arrêter les progrès de la phthiſie pulmonaire.

Le remede dont je veux parler eſt celui qui eſt
connu ſous le nom de *bains de terre* (*q*). La
premiere relation que j'aie vue concernant cette
méthode, eſt celle qui ſe trouve dans le quatrieme
volume des *Commentaires de* VAN SWIETEN *ſur
les aphoriſmes de* BOERHAAVE (*r*). Cet Auteur
rapporte que des perſonnes dignes de foi lui ont
aſſuré que dans certains endroits de l'Eſpagne on
a une méthode de guérir la phthiſie pulmonaire
par des bains de terre. Il cite à ce ſujet SOLANO
DE LUQUE, en diſant qu'il parle des bains de
terre (*s*) comme d'un remede uſité depuis longtems à Grenade & dans certains cantons de l'An-
dalouſie, comme utile dans les fievres hectiques
& dans la conſomption, & que cet Auteur rapporte divers exemples des bons ſuccès de ces bains;
ſuccès qu'il a eus dans ſa propre pratique.

Voici comment ce médecin Eſpagnol s'y prenoit : il choiſiſſoit une portion de terre dans laquelle on n'eût rien ſemé. Il faiſoit faire dans cet
endroit un trou aſſez profond & aſſez large pour

(*q*) *The earth bath.*
(*r*) Page 101. de l'édition d'Hildbourghauſen.
(*s*) *Bannos de terra.*

que le malade pût y entrer jufqu'au menton. On rempliffoit enfuite cette foffe avec de la terre fraiche, de maniere qu'elle touchât de tous côtés le corps du malade. Le malade devoit refter dans cet état, jufqu'à ce qu'il commençât à avoir froid ou à éprouver du mal-aife. Pendant qu'il étoit dans ce bain, SOLANO lui faifoit donner de tems à autre un peu de nourriture ou de quelque médicament cordial. Après cela on le fortoit de là, on l'enveloppoit dans un drap de lin, & on le mettoit fur un matelas. Deux heures après on lui frottoit tout le corps d'un onguent fait avec de la morelle à fruit noir (*t*), & de la graiffe de cochon. SOLANO remarque que chaque fois que l'on réiteroit ce procédé, il falloit faire creufer une nouvelle foffe, & il confeille de ne faire ufage de cette efpece de bains, que depuis la fin du mois de Mars jufques à la fin du mois d'Octobre.

Mr. FOUQUET de Montpellier, qui eft un très-habile médecin & qui a l'infpection de l'hôpital militaire de cette ville, m'a affuré qu'il avoit fait l'effai de ce remede fur deux malades. Il ne réuffit pas chez l'un d'eux qui avoit déja une phthifie complette, mais il eft vrai auffi que l'on ne l'employa pas comme il convenoit. Le malade étoit un homme de trente ans, & avoit déja depuis quelques mois de la toux, une fievre hectique, & des fueurs colliquatives abondantes. Ce fut au mois de Juin que l'on le mit pour la premiere fois dans une foffe préparée comme il a été dit : mais comme il commença bientôt après à fe plaindre d'une fenfation défagréable dans l'eftomac, on fe vit déja obligé au bout de fept minutes de

---

(*t*) *Solanum nigrum.*

D 4

le fortir de cette foffe. Dans une feconde tentative il put refter dans ce bain pendant une demi-heure, après quoi on l'en retira, & on le traita de la maniere prefcrite par SOLANO. On réitera cinq fois les bains de terre de cette maniere, ce qui procura au malade un foulagement fenfible. Mais il les prit en averfion, ne voulut plus en continuer l'ufage, & mourut quelques mois après.

Mr. FOUQUET réuffit beaucoup mieux avec l'autre de ces malades. C'étoit une fille de onze ans, qui depuis trois mois étoit incommodée d'une toux qui lui étoit reftée après la rougeole, & à laquelle enfin il s'étoit joint une expectoration purulente, une fievre hectique & des fueurs nocturnes. La malade commença l'ufage des bains de terre au mois d'Augufte, & les réitera huit fois dans l'efpace de vingt jours. Au bout de ce tems-là, la fievre & la difpofition aux fueurs fe trouverent entiérement diffipées, & la malade acheva de fe rétablir complettement par l'ufage des remedes ordinaires.

On m'a raconté il n'y a pas longtems, qu'un médecin de Varfovie avoit auffi employé avec fuccès les bains de terre dans des fievres hectiques. Les Efpagnols bornent uniquement l'ufage de ces bains au traitement des maladies de ce genre : mais dans diverfes autres contrées on emploie auffi les bains de terre pour la guérifon d'autres maladies, en particulier pour celle du fcorbut. Mr. PRIESTLEY, dans fon ouvrage *fur les moyens d'imprégner l'eau d'air fixe* (u), remarque que les Indiens font dans l'ufage d'enterrer jufqu'au menton, dans

(u) *Directions for impregnating the wather with fixed air.*

des foffes nouvellement creufées, les perfonnes qui font attaquées de maladies putrides, & que l'on réuffit auffi, par un femblable moyen, à diffiper la mauvaife odeur de la viande qui commence à fe corrompre. On peut de cette maniere ôter à un jambon le goût de rancidité qu'il a contractée, en le tenant enfoui pendant quelques heures dans la terre.

L'équipage des vaiffeaux de notre compagnie des Indes orientales a fouvent éprouvé les bons effets des bains de terre contre le fcorbut. Mr. SKENE, qui a été pendant quelques armées en qualité de chirurgien fur un de ces vaiffeaux, m'a raconté en dernier lieu, qu'en 1761 ce vaiffeau étant arrivé à l'ifle Sainte Helene, plufieurs matelots étoient attaqués du fcorbut qui, chez quelques-uns, étoit des plus fâcheux, & qu'alors le capitaine, dans la vue d'y remédier, fit creufer en terre des trous affez profonds pour que les malades puffent s'y tenir affis, & cela de maniere que leurs jambes & leurs cuiffes fuffent couvertes de la terre qu'on avoit fraichement remuée. En rapportant ce fait, le capitaine ajouta, que lorfque les trous étoient affez profonds pour que les malades puffent y entrer jufqu'au cou, ils fe guériffoient beaucoup plus promptement. Cela parut tout-à-fait nouveau à Mr. SKENE : cependant le capitaine & les autres officiers du vaiffeau lui en parloient comme d'une méthode très-ufitée. Quelques malades qui la pratiquerent furent parfaitement rétablis dans peu de jours.

Mr. LIND, dans fon *Traité du fcorbut* (x),

(x) *Treatife on the fcurvy* p. 533. de la 3ᵉ. édition angloife.

fait auffi mention de ce remede , & rapporte deux
exemples très-remarquables qui en prouvent l'efficacité. Voici fes propres paroles à ce fujet :

    " J'ai lu & entendu raconter plufieurs hiftoires
de malades qui étoient atteints du fcorbut à un
fi haut degré , qu'on les regardoit déja comme
étant moribonds , & qui cependant fe font complettement rétablis , après avoir été débarqués au
bord de la mer où on leur a fait manger du chien-
dent, flairer l'odeur de la terre , &c. Ces hiftoires ne font pas tout-à-fait dépourvues de probabilité , & l'on peut au moins compter très-fûrément
fur la vérité de celle que je vais rapporter ".

    " La flotte angloife étant en rade en 1761 au-
près de Belle-Ifle fur les côtes de France , l'équipage des vaiffeaux du roi fut préfervé du fcorbut
par l'ufage des denrées & des légumes frais qu'on
leur avoit envoyés d'Angleterre : mais les matelots qui fe trouvoient fur les vaiffeaux de tranfports furent privés de cet avantage , ce qui fut
caufe que plufieurs d'entr'eux furent attaqués de
cette maladie avec affez de violence. On tranf-
porta fur le rivage plufieurs de ces infortunés ,
qui , pour comble de malheur , étoient dépourvus
des remedes convenables à leur état. Là on les
déshabilla tout nuds , on les fit entrer dans la
terre jufqu'au cou , & on les y fit refter couverts
de terre durant quelques heures , jufqu'à ce qu'il
s'en fuivit des fueurs fortes & abondantes. Après
cette opération , plufieurs de ces malades , qu'il
avoit fallu porter par deffous les épaules dans les
foffes que l'on avoit creufées , purent alors aller
eux-mêmes jufqu'aux chaloupes. Il y en eut même deux d'entr'eux qui recouvrerent fi bien leur
fanté par ce moyen , quoique auparavant le fcor-

but les eût rendus abfolument incapables d'aucune efpece de fervice, que peu de tems après cette cure, fe trouvant parfaitement rétablis & difpos, ils s'embarquerent pour les Indes occidentales fans avoir feulement goûté des végétaux frais ".

" On dit, continue Mr. LIND, que dans les Indes occidentales cette pratique eft fort en ufage parmi les boucaniers, lorfque leurs gens font attaqués du fcorbut. Voici ce que m'en raconte un de mes amis.——Comme il étoit un jour à la chaffe dans le Newfounland, il découvrit de loin comme des foffes de chacune defquelles il fortoit une tète d'homme. La fingularité de ce fpectacle l'engagea à aller jufques à l'endroit où étoient ces foffes, mais il fut bien plus étonné encore, en voyant que les hommes dont les tètes paroiffoient au deffus des foffes, étoient en vie. Ils lui rapporterent qu'ils appartenoient à un vaiffeau qui étoit à la rade, & qu'on les avoit ainfi enterrés pour les guérir du fcorbut dont ils étoient atteints à un haut degré.——Mais le climat de Newfounland n'étoit-il peut-être point trop froid pour y pratiquer une pareille méthode? "

Le capitaine d'un vaiffeau François qui alloit aux Indes orientales, & dont l'équipage fouffroit beaucoup du fcorbut, prit terre à l'ifle de l'Afcenfion, dans l'efpérance d'y rétablir fes malades en leur faifant manger des tortues que l'on trouve en grande quantité dans cette ifle : mais un accident empècha malheureufement qu'il ne pût tirer parti de ce fecours. Toutefois, comme il connoiffoit les bons effets que les bains de terre font ordinairement chez les malades fcorbutiques, il fe détermina à en faire l'effai fur ceux de fes gens qui avoient cette maladie. On creufa donc tous les jours de nouvelles foffes en terre, & on y fit tenir les malades pendant un certain tems : ils ne manquerent point d'y éprouver d'abord un fi grand foulagement, que cela les engagea à y demeurer chaque fois durant quelques heures ; auffi furent-ils rétablis dans peu de jours.

SOLANO, qui dans fes écrits aime affez à parler philofophie, eft dans l'opinion, que la terre que l'on applique de cette maniere aux corps des malades, abforbe ordinairement & fait fortir ainfi du corps la matiere morbifique. Mais n'eft-il pas bien plus vraifemblable, que les vapeurs de la terre font abforbées par le corps, qu'elles s'y mêlent à la maffe des humeurs, qu'alors elles corrigent les mauvaifes qualités de ces humeurs, & que de cette maniere elles peuvent auffi bien être utiles dans le fcorbut de mer (y), que dans la phthifie pulmonaire?

C'eft une chofe connue depuis longtems, que lorfque la terre eft humectée, elle répand une certaine odeur agréable, & il y a longtems auffi que BAGLIVI a confirmé par fon témoignage l'efficacité avantageufe des vapeurs de la terre fraichement remuée ; efficacité qu'il attribue au falpètre que cet élément contient. " Affurément, dit cet auteur, la terre commune eft remplie de nitre, & lorfqu'elle a été fraichement remuée & qu'on en refpire l'odeur, elle recrée les efprits & calme les effervefcences morbifiques de nos fluides ; enfin cette odeur contribue à prolonger la vie (z). "

(y) Sea fcurvy.
(z) Voici les paroles de l'original : *Certe, terra vul*

Lorfque je réfléchis au réfultat de tout ee que je viens de dire fur l'efficacité des bains de terre, je ne puis m'empêcher de former un fouhait, c'eft que l'on voulût bien en faire l'effai dans notre pays, mais en choififfant pour cela les mois chauds de l'année. Il eft d'ufage dans plufieurs endroits de notre ifle, que les perfonnes pulmoniques fuivent les traces de la charrue, & de coucher dans les fillons les enfans attaqués de confomption. C'eft ici le lieu de rapporter la remarque qu'un écrivain célebre a faite avec raifon, au fujet de ces fortes de remedes anciens & ufités depuis longtems ; c'eft qu'ils font fouvent fondés en raifon, quoique ordinairement il fe paffe bien du tems, avant que l'on découvre cette raifon, & que l'on parvienne à connoitre au jufte en vertu de quoi & de quelle maniere ces remedes font falutaires.

---

garis eft plena nitro, & recens effoffa ac odorata récréat fpiritus, & fedat effervefcentias morbofas noftrorum fluidorum, & ad longævitatem odorata juvat.

II.

MÉMOIRE

*Sur les bons effets de l'élixir volatil de gayac,
par le Docteur* THOMAS FOWLER (*a*).

IL y a quelque temps que l'on est dans l'usage
d'employer à grandes doses & fréquemment la teinture volatile de gayac (*b*), dans le traitement
des douleurs de rhumatisme. Depuis que l'on a
commencé à l'administrer, j'ai eu diverses occa-
sions de voir les bons effets de ce remede dans
certaines douleurs chroniques de ce genre, lesquelles, comme le remarque avec raison Mr. DUN-
CAN (*c*), ne sont ni inflammatoires, ni accompagnées d'un grand relâchement des parties affectées.

En dernier lieu j'ai eu à traiter un cas remarquable, qui appartient à ce même genre de maladie; c'étoit un mal de reins (*d*) assez semblable à celui dont il est fait mention par l'auteur
que je viens de citer (*e*). J'ai aussi vu la même

(*a*) L'éditeur de la Collection de Leipsick a tiré ce
mémoire de ceux que Mr. DUNCAN a publié en Anglois
sous le titre de *Médical commentaries* 1780. Part. I. p. 94.
(*b*) *Tinctura guaiacina volatilis.* (C'est apparemment
celle dont la recette se trouve dans la Pharmacopée de
Londres. *Note de l'Editeur.*)
(*c*) Dans l'ouvrage qu'il a publié sous le titre de
Medical cases, page 34. de la traduction Allemande.
(*d*) Il y a dans l'allemand *lendenweh*, qui quelquefois signifie sciatique. *Note de l'Editeur.*
(*e*) *Ibid.*

teinture produire les plus excellens effets dans des rhumatifmes aigus, en l'adminiftrant unique- ment de la maniere preferite par Mr. le Docteur DAWSON, quoique à n'envifager cette pratique que d'après la théorie, on feroit en droit de crain- dre que ce remede ne dût agir en qualité d'irri- tant. Cependant je me fuis en même tems con- vaincu par ma propre expérience, que Mr. DUN- CAN a raifon d'avancer que la teinture volatile de gayac eft fans efficace dans les rhumatifmes qui viennent uniquement de relâchement, & qui du- rent déja depuis longtems.

Je trouve, comme Mr. DAWSON l'a remarqué, que ce remede rend les plus grands fervices, lorf- qu'il opére en même tems comme fudorifique & comme purgatif, en forte qu'il faffe faire deux ou trois felles dans l'efpace de vingt-quatre heu- res. L'expérience m'a appris auffi que dans les rhumatifmes inflammatoires (f), il faut faire pré- céder la faignée.

Le cas fuivant eft un exemple des plus frappans de l'efficacité de cette teinture.

Un valet de payfan âgé de trente-fix ans fut amené le fixieme d'Augufte 1779, à l'hôpital de Stafford. Il étoit d'une conftitution faine & ro- bufte, mais il fe plaignoit d'une douleur conti- nuelle & profonde, qui s'étendoit le long de l'os facrum en defcendant jufqu'aux hanches & aux cuiffes, furtout du côté droit. Cette douleur étoit fi violente, que le malade ne pouvoit ni fe dreffer, ni fe plier le moins du monde, plus qu'il ne l'étoit,

(f) Le mot *gicht* que je rends par *rhumatifme*, peut auffi fignifier la goutte. *Note de l'Editeur.*

en forte qu'il étoit conftamment obligé de fe tenir un peu courbe. Il fouffroit les plus grandes douleurs lorfqu'il vouloit s'affeoir ou fe lever; furtout dans ce dernier cas. Les douleurs fe faifoient toujours fentir avec beaucoup plus de violence après qu'il s'étoit mis au lit, & cela pendant une demi-heure; ou même pendant une heure entiere, & lorfque l'on touchoit les parties malades, fi légérement que ce fût, cela lui caufoit auffitôt des douleurs très-vives. Le pouls étoit naturel & médiocrement fort, & l'appétit étoit bon. Son fommeil au contraire étoit fouvent interrompu par les douleurs. Le ventre étoit toujours refferré, à moins que l'on ne le relâchât par le moyen des remedes.

Cette maladie avoit commencé le douzieme de Juillet par des fymptomes de fiévre, qui ne l'avoient quitté que vers la fin du même mois, depuis lequel tems fon appetit étoit devenu meilleur. On lui avoit fait une faignée & adminiftré quelques purgatifs doux. ——Le malade attribuoit la caufe de fa maladie à un refroidiffement.

J'ordonnai qu'on lui donnât tous les foirs de demi-once jufqu'à deux onces d'elixir volatil de gayac (*g*) dans de l'eau pure, & qu'en même tems

---

(*g*) J'ai bien de la peine à me perfuader que cette dofe ne foit pas beaucoup trop forte, & que l'Editeur de Leipfick n'ait indiqué ici la demi-once & l'once, au lieu de la demi-dragme & de la dragme, & cela peut-être enfuite d'une faute d'impreffion, qui aura pû fe trouver dans l'original, vu qu'il n'arrive que trop fouvent aux Imprimeurs de confondre le figne de la dragme avec celui de l'once, à caufe de la reffemblance de ces tems on obfervât le régime convenable, qu'il eût à s'abftenir de toutes boiffons fermentées, & qu'il ne prît abfolument pour. nourriture que des vé-gétaux.

Le neuvieme d'Augufte, je trouvai que l'ufage de ce remede, (auquel on avoit aidé en faifant boire au malade du thé de méliffe), lui avoit pro-curé chaque nuit une fueur de fix à fept heures & deux felles liquides toutes les vingt-quatre heures. Dès la premiere dofe d'élixir, il avoit éprouvé un foulagement confidérable, & la douleur étoit devenue beaucoup moins violente dans les reins, aux hanches & aux cuiffes. J'ordonnai que l'on continuât l'ufage de cet élixir de la même ma-niere qu'auparavant, & que le malade fît un bain de pieds tous les foirs avant que de s'endormir.

Le quatorzieme d'Augufte. L'élixir de gayac avoit toujours continué à exciter chaque nuit une fueur très-abondante, & à procurer au malade trois ou quatre felles liquides toutes les vingt-quatre heures, au moyen dequoi la maladie continuoit auffi à diminuer de jour en jour davantage. Les douleurs des hanches étoient pre'que entiérement diffipées, tandis qu au contraire celles des cuiffes avoient fort peu diminué; mais pour la douleur des reins elle s'étoit tellement amendée, qu'à cette da-te, il pouvoit, en pliant le corps, faire la moitié du mouvement qu'il lui auroit fallu pour toucher juf-qu'à terre, fans en reffentir la plus petite incom-modité. L'appetit continuoit à être très-bon, & le

---

fignes. Ce qu'il y a de fûr, c'eft que j'ai vu 30 gouttes de cet elixir, caufer beaucoup d'agitation dans un rhu-matifme chronique, chez un vieillard. *Note de l'Editeur.*

Tome I. E

malade dormoit bien auffi. —— Je dis que le malade devoit continuer à ufer de l'élixir volatil de gayac, & à obferver le régime comme précédemment; feulement je le difpen ai de continuer les bains de pied.

Le dix-huitieme d'Augufte. Les jours précédens l'élixir avoit continué à opérer toujours comme de coutume par la fueur & par les felles, avec un pareil fuccès; & depuis deux jours, toutes les incommodités que le malade foutfroit auparavant fe trouvoient entiérement diffipées, à la referve d'une très-légere douleur qui lui reftoit à la cuiffe droite. A la date indiquée, le malade pouvoit fe plier dans tous les fens fans foutfrir le moindre mal, & le dernier jour avant cette date, il a été en état de fe promener çà & là pendant huit à neuf heures. En conféquence il eft retourné à fes occupations ordinaires, & au bout de quelques jours le refte de douleur qu'il avoit encore à la cuiffe a été entiérement diffipé.

III.

HISTOIRE

D'une femme attaquée d'une fievre puerpérale avec quelques observations générales sur le traitement de cette maladie ; par le Docteur EDOUARD JOHNSTONE *(a).*

UNE jeune femme qui avoit accouché pour la premiere fois, fut attaquée le deuxieme jour après sa délivrance, d'une violente fievre puerpérale *(b)*. Mon pere fut appellé auprès d'elle lorsque cette fievre avoit déjà duré trois jours. Il trouva que le pouls étoit très-fréquent & en même tems un peu inégal, que le plus souvent la malade ressentoit dans le bas-ventre de grandes douleurs, qui revenoient de tems en tems & qui lui faisoient fréquemment pousser les hauts cris. Le ventre étoit fort enflé, & la malade pouvoit à peine supporter que l'on y portât la main. Elle alloit peu à la selle, mais l'écoulement de l'urine étoit très-ré-

---

(a) Cette histoire est tirée du même recueil que le mémoire précédent, où elle se trouve à la page 98.

(b) Cette fievre particuliere aux femmes en couche, & que Mr. HULME a le premier décrite & nommée, n'a point eu jusqu'ici de nom françois, si je ne me trompe que celui de fievre des femmes en couche, qui est un peu long, & auquel par cette raison il me paroit que l'on devroit substituer celui de fievre puerpérale. *Note de l'Editeur.*

E 2

gle. Le lait & les vidanges s'étoient déja arrêtés le deuxieme jour après l'accouchement. Elle se plaignoit d'un grand mal-aise, & d'une soif insupportable, qui lui faisoit continuellement demander à boire de l'eau froide.

On lui ordonna à titre de boisson ordinaire de l'eau d'orge & du bouillon de gruau, & on lui fit prendre tous les jours un lavement composé d'une demi-once d'huile, d'une pareille quantité de manne, & d'un scrupule de salpêtre : on lui prescrivit outre cela une potion où il entroit un grain de tartre émétique, deux scrupules de rhubarbe, deux onces de jus de citron saturé avec autant de sel d'absinthe qu'il en falloit pour cela (c), puis deux onces d'eau de fontaine, avec deux dragmes de sucre. La malade devoit prendre tous les jours, le matin & le soir, chaque fois un quart de cette potion. Mais de plus, & dans les intervalles, on lui faisoit prendre de trois en trois heures, deux cuillerées à soupe d'une mixture composée de deux onces de jus de citron, d'une dragme de sel d'absinthe, de trois onces d'eau de fontaine, d'autant d'eau de canelle simple, & d'une demi-once de sucre. —— On appliqua un vésicatoire sur le bas-ventre, & on fit une saignée de huit onces au bras.

(c) Il s'agit donc ici du sel fixe d'absinthe; j'avoue que je ne vois pas pourquoi on le préfere à d'autres alcalis fixes, tels que le sel de tartre & la potache purifiée; d'autant plus que comme je l'ai vu plusieurs fois, les apothicaires donnent souvent des sels très-différens sous le nom de sel d'absinthe, & qu'ils les font payer bien plus cher sous ce nom, que sous ceux qui leur conviendroient. *Note de l'Editeur.*

Le fang qui étoit forti de la veine étoit couvert d'une couenne inflammatoire, ce qui engagea le médecin à ordonner une feconde faignée, mais qui fut négligée. La potion où il entroit du tartre émétique & de la rhubarbe fit aller la malade fur felle, mais les matieres qui fortoient de la matrice étoient encore en bien petite quantité & tout-à-fait putrides ; de plus elle vomiffoit prefque continuellement une matiere noire. Le pouls étoit extraordinairement fréquent. Le fommeil manquoit entiérement ; cependant la douleur étoit devenue plus fupportable après la faignée & l'application de l'emplâtre véficatoire. On fit fur le bas-ventre des fomentations avec des flanelles que l'on trempoit dans une infufion chaude de fleurs de camomilles.

La malade mourut le foir fuivant, favoir le quatrieme jour de la maladie. On fit l'ouverture du cadavre, & l'on trouva que la matrice s'étoit refferrée en forme d'une petite bouteille ronde, de la contenance d'environ une chopine. Elle étoit couverte d'une croute purulente tout-à-fait femblable à celle qui fe forme ordinairement fur les parties attaquées d'inflammation, & l'on remarquoit une rougeur très-fenfible au fond de ce vifcere & aux ovaires. La furface interne de la matrice paroiffoit être entiérement corrodée, & l'on trouva dans fa cavité de chaque côté, environ deux ou trois cuillerées à bouche pleines d'un pus très-épais, & une grande quantité de férofité teinte de fang. Tout l'inteftin colon & le cœur paroiffoient fort enflammés, & le *duodénum* étoit fort tuméfié, ce qui avoit fans doute occafionné l'enflure du ventre. Au refte, on voyoit très-diftinctement qu'une inflammation idiopathique de la ma-

trice & qui avoit eu lieu dès le commencement
de la maladie, avoit irrité les intestins, & avoit
été cause qu'ils s'étoient pareillement enflammés.

En 1777 il y eut à Kidderminster une fievre
puerpérale épidémique, dans laquelle mon pere
employa avec succès la méthode suivante.

Lorsque les douleurs étoient très-violentes, &
que l'on n'avoit point encore tiré de sang à la malade, il commençoit par lui ordonner une saignée. S'il arrivoit que la malade vomit de la bile, ou des matieres noirâtres, il cherchoit à nettoyer l'estomac en lui faisant avaler de l'eau chaude, ou en lui faisant boire beaucoup de thé de
camomille, & lorsque le vomissement continuoit
au point qu'il fût nécessaire de l'arrêter, il faisoit
prendre à la malade la mixture, connue sous le
nom de mixture de *Riviere*, & cela au moment
de l'effervescence (*d*). Mais lorsqu'aucun de ces

(*d*) Je n'ai pas trouvé que cette circonstance fût
nécessaire pour le bon effet de cette mixture. Qu'il me
soit permis de transcrire ici ce que j'en ai dit par forme de note, dans un petit recueil que j'ai publié en
dernier lieu sous ce titre : *Deux mémoires sur les gas &*
principalement sur le gas méphitique dit air fixe, tra-
duite de deux differt. latines soutenues par Mr. COR-
VINUS, *sous la présidence de Mr.* SPIELMANN &c. à
Lausanne chez Fr. GRASSET 1782, 12°. page 182 note
(†3).——" Je puis assurer que quoiqu'il me soit arrivé
un très-grand nombre de fois, d'arrêter des vomissemens excessifs par le moyen de cette mixture, ou de
toute autre préparée avec différens acides & alcalis, &
même avec de la magnésie ; je n'ai jamais observé la
moindre différence dans la maniere d'agir de ce remede,
soit que je l'aie administré au moment de l'effervescence ou long-tems après, comme je l'ai déja dit dans mes

symptomes n'avoit lieu , mon pere faifoit d'abord donner à la malade une ou deux onces d'huile de ricin , avec une pareille quantité d'eau & de rum foible, ou d'eau de vie, ce qui, comme il a appris par expérience , eft la meilleure maniere d'adminiftrer cette huile aux malades. —— Après cela il ordonnoit l'émulfion fuivante : Prenez de l'émulfion commune , de la pharmacopée de Londres , une livre , deux onces de manne , & une dragme de falpetre. —— La malade devoit en prendre trois cuillerées à foupe toutes les heures.

En même tems il prefcrivoit de donner à la malade deux ou trois fois par jour , fuivant les circonftances, un lavement compofé de trois quarts

---

obfervations intitulées : *Delectus obfervationum practicarum ex diario clinico depromtarum. Bernæ* 1780. 8°. page 107 note (*b*) Ayant pris la liberté de demander à Mr. le Profeffeur SPIELMANN ce qu'il en penfoit , voici ce que ce celebre chymifte m'a fait l'honneur de me répondre en datte du 12°. Mai 1781 : *Je ne faurois déterminer de quelle façon la mixture de* RIVIERE *arrête les vomiffemens : très fouvent j'ai obfervé que le jus de citron fait le même effet , fans que l'on y ajoute de l'alcali, & je ne doute pas qu'il n'en fût de même du vinaigre. Vos obfervations prouvent évidemment que ce n'eft pas à l'air fixe qu'il faut l'attribuer : je ne vois abfolument point comment le gas doit agir ici* ''——Depuis lors , c'eft-à-dire à la fin de 1781 , j'ai eu occafion de faire l'effai du vinaigre chez une fille qui depuis quelques mois avoit des vomiffemens opiniâtres , & qui enfin étoient devenus prefque continuels & exceffif : j'ai en effet réuffi à les appaifer d'abord par le feul ufage du vinaigre , que je lui faifois prendre à la dofe d'une cuillerée de demi-heure en demi-heure. Cette fille après s'être échauffée aux travaux de la campagne avoit eu des regles trop abondantes. *Note de l'Éditeur.*

E 4

de chopine d'eau chaude, & d'une once & demie de fucre, fans y ajouter ni huile ni rien de purgatif, par la raifon que le fucre employé de cette maniere dans la fievre en queftion, occafionnoit une diarrhée beaucoup plus forte, que lorfqu'on lui allocioit d'autres ingrédiens. Ces lavemens procuroient ordinairement des felles abondantes. Les douleurs qui fe faifoient fentir dans la région de la matrice, & la fievre, diminuoient le plus fouvent confidérablement dans l'efpace de vingt-quatre heures, lorfque l'on entretenoit cette diarrhée par l'ufage de l'huile de ricin, par celui de l'émulfion mentionnée plus haut, & par celui des lavemens, lefquels il falloit réitérer de tems en tems.

On parvenoit au même but par le remede fuivant, dont il falloit prendre fuivant que les circonftances le demandoient, trois cuillerées à foupe deux ou trois fois par jour. —— Prenez deux onces de tamarins & une égale quantité de manne; faites cuire ces deux drogues avec une livre & demie d'eau d'orge, jufqu'à-ce qu'il n'en refte plus qu'une livre; ajoutez y alors une once de tartre foluble; une demi-once de fucre; & trois grains de tartre émétique. —— D'autres fois au lieu de cette potion, on donnoit une mixture purgative, compofée d'une dragme de rhubarbe en poudre, d'une demi-once de jus de citron (mêlé avec autant de fel d'abfinthe qu'il en falloit pour faturer complettement cet acide), d'une once d'eau d'orge, & d'une dragme de fucre.

Lorfqu'au moyen de ces remedes, il furvenoit dès le commencement de la maladie une diarrhée copieufe, cela arrêtoit ordinairement auffi-tôt les progrès du mal, & diminuoit fenfiblement la douleur qui étoit le symptome le plus fâcheux de cette maladie. Cependant, il est nécessaire dans plusieurs cas d'entretenir cette diarrhée pendant quelque tems de la même maniere, & cela aussi longtems que les douleurs & les autres circonstances de la maladie le demandent, & que les forces de la malade le permettent; enfin aussi longtems qu'il y a un reste d'enflure ou de plénitude au bas-ventre, & qu'il y a encore de la douleur & de la fievre. Le plus souvent les vidanges recommencent à couler à mesure que la fievre diminue, & l'on reconnoit à l'excessive puanteur qu'elles exhalent, la nature de la matiere qui par l'irritation qu'elle causoit, avoit sans doute donné lieu à la maladie. S'il arrive que la sécrétion du lait ait été supprimée par la fievre, ou que la fievre en ait empêché l'écoulement, cet écoulement ne manque point de reparoitre aussi-bien que celui des lochies, aussi-tôt que la fievre a diminué.

On avoit l'attention dans cette maladie, de renouveller constamment l'air & d'en tempérer la chaleur, en laissant toujours une porte ouverte, & en ouvrant outre cela de tems en tems une fenètre. On avoit soin aussi de nettoyer souvent & complettement la chambre & de l'arroser avec du vinaigre & de l'eau. On faisoit boire aux malades de l'eau d'orge, du bouillon de gruau clair, & de l'eau panée. Quelquefois aussi on leur permettoit d'user d'un peu de petit-lait au vin, mais seulement en bien petite quantité. On leur interdisoit au contraire entiérement la boisson de toutes sortes de liqueurs spiritueuses, comme aussi l'usage des bouillons & de toutes sortes de mets à la viande. On renouvelloit souvent les draps

& le linge des malades, & on les tenoit auffi propres qu'il étoit poffible.

En fuivant cette méthode, il arrivoit ordinairement que la guérifon des malades étoit déja paffablement avancée, & il étoit rare qu'au fe, tieme
jour il y eût encore un refte de fievre.

Mais fi la fievre duroit au-delà de ce terme, il
arrivoit alors quelquefois que les malades avoient
un point de côté avec de la toux ; fymptomes qui
furvenoient à cette époque, parce que le fiege de
l'inflammation avoit changé, & s'étoit tranfporté
de la région de la matrice, vers les parties voifines de la poitrine. Ce nouvel état demandoit le
même traitement que celui que l'on emploie ordinairement dans l'inflammation de la pleure &
dans d'autres cas femblables : ainfi il falloit recourir à la faignée, & fuivre complettement la
méthode antiphlogiftique.

Mais chez d'autres malades, chez qui la fievre
n'étoit pas terminée le feptieme ou le neuvieme
jour, cette maladie étoit abfolument de l'efpece
putride. Conféquemment, il falloit entretenir une
diarrhée convenable, ajouter un peu de vin dans
la boiffon des malades, & outre cela, faire ufage
du quinquina & des médicamens antifeptiques.

I V.

MÉMOIRE

Sur les mouvemens inverses ou rétrogrades des vaisseaux absorbans du corps dans certaines maladies, par Mr. E. D A R W I N (a).

SOMMAIRE.

SECTION PREMIERE. *Description du système des vaisseaux absorbans* (b).

SECTION II. *Nonobstant les valvules qui se trouvent dans les vaisseaux absorbans, il peut cependant arriver, dans certaines maladies, que les humeurs retrogradent, & se meuvent dans un sens contraire à celui qui leur est naturel.*

SECTION III. *Communication & route qui conduit*

(a) L'auteur étoit médecin à Edimbourg & il avoit destiné ce mémoire à l'impression à titre de discours inaugural; mais une mort prématurée l'a empéché de le publier lui-méme. *Note de l'Editeur de Leipsick* (†).

(†) Dans la collection allemande ce mémoire est précédé d'un autre qui est du méme auteur & intitulé : *Recherches tendantes à déterminer quel est le caractere distinctif qui différencie le pus d'avec la pituite*, &c. mais comme il y est beaucoup plus question de chymie que de médecine, je renvoie ceux de mes lecteurs qui seront curieux de le lire, au premier tome de la *Bibliothéque de chymie* où il trouvera sa place. *Note de l'Editeur.*

(b) On entend par le sistême des vaisseaux absorbans, les *vaisseaux* connus sous le nom de limphatiques (*vasa lymphatica valvulosa*), & les *vaisseaux lactées* avec les valvules dont ces vaisseaux sont pourvus. *Note de l'Editeur de Leipsick.*

LE progrès de nos connoissances en médecine a souvent été retardé par de vaines théories d'après lesquelles on a comparé les loix de l'économie animale avec les loix de la méchanique & de la chymie. J'ai cherché dans le présent mémoire à éviter, autant que j'ai pu, de pareilles fautes, en me bornant à comparer les phénomenes qui se présentent dans l'économie animale avec d'autres phénomenes du même genre, sans faire à cet égard la moindre application des principes & des raifonnemens tirés de la chymie ou de la méchanique. Il eft vraifemblable que cette analogie qui eft plus exacte, eft le feul fondement folide d'après lequel nous puiffions rédiger nos recherches en médecine.

SECTION PREMIERE.

Defcription du fyftème des vaiffeaux abforbans (c).

1°. LE fyftème des vaiffeaux abforbans du corps animal eft de différens genres, ou fe divife en différentes parties, tant à raifon de leurs différentes fituations, qu'à raifon des diverfes humeurs que ces vaiffeaux abforbent.

Les vaiffeaux abforbans des inteftins (d) s'ouvrent à la furface interne des inteftins. Leur fonction confifte à abforber le chyle ou le fuc nourricier contenu dans le canal des premieres voies. On leur donne le nom de vaiffeaux lactées, afin de les diftinguer des autres vaiffeaux abforbans que l'on appelle communément vaiffeaux lymphatiques.

Les vaiffeaux abforbans qui ont leurs orifices à la furface externe de la peau pompent également une grande quantité d'humidité de l'athmofphere, & une partie de la matiere de la tranfpiration (e) qui ne s'évapore pas. On leur donne le nom de vaiffeaux abforbans de la peau (f).

(c) Abforbent fyftem.
(d) Inteftinal abforbents.
(e) Materia perfpirabilis.
(f) Cutaneous abforbents.

Ceux qui partent de la furface interne des ramifications de la trachée-artere, & qui pompent
l'humidité de l'air qui s'introduit dans les poumons par l'infpiration, ainfi qu'une partie de la
mucofité qui tapifle la furface interne de la trachée-artere, font connus fous le nom de *vaiffeaux
abforbans des poumons* (g).

Il eft des vaiffeaux abforbans qui s'ouvrent par
une infinité d'orifices dans les cellules de tout le
tiffu cellulaire, & dont l'ufage eft de repomper
l'humeur qui s'eft verfée dans ces cellules après
qu'elle a rempli fa deftination. On pourroit leur
donner le nom de *vaiffeaux abforbans du tiffu cellulaire* (h).

Il en eft qui partent de la furface des membranes qui revètent intérieurement les grandes cavités du corps, telles que la cavité de la poitrine,
celle du bas-ventre, celle du fcrotum, celle du
péricarde. Ces vaiffeaux repompent la mucofité
& certaines humeurs qui fe font verfées dans ces
cavités; on les diftingue par des noms qui défi-
gnent les cavités auxquelles ils appartiennent.

Enfin, il en eft d'autres qui ont leurs origines
à la furface interne de la veffie urinaire, de la
véficule du fiel, des conduits falivaires, ou d'autres réfervoirs d'humeurs excrémenticielles. On
peut leur donner des noms qui fe rapportent aux
humeurs dont ils font deftinés à abforber les parties les plus déliées; ainfi on peut les défigner
par les noms de *vaiffeaux abforbans de l'urine*,
de la bile, de la falive, &c.

(g) *Pulmonary abforbents.*
(h) *Cellular abforbents.*

2°. Il est plusieurs de ces vaisseaux absorbans, tant des vaisseaux lactées que des vaisseaux lymphatiques, qui aussi bien que nombre de veines, sont remplis de valvules ou de soupapes. Ces valvules paroissent être destinées à favoriser le mouvement progressif des humeurs contenues dans ces vaisseaux, ou tout au moins à les empecher de retrograder dans les endroits où ces vaisseaux sont sujets à être comprimés alternativement par les arteres ou par les muscles voisins.

Cependant, il ne paroît pas que ces valvules soient absolument nécessaires dans tous les vaisseaux absorbans, tout comme aussi on trouve qu'il n'y en a réellement point dans certaines veines. Il n'y a point de valvules non plus dans le système des vaisseaux absorbans lymphatiques des poissons, comme il paroit par les découvertes de Mr. HEWSON, cet anatomiste rempli de sagacité, dont nous continuons à regretter vivement la mort prématurée. Voyez ses *Recherches sur le système lymphatique*, page 94 (i), & le tome cinquante-huitieme des *Transactions philosophiques*.

3°. Outre cela, ces vaisseaux absorbans sont pourvus de certaines glandes que l'on appelle *les glandes conglobées*. Jusques à présent, on n'a pas encore recherché ni déterminé la véritable utilité de ces glandes. Cependant, il est vraisemblable qu'elles ont du rapport avec celles que l'on appelle *les glandes conglomerées*, & cela tant à raison de leur structure qu'à raison de leur utilité, & qu'elles n'en different qu'en ce que leurs orifices absorbans sont placés. pour plus de commodité, à une plus grande distance du corps de la glande.

(i) *Enquiries in to the lymphat. system.*

Les orifices ou les origines des vaiffeaux des glandes conglomerées naiffent immédiatement des vaiffeaux fanguins, qui portent dans ces glandes le fang duquel doivent fe féparer les diverfes humeurs, à la fecrétion defquelles chacune des mêmes glandes eft deftinée. Les glandes lymphatiques au contraire raffemblent les humeurs qui leur font propres, en les pompant de membranes ou de réfervoirs fort éloignés par le moyen de certains orifices, qui pour cet effet font adaptés à de longs canaux que l'on appelle les vaiffeaux lactées ou lymphatiques.

4°. Les humeurs, après avoir été raffemblées de cette maniere des différentes parties du corps, fe rendent par le moyen du conduit que l'on appelle le canal thorachique dans la veine fouclaviere gauche, proche de la veine jugulaire, excepté que les vaiffeaux qui viennent du côté droit de la tète, & du cou, & du bras droit, fe vuident dans la veine fouclaviere droite. Quelquefois même il arrive que les vaiffeaux lymphatiques du côté droit des poumons fe rendent pareillement dans la veine fouclaviere droite, tandis qu'au contraire ceux qui viennent du côté gauche de la tète aboutiffent d'abord à la partie fupérieure du canal thorachique.

5°. Il y a dans le fyftème des vaiffeaux abforbans un grand nombre d'anaftomofes qui paroiffent très-néceffaires pour la confervation de la fanté. On découvre auffi, par des recherches exactes, qu'il y a un grand nombre de communications de cette efpece entre les vaiffeaux lymphatiques qui vont des inteftins à la veffie urinaire. Voyez ce qu'en a dit Mr. HEWSON dans le cinquante-neuvieme volume des *Tranfactions philofophiques.*

6°. Le

8°. Le Docteur MONRO a démontré avec affez de vraifemblance, par des recherches très-intéref-fantes, que tous les vaiffeaux abforbans des in-teftins n'aboutiffent pas au canal thorachique. Cet anatomifte a fait avaler de la garance à quelques animaux dont il avoit auparavant lié le canal tho-rachique, & malgré cela, il a trouvé quelque tems après, en difféquant ces animaux; que leurs os & la lymphe de leur fang étoient devenus rouges.

S E C T I O N   II.

Nonobftant les valvules des vaiffeaux lymphatiques
il peut arriver, dans certaines maladies; que les
humeurs contenues dans ces vaiffeaux refluent
& fe meuvent d'un mouvement retrograde.

1°. IL femble au premier coup d'œil que la mul-titude de valvules qui fe trouvent dans les vaif-feaux lymphatiques & dans les vaiffeaux lactées, doivent oppofer aux humeurs qu'ils contiennent une réfiftance affez difficile à furmonter, pour qu'elles ne puiffent pas retourner en arriere. Mais ces valvules fe trouvent dans des vaiffeaux qui font doués d'une forte de vie, & elles font elles-mêmes douées d'une faculté femblable : or outre cela, il peut arriver très-facilement que ces val-vules & ces vaiffeaux éprouvent de l'irritation par les mouvemens naturels en vertu defquels ils ab-forbent ou charrient les humeurs : conféquem-ment, s'il arrive dans certaines maladies que ces valvules ou ces vaiffeaux foient irrités & excités par là à des mouvemens trop forts & contre-na-

Tome I. F

ture, ou qu'au contraire ils foient paralyfés pendant la diftenfion de cette partie du vaiffeau à
laquelle la valvule eft attachée, enforte qu'elle ne
puiffe pas le fermer bien exactement, il peut,
dis-je, fe faire alors que ces valvules ne foient
pas en état d'empêcher le reflux de la lymphe ou
du chyle.

Il eft vraifemblable que cet effet peut avoir
lieu, à en juger par les expériences que l'on a faites, en injectant en fens retrograde dans ces vaiffeaux, du mercure, de l'eau, ou du fuif, ou
lorfque l'on y fouffle de l'air de la même maniere;
car en fuivant ce procedé, ces vaiffeaux venant
à être diftendus un peu fortement, ces fluides
paffent facilement au travers de ces valvules en fuivant une route oppofée à celle que fuivent les humeurs lymphatiques, quand elles fe meuvent d'u-
ne maniere naturelle dans leurs vaiffeaux. Voyez
à ce fujet HALLERI *Elementa phyfiologiæ*, Lib. III.
fect. IV.

2°. Il paroît qu'après la mort, les orifices des
vaiffeaux lymphatiques laiffent paffer l'eau par ces
conduits avec plus de facilité dans un fens retrograde, que fuivant leur direction naturelle; car
lorfque l'on a rempli d'eau une veffie renverfée,
cette eau en reffort très-facilement, en fuintant au
travers des parois de la veffie. Cette expérience
fait voir qu'il n'y a rien à l'orifice de ces vaiffeaux qui puiffe empêcher le mouvement retrograde des liqueurs qui y font contenues.

M'étant déterminé à répéter cette derniere expérience, je pris une veffie de bœuf fraiche, puis
après avoir lié avec foin les ureteres, je fis une
ouverture au fond de cette veffie. Après cela, je
la renverfai complettement, enforte que la fur-

face qui étoit à l'intérieur fe trouvât tournée en dehors. Alors je la remplis d'eau jufqu'à la moitié, & je fus fort étonné de la promptitude avec laquelle elle fe vida. —— Comme les vaiffeaux lymphatiques de la veffie s'élargiffent fur-tout autour de fon col, ainfi que Mr. WATSON l'a démontré (*k*), j'ai trouvé qu'il étoit plus à propos de faire cette expérience, en tenant la veffie fufpendue de maniere que le col fût en bas.

3°. Il eft certaines maladies, telles par exemple que le diabétes & les écrouelles, dans lefquelles il arrive, fuivant toutes les apparences, que les valvules elles-mêmes fouffrent, & qu'elles font par-là incapables d'empêcher le reflux des liqueurs qu'elles devroient retenir, & faire écouler du côté oppofé au tronc du vaiffeau. C'eft ainfi qu'il arrive fouvent que les valvules mêmes de l'artere aorte font fquirrheufes, comme il paroît par les obfervations anatomiques recueillies par Mr. LIEUTAUD (*l*), & que cet état des valvules de l'aorte donne lieu à l'intermittence du pouls & à de violentes palpitations de cœur, par la raifon qu'il reflue toujours un peu de fang vers le cœur. Il n'eft point non plus de parties dans le corps qui deviennent plus facilement fquirrheufes que les glandes & les vaiffeaux lymphatiques; c'eft auffi à raifon de cela que l'on a défigné cette cachexie fquirrheufe fous le nom d'écrouelles.

4°. Il y a auffi des valvules dans d'autres parties du corps lefquelles font femblables aux val-

(*k*) Dans le tome LIX des *Tranfactions philof.* p. 392.
(*l*) *Anatom. pract.* (ou plutôt *Hiftor. anatom. pract.* &c.)

F 2

vules du fyftème des vaiffeaux abforbans, & qui
cependant lorfqu'elles fe trouvent dans un état
de maladie ou contre-nature, n'empêchent pas
que les liqueurs contenues dans ces vaiffeaux
n'aient un mouvement retrograde. Ainfi, par exemple, les orifices fupérieur & inférieur de l'eftomac
font pourvus de foupapes : or il arrive quelquefois, lorfque l'on a bu une trop grande quantité
d'eau chaude pour exciter le vomiffement, que
ces foupapes réfiftent aux plus grands efforts & à
toute l'énergie du diaphragme & des mufcles du
ventre : d'autres fois, au contraire, la foupape
de l'orifice fupérieur laiffe facilement évacuer les
matieres contenues dans l'eftomac, tandis qu'en
même tems la foupape inférieure, connue fous le
nom de *pylore*, permet à la bile & à d'autres matieres qui fe trouvent dans l'inteftin *duodénum* de
refluer librement dans l'eftomac.

5°. La valvule du colon eft des mieux adaptée
à la fonction d'empêcher le mouvement contre-
nature & retrograde des excrémens : avec tout
cela, & quoiqu'elle foit douée d'une forte de vie
ou de force vitale (*m*), il n'en eft pas moins vrai
que dans la paffion iliaque elle refte ouverte, foit
à caufe d'un fpafme ou de quelque autre mouvement contre-nature, en forte qu'elle permet ou
favorife même le mouvement rétrograde des matieres contenues dans les gros inteftins fitués au-
deffous de cette valvule.

Il paroît que telle eft auffi précifément la ftructure de l'orifice fupérieur du premier eftomac des
animaux qui ruminent, enforte que le reflux &
le retour de la nourriture qu'ils ont prife en eft

(*m*) *Living power.*

rendu plus facile ou en est même aidé, après quoi les fibres circulaires des muscles de l'œsophage se meuvent dans un sens retrograde, & font remonter la nourriture dans la bouche.

Mr. DE HAEN introduisit une si grande quantité d'eau dans le corps d'un chien en la seringuant par le gros boyau, que cet animal la rendit à pleine bouche en vomissant. De plus, on sait que dans la passion iliaque, dont j'ai parlé plus haut, on rend souvent les excrémens & les lavemens par le vomissement.

6°. Les points lacrymaux forment avec le sac lacrymal & le conduit nasal une glande parfaite, & ils ont beaucoup de rapport avec le canal intestinal. Les points lacrymaux sont des orifices absorbans qui pompent les larmes des yeux, après qu'elles ont rendu à ces organes les services auxquels elles sont destinées, puis ils les portent au nez. Mais quand il arrive que le conduit nasal est obstrué, & que le sac lacrymal est distendu par les larmes; alors si l'on vient à comprimer avec le doigt les orifices absorbans de ces glandes (savoir les points lacrymaux) & le sac lacrymal, ils reversent facilement dans l'œil les larmes qu'ils avoient auparavant pompées de cet organe.

7°. Comme les plus petits vaisseaux ou les vaisseaux capillaires reçoivent leur sang des arteres, & qu'après en avoir séparé la mucosité ou la matiere de la transpiration, ils rapportent dans les veines les parties qui restent après cette secrétion; on peut regarder ces vaisseaux capillaires comme une espece de glandes tout-à-fait particuliere, & qui ressemblent à tous égards aux vaisseaux absorbans du foie ou d'autres grands visceres qui sont composés de plusieurs glandes.

F 3

Les origines de ces vaisseaux communiquent entr'elles par des anastomoses nombreuses; ils ressemblent à cet égard aux vaisseaux lactées, & les
origines de ces premiers sont, aussi bien que les
orifices & les origines des autres glandes, une
suite de vaisseaux absorbans qui pompent le sang
qu'elles reçoivent des arteres, tout comme les
vaisseaux lactées pompent le chyle; car on a démontré que le mouvement & la circulation du
sang par les plus petits vaisseaux ne dépendent
en aucune maniere de l'impulsion & du battement
des arteres, parce que dans la rougeur qui est un
effet de la pudeur ou de la honte, comme aussi
dans les inflammations particulieres, l'activité de
ces vaisseaux acquiert plus de force, sans que dans
ces circonstances le mouvement du cœur devienne le moins du monde plus fort qu'il n'étoit.

8°. Néanmoins on observe à l'aide du microfcope, dans un animal qui souffre beaucoup & qui
est sur le point de mourir, non seulement qu'il
y a dans les orifices ou dans les origines de ces
petits vaisseaux qui communiquent entr'eux, de
certaines parties du sang qui se meuvent en sens
retrograde; mais on observe de plus dans l'ago-
nie d'un animal qui tend à sa fin, que le sang
qui se trouve dans les veines qui rapportent le
sang vers le cœur, rebrousse alternativement de-là
jusques dans les extrèmités des membres (*n*). Or
comme il n'y a peut-être pas une seule de ces veines qui ne soit pourvue dans quelque endroit
d'une valvule placée entre l'origine de cette veine
& le cœur, il s'enfuit visiblement que lorsqu'un
animal se trouve dans un état de maladie ou con-

(*n*) *Elementa Physiol.* T. I. p. 216.

tre nature, tel qu'on vient de le dire, le fang doit rebrouffer au travers des valvules de ces mêmes veines. Mais il réfulte encore probablement de-là, fuivant les principes de la plus exacte analogie, que fi l'on pouvoit également obferver, par le fecours d'un microfcope, le mouvement des fluides lymphatiques dans les vaiffeaux qui portent ce nom, on découvriroit auffi dans le corps d'un animal qui fe trouve dans un état contre nature, que ces fluides retrogradent dans ces vaiffeaux au travers de ces mêmes orifices & de ces valvules, qui auparavant abforboient les fluides lymphatiques ou en favorifoient le mouvement progreffif.

Voici ce que Mr. HALLER dit dans fes *Elémens de Phyfiologie* (o) : " Il n'y a qu'un petit nombre de valvules dans le canal thorachique. Quelques-uns affurent que ce nombre ne va pas au-delà de douze [qu'elles font à peine vifibles (p)], & qu'elles ne rempliffent pas bien exactement leur fonction, parce qu'elles ne ferment pas complettement la lumiere de leur canal, & que par-là elles permettent à une portion du chyle de s'échapper & de retourner en arriere (ce qui arrive auffi avec la cire injectée après la mort d'un animal). ".

" Cependant dans les animaux vivans, ces valvules empêchent que le chyle ne puiffe refluer; il eft vrai qu'elles ne l'en empêchent pas toujours, mais plus fréquemment que dans les cadavres".

_____

(o) *Elementa Phyfiol.* Tom. VII. p. 226.
(p) J'ai fuppléé d'après l'original ce qui eft entre ces deux crochets. *Note de l'Editeur.*

" La plus remarquable de toutes ces valvules
eſt celle qui eſt placée à l'endroit où le canal thorachique s'ouvre dans la veine fouclaviere. ——
Pluſieurs auteurs ſont dans l'opinion que la fonction de cette valvule eſt de permettre au chyle
de paſſer dans cette veine, & d'empêcher en même tems que le ſang ne s'introduiſe dans le canal
thorachique (*q*): mais il me paroît qu'elle n'eſt
pas ſuffiſante pour cette fonction ".

SECTION III.

*Route du canal de l'eſtomac & des inteſtins vers
la veſſie urinaire, par la voie des vaiſſeaux
abſorbans.*

Pluſieurs auteurs, tant anciens que modernes,
ont déja été dans l'idée qu'il devoit y avoir entre
l'eſtomac & la veſſie une communication plus pro-
chaine que celle qu'il y a entre ces viſceres par
la circulation des vaiſſeaux ſanguins. Ce qui leur
a donné cette idée, c'eſt la promptitude avec laquelle l'eau froide bue abondamment reſſort par
la veſſie, & la reſſemblance qu'a ordinairement
l'urine que l'on rend par cette voie, avec les boiſſons que l'on a avalées peu de tems auparavant.
Le premier des effets dont je viens de parler,
arrive conſtamment chez les perſonnes qui boivent beaucoup d'eau froide après s'être fort échauf-

(*q*) Dans l'original il y a, *que le chyle ne s'introduiſe* &c. Note de l'Editeur de Leipſick.

ſées par quelque exercice de corps ; on obſerve
qu'il a lieu auſſi chez pluſieurs perſonnes, quand
elles commencent à s'enivrer.

Quant au ſecond de ces effets, on en trouve
pluſieurs exemples rapportés par ETTMULLER (r),
dans leſquels on a vu de l'eau, du vin ſucré &
des émulſions, paſſer ſans aucun changement par
la voie des urines.   -

Mais il eſt encore d'autres expériences qui paroiſſent prouver qu'il exiſte entre le canal de l'eſtomac & des inteſtins une autre voie de communication avec la veſſie, que celle des reins. Mr. KRAT-
ZENSTEIN lia les ureteres à un chien, puis vuida
la veſſie par le moyen d'une ſonde. Peu de tems
après, ce chien but avec beaucoup d'avidité, &
urina beaucoup (s). Il eſt fait mention dans les
Tranſactions philoſophiques (t) d'une expérience
ſemblable, & dont le réſultat a été le mème.

On ajoute à cela que chez certains malades ,'
dont les reins étoient en ſuppuration ou mème
entiérement détruits, l'écoulement de l'urine n'a
pas laiſſé que de continuer à avoir lieu. Mr. HAL-
LER a recueilli, dans ſes *Elémens de phyſiologie*,'
un grand nombre d'exemples de cette eſpece (u).

On peut conclure de tout cela, que dans tous
les cas rapportés, il s'eſt écoulé de certains fluides de l'eſtomac & du bas-ventre, ſans avoir paſſé
auparavant par la voie ordinaire du cœur & des
vaiſſeaux ſanguins. Or comme la veſſie eſt rem-

(r) Tom. XI. page 716.
(s) HALLERI *diſſ. pathol.* IV. page 63.
(t) N°. LXV. 67.
(u) Tom. VII. page 379.

plie d'une quantité de vaiffeaux lymphatiques ; fuivant la defcription que Mr. WATSON en a donnée dans les *Tranfactions philofophiques* (*x*), & que de plus il ne fe trouve point d'autres vaif- feaux qui s'ouvrent dans la veffie que ceux-ci & les ureteres (*y*), il paroît incontestable que l'u- rine qui s'eft écoulée dans les cas où les ureteres étoient liés, & dans ceux où les reins étoient dé- truits, a été portée dans la veffie par un mouve- ment rétroactif ou retrograde des liqueurs con- tenues dans les vaiffeaux lymphatiques, lefquels appartiennent au fyftème des vifceres deftinés à la fécrétion & à l'évacuation de l'urine.

L'expérience que je vais rapporter a été faite dans la vue de démontrer que les fluides peuvent paffer de l'eftomac jufques à la veffie urinaire, par une voie différente de celle de la circulation des vaiffeaux fanguins & de la fecrétion de ces fluides qui fe fait enfuite dans les reins.

Le 14 de Juin 1771, un de mes amis but à froid une telle quàntité de punch léger qu'il com- mença à fentir que cette liqueur l'enivroit. Il ren- dit beaucoup d'urine décolorée. Là-deffus, il prit environ deux dragmes de falpêtre diffous dans un peu de punch, & mangea environ une vingtaine d'afperges bouillies. Ayant alors continué à boire du punch, fon urine, qui au commencement étoit tout-à-fait claire & fans odeur, changea bientôt,

---

(*x*) page 392.
(*y*) Il eft pourtant certain qu'il eft encore de petites arteres deftinées à la matiere de la tranfpiration, & des vaiffeaux deftinés à la fecrétion de la mucofité de la veffie urinaire, lefquels aboutiffent dans la cavité de ce refervoir. *Note de l'Editeur de Leipfick.*

ne fut plus tout-à-fait décolorée, & avoit beaucoup de l'odeur des afperges.

Il fe fit tirer auffi-tôt environ quatre onces de
fang du bras : mais on ne s'apperçut point que ce
fang eût la moindre odeur d'afperges, ni le même jour qu'il avoit été tiré, & tandis qu'il étoit
encore frais, ni le lendemain. J'examinai moi-
même ce fang avec deux autres perfonnes, & cela
avec la plus grande attention, mais fans remarquer que ce fang eût en aucune façon contracté
cette odeur, quoique l'urine qui avoit été rendue
immédiatement avant la faignée fentît très-fortement les afperges.

On humecta un peu de papier brouillard avec
de la férofité du fang que l'on avoit tiré, & on
le laiffa fécher. On le brûla enfuite, mais il ne
parut pas qu'il donnât de cette maniere le moindre indice qui décélât la préfence du falpêtre ; du
papier brouillard, au contraire, que l'on avoit
trempé dans cette derniere urine, & enfuite féché, donna, en l'allumant, des indices fenfibles de
la préfence de ce fel. Après cela, j'expofai ce fang
& cette urine au foleil pendant quelques jours à
découvert, jufqu'à ce que l'un & l'autre fe fuffent
évaporés aux trois quarts, & qu'ils commençaf-
fent à fentir mauvais.

Le papier qui avoit été trempé dans l'urine éva-
porée de cette maniere, détonna en brûlant, &
donna par-là à connoître que cette urine contenoit beaucoup de nitre ; tandis qu'au contraire,
le papier qui avoit été humecté avec la férofité
du fang, dont j'ai parlé tout à l'heure, brûla fans
donner le moindre indice de falpêtre.

Un homme avoit la jauniffe depuis quelques
femaines, ce qui faifoit qu'il rendoit une urine

d'une couleur très-foncée. Dans ces circonftances
il fe mit en premier lieu à boire un peu de punch
léger & froid, dans lequel on avoit diffous une
dragme de falpètre, après quoi il but encore du
punch à différentes reprifes. Pendant ce tems-là
il fe tenoit dans une chambre très-fraiche, & il
y refta jufques à ce que commençant à éprouver
une légere ivreffe, il lâcha beaucoup d'urine.
Cette urine étoit d'un jaune pâle, comme il pourroit arriver à celle qui n'étant mêlée qu'avec une
petite quantité de bile fe fépareroit enfuite dans
les reins.

Maintenant, fi chez cet homme, toute cette
quantité d'urine eût été féparée par les vaiffeaux
fanguins, qui dans ce tems-là étoient tous remplis
de bile (car la peau du malade étoit auffi jaune que
l'or); il feroit alors néceffairement arrivé que
cette urine auroit eû une couleur foncée, auffi
bien que toute celle que ce malade rendoit auparavant depuis quelques femaines. Du papier que
l'on avoit trempé dans cette urine & que l'on al-
luma après l'avoir fait fécher, donna en brûlant
des indices fenfibles de la préfence du falpètre. ——

Il faut encore que je rapporte ici quelques circonftances rélatives à l'état du malade dont je
viens de parler, quoiqu'elles n'aient pas un rapport direct avec la matiere que je traite dans ce
mémoire. Ce malade étoit un homme d'environ
cinquante ans, & il y avoit déja fix femaines
qu'il avoit la jauniffe, fans avoir éprouvé ni douleur, ni mal-aife, ni fievre. Il avoit pour lors
ufé plufieurs fois de l'émétique, ainfi que des purgatifs, des préparations mercurielles, des amers,
des préparations de mars, des huiles diftillées, &
de l'éther vitriolique ; mais aucun de ces remedes

ne lui avoit procuré de foulagement fenfible.

Je m'avifai enfin de penfer, que l'obftruction bilieufe qui avoit lieu chez ce malade, pouvoit être l'effet d'un relâchement paralytique ou d'un trop grand défaut d'activité du conduit cholédoque, & réfléchiffant en même tems que tous les remedes irritans que le malade avoit pris avoient paru ne produire abfolument aucun effet; je me déterminai à lui faire donner de petites commotions électriques, au moyen d'une bouteille revêtue de feuilles d'or, & dont la contenance pouvoit être d'une pinte (z): je faifois paffer ces commotions par la région du foie, & cela autant que je pouvois en juger, auffi près que poffible du conduit cholédoque. Dès le même jour, les felles qui jufques alors avoient été blanches, reprirent leur couleur jaune: le malade continua encore pendant quelques jours à s'électrifer de la maniere que je viens de dire, au moyen de quoi fa peau recouvra peu-à-peu fa couleur naturelle.

On voit par les expériences rapportées ci-deffus, que certaines boiffons, quand on en a bu jufqu'au point qu'elles commencent à énivrer, peuvent prendre pour parvenir à la veffie, une route différente & plus courte, que celle qu'elles fuivent ordinairement par la voie de la circulation dans les vaiffeaux fanguins. Or comme Mr.

(z) Au cas qu'il foit important de déterminer la grandeur d'une bouteille de Leide dont on fe fert pour donner des commotions, ce que je ne crois pourtant pas, je dois avertir mes lecteurs, que le mot de *quart* que je rends par celui de pinte, fignifie quelquefois auffi une chopine. *Note de l'Editeur.*

Hewfon l'a démontré, les vaiffeaux abforbans des inteftins ont des communications nombreufes avec les vaiffeaux abforbans de la veffie urinaire ; ainfi comme en ne comptant ici pour rien la fonction des reins, il ne refte point d'autre route de l'eftomac vers la veffie que celle des vaiffeaux abforbans; on peut en conclure avec raifon, que les fluides dans ces cas - là , arrivent à la veffie par les vaiffeaux abforbans qui appartiennent aux vifceres deftinés à contenir l'urine, & defquels le mouvement eft rétroactif & retrograde, lorfque le corps fe trouve dans un état contre nature.

SECTION IV.

Explication des phénomenes qui ont lieu dans le diabétes , & dans certaines efpeces de diarrhée.

IL eft plufieurs maladies , dont on ne peut pas expliquer les phénomenes autrement , que par le mouvement retrograde & inverfe de certaines ramifications du fyftème lymphatique. C'eft ici qu'il faut rapporter entre autres phénomenes l'écoulement abondant & immédiat d'une urine pâle au commencement de l'ivreffe , dans les paroxyfmes de la paffion hyftérique , comme auffi celui qui a lieu lorfque l'on eft expofé au froid , & celui qui eft un effet de la crainte & de l'angoiffe.

Mais avant que de m'occuper à éclaircir cette affertion d'une maniere plus détaillée , par la defcription des phénomenes que l'on a occafion d'obferver dans ces maladies ; il faut que j'avertiffe préalablement , que toutes les ramifications &

toutes les parties du fyftème des vaiffeaux lymphatiques, ont une certaine fympathie entr'elles.
Il réfulte de cette fympathie, que lorfqu'une claffe
de ces vaiffeaux ou une ramification de ce fyftème
vient à être irritée extraordinairement, ou à être
excitée par cette irritation à un mouvement plus
fort qu'à l'ordinaire, il arrive à l'inftant que les
mouvemens d'une autre claffe ou d'une autre ramification de ce fyftème augmentent ou diminuent
auffi, ou même qu'ils prennent alors une direction oppofée, enforte qu'en même tems les humeurs qui fe trouvent dans ces vaiffeaux fe meuvent d'une maniere rétrograde.

Cette efpece de fympathie entre les différentes
ramifications du fyftème des vaiffeaux lymphatiques peut fe démontrer par une multitude d'expériences qui tendent toutes également à en prouver l'exiftence : je rendrai compte de ces expériences dans la cinquiéme fection de ce mémoire.
Je me contenterai pour le préfent d'obferver fimplement, qu'il eft vraifemblable que cette fympathie n'eft pas l'effet d'une correfpondance des
fibres nerveufes, mais feulement de l'habitude,
laquelle vient de ce que les différentes ramifications du fyftème lymphatique ont fréquemment
été irritées en même tems, & portées par-là à exercer leurs fonctions. Cette habitude d'agir dans le
même tems ou de fuite eft défignée par les mé-
taphyficiens fous le nom *d'affociation*.

Il y a non-feulement plufieurs mouvemens du
corps qui font liés par une femblable correfpondance ; mais auffi on fait que la même chofe a
lieu pour les idées de notre ame, comme on le
voit clairement dans les écrits ineftimables des
Locke & des *Hartley*, & comme je le démontre-

rai peut-être par la fuite dans un autre ouvrage ; fi le ciel m'accorde affez de vie & de force pour le mettre au jour.

Il y a mille exemples de mouvemens involontaires qui font liés entr'eux de cette maniere. Ainfi par exemple, dans le vomiffement qui eft une évacuation qui s'opere par un mouvement renverfé de l'eftomac & de l'œfophage, les battemens du fyftème artériel s'affoibliffent à caufe d'une certaine fympathie qu'il y a entre l'eftomac & les arteres. Lorfque les inteftins ou les reins viennent à être excités à des mouvemens trop violens, enfuite d'une irritation produite par une certaine matiere âcre, par un poifon, par la pierre, ou par quelque inflammation ; il arrive auffi alors par une fympathie dont on ne connoît pas encore la raifon, que l'eftomac & l'œfophage fe meuvent d'un mouvement retroactif, d'où il réfulte le vomiffement.

1°. Lorfque l'on boit une médiocre quantité de quelque boiffon fpiritueufe, tout le corps en acquiert plus d'activité & de vigueur, & cela à raifon de la fympathie qui fait que l'eftomac & les inteftins correfpondent avec tout le refte du corps. C'eft ce que démontre vifiblement cette rougeur, ce teint plus animé de la peau, & ce furcroit de force & de vivacité que l'on éprouve après l'ufage d'une telle boiffon. Mais lorfque l'on a bu une plus grande quantité de cette liqueur énivrante, & qu'en même tems l'activité des vaiffeaux lactées eft augmentée, enforte qu'ils abforbent davantage de cette liqueur ; alors il arrive le plus ordinairement que les vaiffeaux lymphatiques qui appartiennent au fyftème des vifceres fécrétoires & excrétoires de l'urine, & qui ont

beaucoup

beaucoup de communications avec les vaisseaux lactées, éprouvent un mouvement retrograde & retroactif : c'est ce qui fait qu'une personne qui se trouve dans ce cas, rend une grande quantité d'urine pâle , & qui n'a point reçu de propriété qui tienne de la nature animale.

Cette sage disposition empêche que la masse des humeurs ne vienne à être surchargée d'une trop grande quantité de liqueurs inutiles. On peut donner à cette espece de diabétes qui est un effet de l'ivresse , le nom de *diabétes de l'ivresse* (a) , & la distinguer facilement par-là des autres espe-ces de diabétes passageres , qui se manifestent or-dinairement dans les maladies hystériques, & chez les personnes qui sont long-tems dans un état de crainte & d'angoisse.

2°. Lorsque l'on s'abreuve ainsi sans aucune né-cessité & journellement d'une trop grande quantité de boissons spiritueuses, il arrive à la fin que les vaisseaux lymphatiques appartenans aux visceres qui servent à la secrétion & à l'excrétion de l'urine, ayant été irrités aussi souvent que les vaisseaux lac-tées , commencent à prendre l'habitude de se mou-voir pareillement & en même tems qu'eux , en sens retrograde. De cette maniere il aborde chaque jour à la vessie une plus grande quantité de chy-le , & cela sans qu'il ait auparavant passé dans la masse des humeurs qui se meuvent dans des vais-seaux : il arrive ainsi nécessairement que le corps maigrit beaucoup.

Cette maladie est une espece de diabétes chro-nique, que l'on peut distinguer des autres espe-ces par la saveur & par la couleur de l'urine.

_____

(a) *Drunken diabetes.*
Tome I.   G.

Cette faveur eft tout-à-fait douceâtre, & pour fa couleur elle eft femblable à celle du petit-lait : on peut donc donner à cette maladie le nom de *diabétes chyleux* (*b*).

3°. Les enfans rendent une urine pareille, *en-fuite de l'irritation que les vers caufent dans leurs inteftins.* Ces infectes en irritant les orifices des vaiffeaux lactées les excitent à des mouvemens contre-nature ; c'eft par cette raifon auffi que le mouvement des vaiffeaux qui appartiennent aux vifçeres excrétoires & fecrétoires de l'urine, devient rétrograde, & qu'il s'enfuit alors qu'une partie du chyle fe dépofe dans les glandes lymphatiques iliaques & lombaires ; phénomene dont Mr. *Haller* a rapporté des exemples dans fes *Elémens de phyfiologie* (*c*), & que l'on ne peut expliquer d'aucune autre maniere que par l'hypothefe que je propofe ici.

Mais on n'a pas encore fait des recherches affez exactes fur les vaiffeaux lymphatiques du corps humain, pour que ce que l'on en fait puiffe fervir au but que je me propofe ici. Cependant, s'il eft permis de tirer des conféquences des découvertes que l'on doit aux diffections des animaux, mon hypothefe pourra fort bien s'expliquer par la defcription que feu Mr. *Hewfon* a donnée du fyftème lymphatique de la tortue. Cet anatomifte a donc obfervé (*d*) dans cet animal, que les vaiffeaux lactées placés à l'origine ou à la naif-

_____

(*b*) *Chyliferous diabetes.*
(*c*) Tome VII. page 225.
(*d*) Voyez les *Tranfactions philofophiques* tome LIXᵉ. page 199 ; & les recherches de cet auteur intitulées *Enquiries*, page 74.

tance du méfentere ont plufieurs communications entr'eux, enforte qu'ils forment une forte de ré-feau, dont quelques grandes ramifications about-tiffent à certains vaiffeaux lymphatiques affez re-marquables, qui font fitués près du dos, & que l'on peut prefque fuivre jufques aux cuiffes, & particuliérement jufqu'aux reins.

4°. Au commencement du diabétes, & en même tems que les vaiffeaux abforbans qui fe rendent aux vifceres excrétoires & fecrétoires de l'urine, font excités à un mouvement retrograde & re-troactif, il arrive auffi en vertu de la fympathie dont nous avons parlé ci-deffus, & qui lie entre elles les différentes ramifications des vaiffeaux lymphatiques, que celles de ces ramifications qui fe diftribuent dans le tiffu cellulaire, acquierent une plus grande activité. De cette maniere, la graiffe qui auparavant fe féparoit dans les cellules de ce tiffu, eft repompée & ramenée dans les vaif-feaux fanguins, où elle furnage fur le fang avec lequel elle circule. Ceux qui ont vu la graiffe dans cet état l'ont toujours prife pour du chyle, jufqu'à ces derniers tems, que Mr. HEWSON a fait voir le contraire par fes expériences, & qu'il a démontré que ce prétendu chyle étoit de la graiffe.

Mr. MEAD étoit dans l'opinion que le diabétes provenoit fouvent de ce que le fang manquoit d'a-voir été préparé convenablement, défaut qu'il croyoit que l'on devoit attribuer à une obftruc-tion fquirrheufe du foie. Il paroît que ce qui lui a fait adopter cette opinion, ç'aura été l'erreur dans laquelle nous venons de dire que l'on eft tombé, en prenant pour du chyle la graiffe mêlée dans le fang que l'on avoit tiré à des perfonnes attaquées du diabétes ; erreur qui aura encore été fortifiée dans l'esprit de ce médecin par cette cir-constance, c'est qu'il arrive souvent que dans cette maladie, le foie est obstrué.

Mais comme cette espece d'obstruction est sou-vent produite par les mêmes causes que celles qui donnent lieu au diabétes & à l'hydropisie, de même que par un usage beaucoup trop fré-quent des boissons fermentées, on ne doit pas être surpris que ces deux maladies (d*) puissent avoir lieu en même tems, sans que pour cela l'une soit la suite nécessaire de l'autre.

5°. D'autrefois il arrive que les vaisseaux lym-phatiques qui aboutissent à la peau, prennent l'ha-bitude de se mouvoir avec trop de force, & qu'ils pompent de l'athmosphere une grande quantité d'humidité, parce que en même tems le mouve-ment des vaisseaux lymphatiques qui se rendent aux visceres propres à l'urine, est renversé ; c'est ce qui donne lieu à une autre espece de diabétes, que l'on peut appeller le *diabétes aqueux* (e). Dans cette maladie, les vaisseaux absorbans de la peau pompent souvent une si prodigieuse quantité d'humidité de l'athmosphere, que suivant des ré-lations dignes de foi, on a vu des personnes lâ-cher chaque jour, par la voie de l'urine, plusieurs gallons (f) d'eau de plus que ce qu'elles avoient bu, & cela pendant plusieurs semaines de suite.

(d*) Savoir l'obstruction du foie & le diabétes. *Note de l'Editeur.*

(e) *Aqueous diabetes.*

(f) Le gallon contient huit livres de seize onces, ou environ quatre pintes de Paris. *Note de l'Editeur.*

Le Docteur KEIL trouva (*g*) que dans une feule nuit, & par un tems humide, fon corps avoit abforbé dix-huit onces de l'humidité de l'air. Mr. PERCIVAL a obfervé (*h*), qu'après avoir bien échauffé une de fes mains, elle avoit abforbé de cette maniere une once & demi d'eau. Voyez auffi ce que dit Mr. HOME à ce fujet (*i*).

L'urine pâle que rendent les femmes qui ont des vapeurs hyftériques, ou les perfonnes qui éprouvent de la crainte ou de l'angoiffe, doit être regardée comme un fymptome du même genre que les cas précédens, mais qui ne dure que peu de tems. Mais il dégénéreroit en diabétes même, s'il devenoit habituel par la continuité du mal qui l'occafionne.

6°. La diarrhée qui a lieu pour s'être expofé fans habits à un air froid, ou pour s'être arrofé le corps avec de l'eau froide, provient d'une caufe femblable. Car lorfque les orifices des vaiffeaux lymphatiques qui aboutiffent à la peau viennent à être expofés tout-à-coup au froid, ils perdent auffi-tôt leur ton, & leur activité en eft entiérement ou du moins en grande partie interrompue.

Mais en même tems la fympathie, qui, comme je l'ai remarqué ci-deffus, a lieu entre les différentes parties du fyftème lymphatique, produit auffi fon effet dans ce cas-ci, le mouvement des humeurs contenues dans les vaiffeaux lymphatiques qui fe rendent aux inteftins, devient retrograde, d'où il arrive que les mèmes humeurs que

---

(*g*) Voyez fon ouvrage intitulé *Medicina ftatica.*
(*h*) *Médical Tranfact.* Tome II. page 102.
(*i*) Dans l'ouvrage intitulé *Médical facts.* page 2, Sect. III.

G 3

ces vaiſſeaux avoient abſorbés des inteſtins, re-
brouſſent en arriere.

Dans le mème moment où le corps eſt expoſé
à nud à l'action de l'air froid, on éprouve auſſi
dans les inteſtins un mouvement extraordinaire;
c'eſt ce qui arrive par exemple aux enfans, lorſqu'ils entrent dans l'eau froide. Ce mouvement
ne peut pas provenir uniquement de la ſuppreſſion de la tranſpiration, parce qu'il arrive dans
un trop court eſpace de tems, pour que la matiere de cette tranſpiration aie celui qui eſt néceſſaire pour ètre portée aux inteſtins par les vaiſſeaux qui y aboutiſſent, en ſuivant la route ordinaire de la circulation.

Il eſt encore une autre eſpece de *diarrhée aqueuſe*
chronique, qui provient de ce que l'humidité de
l'athmoſphere ayant été abſorbée par les vaiſſeaux
lymphatiques de la peau & des poumons, elle eſt
portée de là, par le mouvement retrograde des
vaiſſeaux lactées, aux inteſtins, dans la cavité
deſquels elle s'épanche. Cette maladie a beaucoup
de reſſemblance avec le *diabétes aqueux* (*k*), &
dégénere ſouvent en cette maladie, qui réciproquement eſt ſujette à ſe changer en cette diarrhée.
On trouve un exemple de cette dégénération dans
les obſervations de BINNINGER (*l*), où l'on voit
qu'un diabétes aqueux ſe changea en une diarrhée
aqueuſe, qui à la fin devint mortelle.

SIMSON rapporte un cas remarquable d'une
ſemblable abſorption par la peau (*m*), & de la
diarrhée aqueuſe qui en fut la ſuite. Un jeune

(*k*) *Aqueous diabetes.*
(*l*) *Cent.* V *obſ.* 98.
(*m*) Dans ſon traité *de re medica.*

homme fut attaqué d'une fievre, à laquelle il se
joignit une diarrhée dans laquelle le malade res-
toit étendu dans un état d'insensibilité complette,
& sans vouloir rien boire du tout, quoiqu'il se
trouvât presque entièrement desséché par une chaleur excessive. SIMSON voyant cela, n'avoit rien
tant à cœur que d'humecter le corps de son malade : dans cette intention, il lui fit tremper les
pieds dans de l'eau froide. A l'instant même où
cela eût été exécuté, on vit avec surprise que
l'eau qui servoit à cet usage diminuoit, & que
le malade bientôt après rendit par les urines une
quantité d'eau qui n'avoit presque point de couleur.

7°. Il y a une troisieme espece de diarrhée qui
est un flux de ventre chyleux, que l'on connoît
sous le nom de *passion cœliaque*. Il arrive dans
cette maladie, que le chyle que les vaisseaux lactées ont pompé des intestins grêles, est porté dans
les gros intestins, par un mouvement retrograde
de ces mêmes vaisseaux ; & cela de la même maniere précisément qu'il arrive dans le diabétes chyleux, que le chyle se verse dans la vessie urinaire, par le mouvement renversé des vaisseaux
lymphatiques qui appartiennent aux visceres sé-
crétoires & excrétoires de l'urine.

Ce flux de ventre chyleux, ainsi que le diabétes chyleux, fait tomber le corps dans un amaigrissement subit : cela vient de ce que dans ces
deux maladies, le suc nourricier, qui doit réparer les pertes continuelles que fait le corps, en
ressort incessamment par l'intestin *rectum* ou par
la vessie urinaire, au lieu que le diabétes aqueux
& la diarrhée aqueuses occasionnent une soif excessive. Car dans ces deux dernieres maladies,
l'humidité que la peau absorbe de l'air, dont le

G 4

corps eft environné, n'eft pas portée au canal thorachique, comme cela devroit arriver régulié- rement, mais elle fe rend à la veffie, ou à l'in- teftin *colon*, ou au rectum; d'où il arrive alors que le chyle, le fang, & tout le fyftème des glan- des fe trouvent privés du liquide qui leur étoit néceffaire.

8°. Il eft encore une efpece de diabétes, favoir celui dans lequel on rend une urine entiérement mucilagineufe; qualité que l'on reconnoît à la vifcofité qu'elle manifefte lorfqu'on la tranfvafe d'un vafe dans un autre; quelquefois même elle l'eft au point de pouvoir fe coaguler fur le feu. Cette maladie ne fe montre que de tems en tems, & il paroît qu'elle reconnoît pour caufe un amas féreux & contre-nature fait précédemment dans quelque partie du corps; car lorfqu'un femblable amas vient à être repompé, il n'arrive pas tou- jours que la férofité rentre dans la maffe des hu- meurs qui circulent dans des vaiffeaux : mais la même irritation, en vertu de laquelle une partie du fyftème lymphatique repompe l'humeur qui s'eft extravafée, fait auffi que les vaiffeaux lym- phatiques qui fe rendent aux vifceres propres à l'urine, fe meuvent d'un mouvement retrograde, & portent immédiatement dans la veffie urinaire la férofité qu'ils avoient repompée. C'eft pourquoi on doit regarder ce *diabétes mucilagineux* (*n*) comme un moyen de guérifon, ou comme l'effet de la guérifon d'une maladie beaucoup plus fà- cheufe, plutôt que comme une véritable maladie.

Mr. COTUNNI donna tous les matins une de- mi-once d'acide tartareux à une perfonne qui étoit

_____

(*n*) *Mucaginous diabetes.*

attaquée d'une hydropifie générale du tiffu cellulaire ; ce remede fit rendre au malade une grande
quantité d'urine. Cette urine ayant été mife fur
le feu, on la fit évaporer jufqu'à la moitié, & on
trouva qu'elle s'étoit en partie coagulée, au point
de reffembler à du blanc d'œuf (o).

Cette efpece de diabétes précede fouvent l'hydropifie : il eft accompagné d'une circonftance
particuliere, c'eft que cet écoulement d'urine mucilagineufe ou pituiteufe a ordinairement lieu
pendant la nuit, parce que tandis que le corps
eft dans une fituation horizontale, l'humeur qui
auparavant s'étoit accumulée dans le tiffu cellulaire & dans les poumons, eft maintenant repompée avec plus de facilité que dans toute autre fituation, par la raifon que fa pefanteur n'agit plus
avec la mème force que précédemment. J'ai vu
moi-mème plus d'un exemple de cette maladie.

Un homme qui étoit déja paffablement avancé
en âge, & qui s'étoit accoutumé depuis longtems
à la boiffon des liqueurs fpiritueufes, fe trouva
avoir les jambes enflées, & d'autres fymptomes
qui font des indices d'un commencement d'hydropifie du tiffu cellulaire. Tous les huit ou dix
jours, ce malade éprouvoit le foir en s'allant coucher une grande inquiétude & beaucoup de mal-
aife, que les affiftans comparoient à un accès de
vapeurs hyftériques. Cet accès fe terminoit chaque fois par l'écoulement d'une grande quantité
d'urine pituiteufe, après lequel l'enflure des jambes diminuoit toujours, & le malade fe trouvoit
mieux pendant quelques jours. Je ne fus pas à
portée d'obferver fi après avoir fait évaporer en

(o) Voyez le traité intitulé *de ifchiade nervofa.*

partie cette urine fur le feu, le refte fe feroit coagulé ; circonftance qui, à ce que je crois, doit être le caractere diftinctif de cette efpece de dia-bétes, parce que, lorfque les humeurs mucilagi-neufes fe font dépofées dans les cellules & dans les réfervoirs du corps, dans lefquels l'air exté-rieur ne peut pas s'introduire, ces humeurs y ac-quierent, enfuite de leur long féjour & de leur ftagnation, la propriété de fe coaguler par la cha-leur. Or cette propriété ne fe rencontre point dans le mucilage qui fe fépare dans les inteftins & dans la veffie urinaire, comme je l'ai appris par des recherches que j'ai faites fur cette matiere.

Mais fi l'on étoit porté à croire que cette urine qui fe coagule fur le feu a été féparée du fang dans les reins, il n'y auroit pour fe détromper, qu'à réfléchir que dans la plupart des maladies inflammatoires, dans lefquelles le fang eft le plus rempli de lymphe fufceptible de fe coaguler, ou difpofée à s'en féparer, il ne fe trouve pourtant point de pareille lymphe dans l'urine.

9°. Les différentes efpeces de diabetes exigent auffi des traitemens entiérement différens. Dans la premiere efpece, favoir dans celle que j'ai ap-pellée le diabétes chyleux, il faut, avant toutes chofes, nettoyer l'eftomac & les inteftins par le moyen de l'ipécacuana & de la rhubarbe, & tâ-cher d'évacuer de cette maniere toutes les faburres acides qui peuvent irriter trop fortement les orifices des vaiffeaux lactées. On a beaucoup re-commandé d'ufer après cela de la teinture de can-tharides en l'adminiftrant fréquemment & à gran-des dofes (p). On fait que ce médicament agit

(p) Mr. BRISBANE eft du nombre de ceux qui ont

en qualité d'irritant & d'une maniere spécifique
fur le col de la veffie urinaire : or il eft tout-à-
fait vraifemblable qu'à raifon de cette vertu fpé-
cifique il augmente l'activité de cette multitude
de vaiffeaux abforbans qui s'étendent jufques à
cette partie, & qu'il empèche par-là qu'il n'arrive
aucun mouvement retrograde dans ces vaiffeaux,
jufques à ce qu'enfin, en continuant toujours
l'ufage de ce remede, ces mèmes vaiffeaux aient
repris leur maniere d'agir naturelle. ——

Il eft encore une indication curative à obferver dans le traitement de cette maladie. Elle confifte à faire enforte d'enduire les inteftins de fubftances mucilagineufes, ou compofées de particules
liffes, ou auffi de fubftances qui, en vertu de
leurs propriétés chymiques, foient capables de
détruire l'acrimonie des faburres qui fe rencon-
trent dans les inteftins, & de prévenir par-là un
excès d'activité de la part des vaiffeaux abforbans des inteftins. Dans cette vue, j'ai donné
avec beaucoup de fuccès une demi-dragme de
terre d'alun de fix en fix heures ; cette terre étoit
celle que l'on obtient de la diffolution de l'alun
en la précipitant par un alcali fixe. Au refte,
j'ajoutois à chacune de ces dofes quelques grains
de rhubarbe, ou autant qu'il en falloit pour que
le malade eût le ventre libre.

On ne doit donner pour alimens au malade
que des chofes qui ne foient du tout point irri-
tantes : outre cela, il faut leur faire prendre des

donné ce confeil, comme on peut le voir dans le premier volume de notre collection. Part. I. page 127.
Note de l'Editeur de Leipfick.

émulfions, & de ces eaux minérales qui contiennent un peu de terre calcaire, telles que font par exemple les eaux de Briftol & celles de Matlock-bath, & cela dans la vue d'irriter un peu les orifices des vaiffeaux lactées, ou au moins autant qu'il le faut pour qu'ils puiffent exercer convenablement leur faculté abforbante. Lorfqu'ils font trop fortement irrités, il peut facilement arriver, à raifon de la fympathie qui a lieu entre eux & les vaiffeaux abforbans des voies urinaires, que ces derniers éprouvent un mouvement retrograde.

On peut faire ufage de la même méthode avec un pareil fuccès dans le traitement du *diabétes aqueux* dont j'ai donné la defcription, & cela à raifon de la grande fympathie qu'il y a entre la peau & l'eftomac, comme Mr. CULLEN l'a démontré très-folidement (*q*). Cependant on peut encore joindre à l'ufage des remedes internes, celui de certains topiques que l'on applique immédiatement à la peau; telles font par exemple des frictions que l'on fait en frottant tout le corps du malade avec de l'huile, afin d'empêcher par ce moyen que les vaiffeaux abforbans de la peau n'agiffent avec trop d'activité. Je connois un exemple de l'efficacité de ce dernier remede chez un malade à qui il procura un foulagement fenfible.

Pour ce qui eft du diabétes que j'ai appellé *diabétes mucilagineux*, il demande le même traitement que celui qui convient à l'hydropifie, & que je décrirai dans la fuite de ce mémoire. Au refte je dois ajoûter ici, que la diéte & les remedes que j'ai confeillés d'employer dans le diabé-

---

(*q*) Voyez les *Elémens de médecine* de cet auteur. §. 203.

tes font les mèmes que ceux que MORGAN, VIL-
LIS, HARRIS. & ETTMULLER avoient déja recommandés ; mais pour ètre en état de déterminer quelle eft la méthode curative la plus efficace
& la plus fûre, il faudroit avoir fous les yeux un
bien plus grand nombre d'exemples de fuccès, dans
le traitement des différentes efpeces de cette maladie.

Je rapporterai ici deux exemples de perfonnes
attaquées du *diabétes chyleux*.

Le vingt-troifieme d'avril 1778, il mourut ici
à Edimbourg dans notre hôpital de pratique, un
homme qui avoit eu pendant long-tems un diabétes. Quoiqu'il ne bût qu'environ quatre livres
de boiffon par jour, il y avoit déjà quelque tems
qu'il lâchoit journellement douze livres d'urine,
dont chaque livre contenoit une once d'une fubftance analogue au fucre. Ce malade avoit fait
ufage, mais fans beaucoup de fuccès, de divers
remedes, tels que cette gomme aftringente qui
nous vient d'Afrique & qui eft connue fous le
nom de gomme de Kino, le fang de dragon qui
avoit été liquéfié avec de l'alun, la teinture de
cantharides, la colle de poiffon, de la gomme
arabique, les yeux d'écreviffes, & l'efprit de corne de cerf. Outre cela, il mangeoit chaque jour
une dixaine ou une douzaine d'huitres. —— Mr.
HOME qui avoit lu ce mémoire avant que je le
fiffe imprimer, fit faire une faignée à cet homme, mais il trouva que ni le fang ni fa férofité
n'avoient une faveur falée (r).

(r) Voyez auffi HOMES, *Clinical experiments and*
hiftories, (c-à-d. Expériences & hiftoires qui ont trait
à la médecine pratique) Edimb. 1780. page 296. *Note*
de l'Editeur de Leipfick.

Le lendemain de fa mort on fit l'ouverture du cadavre, & l'on trouva que tous les vifceres étoient fains & dans un état naturel; feulement le rein gauche avoit un très-petit baffinet, & la plûpart des glandes lymphatiques du méfentere étoient fort groffies.

- Ce cas a beaucoup de reffemblance avec ceux que j'ai rapportés plus haut (*s*), dans lefquels on a vu, que quelqu'un ayant mangé des afperges au moment où il commençoit à s'énivrer, on n'avoit pu découvrir dans fon fang aucune apparence d'odeur qui fentit les afperges, quoique l'urine en fût fortement imprégnée.

Le cas fuivant m'a été communiqué par Mr. *Hughes* de Stafford. *Richard Davies* âgé de trente-fept ans, ferblantier de fa profeffion, s'étoit de tems en tems fort adonné à la boiffon. Il étoit fort incommodé d'une fueur aux mains, qui lui étoit affez à charge dans fon travail : mais il parvint à la faire ceffer en mettant fouvent les mains dans de la chaux. Il y a environ fept mois (ce cas eft arrivé en 1778), que cet homme commença à uriner abondamment, fes pieds devinrent enfles, le ventre fe tendit confidérablement, & le malade fe plaignit d'un gonflement au cou femblable à cette efpece de crampe hyftérique que l'on nomme *globus hyftericus*. En même tems il mangeoit deux fois autant qu'une autre perfonne, il buvoit chaque jour quatorze pintes de biere légere & outre cela une pinte de biere forte; il mangeoit de plus un peu de foupe au lait & avaloit une écuellée de bouillon à la vian-

---

(*s*) Environ le milieu de la Section III. de ce mémoire.

de. Mais la quantité d'urine que ce malade rendoit, alloit à dix-huit pintes par jour.

Il prit, fous la direction du docteur UNDER-
HILL, de l'alun, du fang de dragon, des préparations martiales, du vitriol de cuivre & des cantharides. Mais quoiqu'on lui eût donné ces remedes à grandes dofes & qu'on les réitérât auffi
fouvent qu'il convenoit, ils ne produifirent néanmoins pas le moindre effet chez lui, fi ce n'eft
qu'après qu'il eût ceffé d'ufer des cantharides, il
ne rendit que douze pintes d'urine; mais ce bon
effet des cantharides ceffa le lendemain.

Le 21e. Novembre. Ce jour-là il rendit dix-
huit pintes d'urine, & prit par ordonnance du
médecin un grain d'opium, de quatre en quatre
heures, & cinq grains d'aloès le foir, avant que
de s'endormir. On lui donna auffi une chemifet-
te de flanelle, qu'il devoit porter fur la peau.

Le 22e. Novembre, le malade rendit feize pintes d'urine.

Le 23e. il n'en rendit que treize; mais auffi il
avoit moins bu.

Le 24e. Novembre, on augmenta chaque dofe
d'opium jufques à cinq quarts de grain. Le malade rendit douze pintes d'urine.

Le 25e. Novembre, on augmenta la dofe de
l'opium jufqu'à un grain & demi. Le malade rendit dix pintes d'urine par jour, quoiqu'il n'eût
pris que huit pintes de boiffon.

Pendant les quinze jours fuivans on augmenta
toujours graduellement la quantité d'opium, jufqu'à ce qu'enfin le malade parvint à en prendre
trois grains de quatre en quatre heures: mais
malgré cela, l'écoulement de l'urine ne diminua
pas davantage. Pendant tout le tems que le ma-

lade fit ufage de l'opium, il fua chaque nuit fi abondamment, que la fueur formoit de groffes gouttes fur fon vifage & fur tout fon corps. Depuis lors on diminua peu-à-peu la dofe de l'opium, fans pourtant en retrancher entiérement l'ufage ; mais on en vint à n'en plus donner qu'environ un grain le matin, & autant le foir.

Le 17ᵉ. Janvier, le malade rendoit tous les jours quatorze pintes d'urine. —— A cette époque le docteur UNDERHILL lui fit prendre deux fcrupules de réfine commune, broyée avec une égale quantité de fucre, & cela de fix en fix heures ; & le foir avant que de s'endormir, trois grains d'opium.

Le 19ᵉ. Janvier, le malade rendit quinze pintes d'urine, & fua pendant la nuit.

Le 21ᵉ. Janvier il rendit dix-fept pintes d'urine, & fe plaignit le matin de tiraillemens dans les membres, & de douleurs dans les jambes (*t*). Il commença à cette date à prendre une dragme de réfine par dofe, en continuant l'ufage de l'opium.

Le 23ᵉ. Janvier, l'urine étoit plus colorée, & fa quantité avoit derechef diminué jufqu'à feize pintes. Il fembla au malade que cette urine avoit une faveur falée.

Le 26ᵉ. Janvier, la quantité de l'urine n'alloit qu'à quatorze pintes.

Le 28ᵉ. Janvier elle n'alloit qu'à treize pintes. Le malade commença à prendre la réfine à la dofe de quatre fcrupules chaque fois, toujours en continuant l'ufage de l'opium.

Le

(*t*) Le mot que je rends ici par celui de jambes, fignifie auffi les os. *Note de l'Editeur.*

Le premier Février, le malade rendit douze pintes d'urine.

Le 4e. Février, il en rendit seulement onze pintes. Il eut des tiraillemens moins forts dans les membres. La dose de la résine fut portée à cinq scrupules.

Le 8e. Février, l'urine n'alla pas à plus de dix pintes ; mais le malade eut une forte diarrhée.

Le 12e. Février, l'appétit avoit beaucoup diminué, & la diarrhée continuoit à être toujours très-copieuse.

Après ce tems la résine excitoit toujours la diarrhée, ou bien le malade la revomissoit d'abord. Il retomba peu-à-peu dans le même état qu'auparavant, & peu de mois après il succomba à cette maladie.

Le troisieme Octobre Mr. HUGHES fit évaporer deux pintes (u) de l'urine de ce malade, au moyen dequoi il en obtint quatre onces & demie d'une masse saline qui ressembloit à de la thériaque cuite. Le même jour on tira au malade quatre onces de sang du bras ; il se trouva que la sérosité de ce sang avoit une saveur salée.

On voit par ce qui vient d'être rapporté, 1°. qu'il se passe dans la digestion quelque chose de semblable à ce qui arrive dans la germination de l'orge, ou lorsque l'orge se convertit en *malt*. En effet, la grande quantité de sucre qui se trouva dans l'urine de ce malade devoit nécessairement être le produit, tant des nourritures qu'il

---

(u) Il y a apparence que le *quart* dont il est ici question est celui qui équivaut à-peu-près à la pinte de Paris. *Note de l'Editeur.*

prenoit & dont la quantité étoit double de celle qu'il en falloit à une autre perſonne, que des quatorze pintes de biere légere qu'il buvoit. (*x*).

2°. Comme la férofité du fang n'avoit point une faveur douceâtre, il y a apparence que chez le malade en queſtion, le chyle étoit apporté immédiatement du canal des premieres voies dans la veffie, fans avoir auparavant circulé avec le fang dans les vaiffeaux fanguins. Car une auffi grande quantité de fucre que celle qui fe trouvoit dans cette urine (quantité qui alloit jufqu'à vingt onces par jour), n'auroit pas pu fe rencontrer dans le fang, fans que le goût eût pu en reconnoître la préfence.

Le premier novembre Mr. HUGHES fit diffoudre deux dragmes de nitre dans une pinte de décoction de racines d'afperge, & y ajoûta deux onces de teinture de rhubarbe. Le malade prit la quatrieme partie de cette mixture, & réitera cette dofe jufqu'à ce qu'elle fût toute employée. Environ une demi-heure après il rendit dix-huit onces d'urine, qui parut vifiblement teinte par la rhubarbe : mais pour ce qui eft de l'odeur de l'afperge, elle ne fe fit pas appercevoir bien diftinctement dans cette urine (*y*).

Immédiatement après, on tira au malade quatre onces de fang, dont la férofité n'étoit pas d'une couleur auffi foncée que celle de la' féroſi-

---

(*x*) Il me femble que la pinte de bierre forte, dont il eſt parlé plus haut ne doit pas être comptée pour rien. *Note de l'Éditenr.*

(*y*) Cela ne pouvoit guere être autrement non plus, vû que les racines d'afperges n'ont pas beaucoup d'odeur. *Note de l'Editeur de Leipſick.*

té du fang qu'on lui avoit tiré auparavant ; mais elle avoit une teinte jaunâtre, & telle que celle qu'a ordinairement la férofité du fang.

On trempa trois ou quatre fois du papier dans cette urine teinte ; puis on le fit fécher : on le brûla enfuite, mais il ne détonna point & ne donna point d'étincelles : cependant après qu'on en eût éteint la flamme en foufflant deffus ; le feu continua à le brûler de la longueur d'un demi-pouce, ce qui n'arrivoit pas lorfque le papier n'avoit pas été bien imprégné de cette urine. Cet effet n'avoit pas eu lieu non plus avec le papier que l'on avoit féché, après l'avoir trempé dans l'urine que le malade avoit rendue précédemment, avant que d'avoir pris du nitre.

On obferva le contraire avec du papier que l'on avoit trempé dans la férofité du fang, & que l'on avoit enfuite féché comme celui que l'on avoit trempé dans l'urine : auffitôt que l'on eût éteint la flamme en foufflant deffus ; le feu ne continua pas à s'étendre plus avant, mais il brûla ce papier précifément, comme il feroit arrivé à d'autre papier que l'on auroit trempé dans la férofité du fang d'une autre perfonne.

Ces recherches qui m'ont été communiquées par Mr. HUGHES, paroiffent démontrer évidemment, que dans le diabétes il y a des inteftins à la veffie, une route différente de celle qui paffe par le fyftème des vaiffeaux fanguins. Ces mêmes recherches font d'accord avec l'expérience remarquable qui a été rapportée plus haut (z), excepté que dans celle de Mr. HUGHES ; l'odeur des afperges ne s'eft point faite fentir. Mais cela eft

(z) Vers le milieu de la Section III.

H 2

peut-être venu de ce que cet obfervateur n'a employé que les racines de cette plante au lieu des tiges qui ont fervi à l'expérience de la fection III.

La fenfation d'une boule qui monte dans le cou, & le tiraillement dans les membres femblent indiquer qu'il y a un certain rapport entre le diabétes & les vapeurs hyftériques. C'eft ce qu'annonce auffi l'écoulement abondant d'une urine pâle, lequel a lieu dans l'une & l'autre de ces maladies.

On découvriroit peut-être avec plus de certitude la caufe du diabétes, fi en difféquant les cadavres des perfonnes mortes de cette maladie, on examinoit avec plus d'exactitude les glandes lactées du méfentere; & que l'on apportât la mème attention par rapport au canal thorachique, comme auffi en injectant & en difféquant les ramifications les plus confidérables des vaiffeaux lactées, ainfi que les vaiffeaux lymphatiques de la veffie urinaire.

Il paroît que l'opium, tant celui que l'on a donné tout feul, que celui que l'on a prefcrit en même tems qué la réfine, a été d'un grand fecours au malade. Peut-être même qu'à l'aide de ce remede on auroit pu parvenir à une guérifon complette, fi cette maladie eût été moins violente, ou que l'on eût eu recours à ce remede avant qu'elle eût eu le tems de devenir habituelle, & de s'enraciner pendant fept mois qu'il y avoit qu'elle duroit. Il eft vraifemblable que la circonftance de l'écoulement de l'urine, qui étoit redevenu plus abondant, lorfque l'on eût commencé à donner la réfine à plus grandes dofes, venoit uniquement, de ce qu'alors le malade ne prenoit plus d'opium le matin.

SECTION V.

Explication des phénomenes que l'on observe dans diverses especes d'hydropisie.

CHez quelques personnes qui boivent jusqu'à s'enivrer, l'ivresse se termine par un écoulement abondant d'urine pâle, ou par une forte sueur, ou par le vomissement, ou par une diarrhée. Mais chez d'autres personnes, l'ivresse se termine seulement par une certaine insensibilité, ou par le sommeil, & cela sans éprouver les évacuations dont je viens de parler.

On a remarqué que cette premiere classe de personnes adonnées à la boisson sont plus sujettes à être attaquées du diabétes ou de l'hydropisie, & que celles de la seconde classe sont plus exposées à avoir la goutte, la pierre, la lépre (*a*) (ou toutes sortes d'autres éruptions cutanées). Cette observation m'a été confirmée par un médecin qui a une pratique extrèmement étendue, & qui est un observateur très-exact.

Chez les personnes de la premiere classe, c'est-à-dire chez celles qui font le plus sujettes au diabétes & à l'hydropisie, les vaisseaux absorbans doivent naturellement être plus susceptibles d'irritation, qu'ils ne le font chez les personnes de la seconde classe : il y a apparence que lorsque une violente irritation dérange fréquemment les fonctions de ces vaisseaux, ou rend leur mouve-

(*a*) Le mot que je rends ici par lépre signifie aussi l'éléphantiasis.

H 3

ment retrograde, ils deviennent à la fin complettement paralytiques, ou ne font abfolument plus
fufceptibles d'être mis en mouvement, que par
l'irritation que peuvent exciter des fubftances
très-âcres. C'eft ce qui arrive à toute autre partie
du corps, qui pour avoir été accoutumée à de
trop fortes irritations, en eft beaucoup moins
fufceptible d'irritations légeres. C'eft ainfi par
exemple, que lorfque l'on paffe d'un très-grand
jour dans un lieu obfcur, on ne peut pendant
quelques momens, diftinguer aucun objet, quoique à l'inftant même la prunelle fe foit dilatée;
pareillement auffi, lorfque l'on eft accoutumé
aux grandes chaleurs de l'été, l'air du foir dans
la même faifon paroît être paffablement frais (b).

Il n'eft point de partie du tiffu cellulaire dans
le corps, dans laquelle il ne puiffe fe former
un amas d'eau contre-nature, ou une hydropifie,

(b) L'immortel BOERHAAVE a fait une comparaifon
bien plus frappante, & que j'efpère que l'on ne me
faura pas mauvais gré de rapporter ici. " Lorfqu'en été
la réflexion ou la réfraction du foleil caufée par les nuées,
excite une chaleur fi exceffive, qu'elle eft fuffoquante &
infupportable pour toute perfonne qui fe porte bien,
peu de tems après l'on a des tonnerres & des éclairs
accompagnés de pluies abondantes & fouvent même de
grêle: à peine l'orage eft-il paffé, que l'air femble fe
rafraichir, & que cette grande chaleur eft fuivie d'un
froid très-incommode. Les corps font vivement affectés
de ce prompt changement; ils friffonnent, & l'on diroit
qu'on eft au milieu de l'hiver. Cependant plufieurs expériences m'ont convaincu, que cet air qui paroît fi
froid, eft réellement fi chaud que s'il étoit à ce point
en hiver, nos corps ne feroient pas en état d'en fupporter la chaleur. Car fi dans le temps de la plus forte

lorfque les vaiffeaux lymphatiques ceffent d'abforber cette humeur mucilagineufe qui, s'y fépare
continuellement, afin d'humecter la furface des
cellules dont ce tiffu eft compofé.

S'il arrive que la ramification de vaiffeaux lymphatiques qui s'ouvre dans quelqu'une de ces
parties du tiffu cellulaire, n'exerce fes fonctions
qu'imparfaitement, ou que même elle ne les exerce du tout point ; alors les cellules de cette partie fe rempliffent d'une humeur mucilagineufe,
qui, après, y avoir féjourné pendant un certain
tems, fe coagule, lorfqu'on la fait chauffer fur le
feu : auffi eft-ce très-abufivement & par erreur
que l'on donne à cette humeur le nom d'eau ou
de férofité. Dans quelque partie du corps que foit
le fiege de la maladie (il ne faut en excepter
que les poumons & les autres vifceres fufpendus
librement), l'humeur mucilagineufe en queftion
fe porte le plus fouvent vers les parties inférieures du corps, comme par exemple aux pieds &
aux jambes, à raifon de ce que ces parties font
fituées plus bas que la tète ou le tronc. Car
comme l'on fait, toutes les cellules du tiffu cellulaire ont une telle communication entr'elles,
que les humeurs qui font contenues dans une de

---

gelée, on excitoit dans une chambre le même degré
de chaleur qu'à l'athmophere dans le mois d'Août, après
ces tonnerres dont je viens de parler, il n'y auroit aucun homme qui fortant d'un lieu découvert, où il auroit été expofé pendant quelque tems à un air froid,
pût foutenir la chaleur de cette chambre, fans tomber
en défaillance ". *Elémens de chymie de* BOERHAAVE
traduits du latin par Mr. ALLAMAND. Tome I. Leide
1752. 8°. pages 150 & 151. *Addition de l'Editeur.*

H 4

ses parties, peuvent se transporter de là dans toutes les autres parties de ce tissu.

Lorsque les vaisseaux absorbans du tissu cellulaire deviennent insensibles à l'irritation qu'elles
ont accoutumé d'éprouver; alors il arrive le plus
souvent, quoique pas constamment, que les vaisseaux absorbans qui vont à la peau, éprouvent
aussi & d'une maniere toute semblable un déran-
gement contre-nature, & cela à raison de l'étroite liaison qu'ils ont avec les vaisseaux absorbans
du tissu cellulaire. Or comme dans cet état, il
ne s'absorbe plus de parties aqueuses de l'athmosphere, il arrive non seulement que l'urine est
moins délayée dans le tems que la sécrétion s'en
fait, que conséquemment elle s'écoule en plus
petite quantité, & qu'elle a une couleur plus
foncée; mais qu'outre cela & en même tems, le
malade éprouve une soif plus grande.

Car comme alors le corps n'absorbe plus d'eau
de l'athmosphere, de quoi pouvoir délayer le
chyle & le sang; il s'ensuit que les vaisseaux lactées & les autres vaisseaux absorbans, qui n'ont
pas encore entiérement perdu leur activité, sont
excités à exercer leurs fonctions avec plus de per-
sévérance & d'énergie, afin de suppléer par-là à
l'inertie des autres. Il arrive de-là que la quantité de l'urine diminue toujours plus, qu'elle
prend une couleur plus foncée, parce qu'il s'absorbe une plus grande quantité de ses parties les
plus déliées, & qu'elle devient aussi opaque qu'un
jaune d'œuf. Ce surcroît d'activité de la part des
vaisseaux absorbans dont je viens de parler, &
qui conservent encore leur irritabilité naturelle,
fait que la graisse est aussi absorbée & que tout
le corps se desseche & tombe dans l'amaigrissement.

Cette énergie plus grande qui a lieu dans certaines parties du syſtème lymphatique, tandis
qu'en même tems il en eſt d'autres du même ſyſtème, qui ſont entiérement, ou du moins en
partie paralyſées, a du rapport avec celle qui a
lieu chez toutes ou chez pluſieurs de ces perſonnes qui ſont attaquées de paralyſie d'un côté, ou
d'hémiplégie. Car tandis que ces malades perdent l'uſage de leurs membres dans un côté, les
membres du côté oppoſé ſont dans une agitation
continuelle; & cela parce que les forces motri-
ces qui ne peuvent point s'exercer librement ſur les
membres paralytiques, ſe portent pour lors avec
plus d'abondance ſur ceux qui ſont encore ſains,
enſorte qu'elles y excitent trop de mouvement.

La petite quantité d'urine que rendent les perſonnes attaquées d'hydropiſie, & la ſoif dont
elles ſont ordinairement tourmentées, ne peuvent
pas provenir de ce que dans cet état il s'amaſſe
une plus grande quantité d'humeur mucilagineuſe dans le tiſſu cellulaire; car lors même que
cet écoulement d'urine peu conſidérable & la
ſoif ont duré déja pluſieurs ſemaines & même
pluſieurs mois, malgré cela, la quantité de cette
humeur mucilagineuſe va à peine à deux pots (c).
Il faut donc pour pouvoir expliquer ce phénomene avoir recours à l'état de paralyſie des vaiſſeaux
abſorbans de l'urine & de la peau.

La même raiſon nous explique auſſi, pourquoi
il eſt ſi difficile de provoquer la ſueur chez les
perſonnes qui ſont attaquées de l'hydropiſie gé-

_____

(c) Le mot que je rends ici par pot déſigne quelquefois auſſi une meſure qui équivaut à la pinte & qui
n'eſt que la moitié du pot. *Note de l'Editeur.*

nérale du tiſſu cellulaire (de l'anaſarque). La grande ſoif, la petite quantité d'urine & la diſ-ſipation de la graiſſe, doivent également, comme je l'ai dit, s'attribuer à cette cauſe. Car lorſque les vaiſſeaux lymphatiques qui vont à la peau ſont paralytiques, ou que ſeulement ils ſont voi-ſins de cet état, il y a toujours une trop petite quantité d'humeur aqueuſe dans le ſang, & ces vaiſſeaux lymphatiques ſe trouvant dans un certain état de relâchement, ils ne peuvent pas faci-lement être excités à un mouvement rétroactif.

On voit auſſi par ce qui vient d'être dit, pourquoi dans l'hydropiſie du ventre & dans quelques autres eſpeces, les malades n'ont ſouvent point de ſoif, & pourquoi l'écoulement de l'urine n'eſt pas beaucoup diminué ; car dans ces ſortes de cas, les vaiſſeaux abſorbans de la peau continuent à faire leurs fonctions.

Quelques médecins croient que les différentes eſpeces d'hydropiſie viennent toutes uniquement de ce que les reins manquent d'activité, & qu'ils ſont dans un état contre-nature : ce qui leur donne cette opinion, c'eſt qu'ils ne ſont attention abſo-lument qu'à la petite quantité d'urine que les malades de cet ordre ont accoutumé de rendre. C'eſt d'après ce principe qu'ils ne s'attachent qu'à trouver des remedes diurétiques, dans la vue de favoriſer l'écoulement des urines. Mais l'expérience journaliere nous fait voir, que les perſonnes qui meurent à cauſe d'une ſuppreſſion totale de l'urine, ne deviennent pas hydropiques à cauſe de la ſuppreſſion de cette évacuation. FERNEL fait mention dans ſa *Pathologie* (d) d'un malade qui

(d) Lib. VI. Cap. 8.

n'avoit du tout point pu lâcher d'urine durant
vingt jours avant fa mort, & chez lequel cependant on n'avoit obfervé aucun fymptome d'hydropifie.

C'eft encore par la même raifon que je viens
de dire, que plufieurs médecins font d'avis que
dans l'hydropifie on doit interdire la boiffon aux
malades, quelque grande foif qu'ils aient : qui
plus eft, on a rapporté des hiftoires de malades
qui, à ce que l'on a cru, doivent s'être bien trouvés d'une auffi terrible abftinence. Mais d'autres
médecins, qui font des obfervateurs plus exacts,
foutiennent l'opinion contraire : ils affirment que
fi dans l'hydropifie on force les malades à s'abftenir entiérement de toute boiffon, cela fait conftamment empirer leurs maux ; & qu'à fuppofer
même que cette abftinence pût contribuer en quelque chofe à faire diminuer l'enflure, elle leur
donneroit en échange de la fievre, & hâteroit par
là la mort de ces infortunés. On peut confulter
à ce fujet quelques cas de perfonnes attaquées
d'hydropifie, lefquels ont été communiqués par
Mr. BAKER (e).

Au refte, la méthode curative que l'on emploie
dans le traitement de l'hydropifie du tiffu cellulaire s'accorde très-bien avec l'idée d'un mouvement rétroactif du fyftème lymphatique, entant
que l'on réuffit par cette méthode à évacuer l'humeur accumulée dans ce tiffu. On fait bien que
les émétiques & les autres remedes qui excitent
des naufées ou des maux de cœur, en même tems

(e) Voyez le livre intitulé *Medical tranfactions.* T. II.
page 235.

qu'ils évacuent l'eſtomac, occaſionnent outre cela
une abſorption conſidérable de cette humeur accumulée dans le tiſſu cellulaire.

Lorſqu'un émétique opere, il arrive non ſeulement que l'eſtomac & l'inteſtin *duodénum* ſe
meuvent en ſens renverſé, mais que de plus les
vaiſſeaux lymphatiques & lactées qui appartiennent à ces parties, ſe meuvent dans ce même ſens.
De cette maniere, il ſe verſe inceſſamment dans
l'eſtomac une quantité conſidérable de lymphe ou
de chyle qui s'évacue par le vomiſſement. Mais
en même tems, il arrive auſſi que les autres parties du ſyſtème des vaiſſeaux lymphatiques, ceux
par exemple qui s'ouvrent dans le tiſſu cellulaire,
ſont excités à ſe mouvoir avec plus de force, &
cela en vertu de cette ſympathie, qui, comme je
l'ai remarqué plus haut, a lieu entre les différentes parties du ſyſtème lymphatique, au moyen
de quoi l'énergie abſorbante de ces vaiſſeaux eſt
augmentée.

C'eſt par cette raiſon que dans l'hydropiſie on
tire un ſi grand parti des émétiques & des ſels
qui contiennent du cuivre, comme auſſi de la
ſquille & de la digitale (*f*) données à petites doſes. —— De même les purgatifs draſtiques ſont très-
avantageux dans l'hydropiſie du tiſſu cellulaire,
dans la vue d'évacuer les humeurs accumulées
dans ce tiſſu, parce qu'ils rendent pareillement
retrograde le mouvement des vaiſſeaux lactées :
il arrive alors par ce moyen, que les mouvemens
naturels des autres parties du ſyſtème des vaiſ-

(*f*) *Digitalis purpurea*, Foxglove. Voyez ce que
l'Auteur en dit dans l'addition ſuivante.

feaux lymphatiques acquierent plus d'activité, en vertu de la correspondance qui lie entr'eux tous ces vaiffeaux. Il réfulte encore de là, que les humeurs qui fe trouvent dans toutes les cellules du tiffu cellulaire en font repompées avec d'autant plus de force, & qu'enfuite & au moyen de la communication qu'ont ces vaiffeaux lymphatiques avec les vaiffeaux lactées, ces humeurs font apportées dans ces derniers vaiffeaux. Ceux-ci alors, en vertu de leur mouvement retrograde, verfent ces mêmes humeurs dans les inteftins, d'où enfin elles font évacuées par les felles.   .

Addition de l'auteur fur l'efficacité de la digitale pourprée (digitalis purpurea LINN.) *dans l'hydropifie.*

On s'eft fervi dans ce pays-ci avec fuccès de la digitale pourprée. dans le traitement de l'hydropifie. Je ferai part ici à mes lecteurs de quelques hiftoires d'hydropiques qui ont ufé de ce remede, afin qu'en conféquence on foit en état de déterminer quelles font les efpeces d'hydropifie dans lefquelles la digitale mérite la préférence fur la fquille, ainfi que fur d'autres médicamens évacuans & purgatifs.

Hydropifie du tiffu cellulaire des poumons (g).

1°. Une Dame qui étoit entre quarante & cinquaute ans, & qui jufqu'alors avoit été fujette à toutes fortes d'indifpofitions, fut attaquée d'une fievre accompagnée de toux, qui fût fuivie d'une

_____

(*g*) *Anafarca pulmonum.*

expectoration abondante de crachats qui étoient bien cuits. Mais cette expectoration ayant cessé tout d'un coup, il survint une grande difficulté de respirer, accompagnée d'un pouls très-irrégulier, soit pour la force des battemens, soit pour leur vitesse. Soit que cette Dame se couchât ou qu'elle se levât, ce changement de posture la peinoit beaucoup dans les premiers momens : *mais après une ou deux minutes, elle pouvoit rester dans celle de ces postures qu'elle avoit choisie, sans en éprouver la plus petite incommodité.* Elle n'avoit point de douleur ni d'engourdissement dans les membres, point de fievre hectique, il ne survenoit point de petits frissons ; *l'urine s'écouloit dans la quantité convenable, & avoit une couleur naturelle.*

La difficulté de respirer diminua beaucoup, par deux fois, au moyen d'une petite dose d'ipécacuana, qui opéra chaque fois par le vomissement & par les selles. Cependant, l'oppression revint peu de jours après chacune de ces prises. Alors on prescrivit à la malade une décoction de digitale pourprée (*h*), laquelle on avoit préparée en faisant cuire dans deux pintes d'eau quatre onces des feuilles fraiches de cette plante, jusqu'à ce qu'il n'en restât qu'une pinte, après quoi on y avoit ajouté deux onces d'esprit de vin. La malade prit de deux heures en deux heures trois cuillerées à bouche de cette mixture : après qu'elle en eût pris quatre fois, il lui survint un mal de cœur continuel avec un vomissement abondant, & un écoulement d'urine considérable. Ces évacuations reparurent de tems en tems pendant trois jours de suite, & soulagerent très-sensiblement la dif-

(*h*) *Digitalis purpurea* LINN.

ficulté de refpirer. —— Depuis ce tems-là, la malade eut quelques rechûtes de fa maladie : mais à chaque fois elle diminua confidérablement en réitérant l'ufage de la décoction préparée avec les feuilles fraiches de la plante fufdite.

2°. Un homme âgé d'environ foixante ans, qui précédemment avoit été un grand buveur de biere & de vin, & qui avec cela avoit beaucoup d'embonpoint, perdit peu-à-peu fes forces & fa corpulence : il lui furvint de la difficulté de refpirer avec un peu d'enflure aux jambes, & un pouls très-irrégulier. *Chaque fois que le malade fe mettoit au lit, & qu'il fe levoit, il éprouvoit d'abord une très-grande gêne : mais dans l'un & l'autre cas cette gêne ceffoit au bout d'une ou de deux minutes, enforte qu'alors il n'éprouvoit pas la moindre incommodité dans l'une ou l'autre de ces poftures. L'urine qu'il rendoit étoit d'un jaune de paille, & s'écouloit dans la quantité convenable.* Il ne reffentoit d'ailleurs ni douleur, ni engourdiffement dans les bras.

Ce malade prit toutes les heures une grande cuillerée à foupe de décoction de digitale pourprée, préparée de la même maniere que pour la malade N°. 1. Après qu'il en eût pris de cette maniere pendant dix à douze heures de fuite, il lui vint des maux de cœurs continuels, qui continuerent bien durant l'efpace de deux jours, pendant lefquels le malade rendit une grande quantité d'urine. Alors la refpiration devint tout-à-fait libre, & en même tems l'enflure des jambes fe diffipa. Mais comme chez cet homme, la fanté de tout le corps avoit précédemment beaucoup fouffert, à caufe des excès auxquels il s'étoit livré, il ne vécut plus que deux ou trois mois.

Hydropisie du péricarde.

3°. Un homme qui avoit vécu d'une maniere
très-réglée, & qui avoit travaillé très-assidument
à sa vocation, âgé de trente à quarante ans, étoit
sujet depuis longtems à avoir par intervalles le
pouls déréglé. Depuis quelques mois il étoit devenu foible, & il lui étoit en même tems survenu
de l'oppression de poitrine, & une toux seche.
Comme il se trouvoit dans cet état, un médecin
de beaucoup de réputation lui ordonna de s'abstenir de toutes sortes de mets à la viande & des
boissons fermentées. Mais tandis que le malade
observoit ce régime, tous les symptomes allerent
en augmentant. Il avoit le pouls très-irrégulier,
soit pour la force, soit pour la vitesse des battemens; la difficulté de respirer étoit très-grande,
& les pieds lui enfloient un peu. Malgré cela,
*le malade pouvoit s'étendre au lit en s'y tenant
couché tout-à-plat, quoiqu'il dormit peu : outre
cela, l'urine couloit dans la quantité convenable,
& avoit une couleur naturelle.* En examinant la
région du foie, on ne pouvoit y appercevoir ni
plénitude ni dureté, & le malade n'avoit point
de douleur ou d'engourdissement dans les bras.

Une nuit le malade eut une *sueur* violente *par
tout le corps*, ensorte que son lit en étoit entiérement trempé. Cela diminua pour un ou deux jours
la difficulté de respirer, & le pouls redevint aussi
un peu plus régulier. Cette sueur abondante revint
trois ou quatre fois de suite tous les cinq ou six
jours, & fit diminuer les symptomes autant de fois.

On ordonna au malade de faire usage de la décoction de digitale pourprée mentionnée ci-dessus,
en en prenant toutes les heures, jusqu'à ce qu'elle
lui

lui procurât une évacuation abondante. Après qu'il eût pris de ce remede pendant onze heures consécutives, cela lui procura quelques petites selles, qui furent accompagnées d'un écoulement abondant d'urine. Cette urine avoit une couleur très-foncée, comme si elle eût été mêlée avec quelques gouttes de sang. Ces évacuations revinrent comme par accès pendant l'espace de deux jours : alors la respiration se trouva entiérement dégagée, son pouls étoit bien réglé, l'enflure des pieds étoit dissipée, & le malade recouvra l'appétit & le sommeil.

Là-dessus le malade prit trois grains de vitriol blanc deux fois par jour avec quelques remedes amers, & tous les soirs un grain d'opium avec cinq grains de rhubarbe. Outre cela, on lui permit d'user de mets à la viande & assaisonnés d'épices, autant que son estomac pourroit le supporter, comme aussi de boire de la biere légere & une couple de verres de vin. Enfin on lui ouvrit des fontanelles aux cuisses. —— Tout cela réussit au point, que le malade fut exempt de toute rechûte de sa maladie.

4°. Une femme âgée d'environ cinquante ans, éprouvoit depuis quelques semaines une grande difficulté de respirer, accompagnée d'un pouls très-irrégulier & d'un grand affoiblissement de tout le corps. *Elle pouvoit se tenir couchée dans son lit; l'urine couloit dans la quantité convenable & avoit une couleur naturelle.* La malade au reste ne ressentoit dans les bras ni douleur ni engourdissement.

On lui fit prendre de quatre en quatre heures une grande cuillerée de la décoction de digitale pourprée décrite plus haut, & cela pendant dix à douze heures de suite. Elle eut beaucoup de

Tome I.   I

mal de cœur, & lâcha pendant environ deux jours confécutifs, beaucoup d'urine pâle ; évacuation qui amenda confidérablement & la difficulté de refpirer & l'irrégularité du pouls. Après cela, elle prit tous les foirs pendant plufieurs femaines confécutives, un grain d'opium & cinq grains de rhubarbe, & ufa de plus de quelques remedes compofés d'amers & de légeres préparations martiales ; au moyen dequoi elle fut exempte de toute rechûte.

Hydropifie de poitrine.

5°. Un homme âgé d'environ cinquante ans tomba dans un affoibliffement accompagné de refpiration courte, dont il étoit furtout incommodé lorfqu'il fe donnoit beaucoup de mouvement. Outre cela, il reffentoit de la douleur dans un bras, à l'endroit de l'infertion du mufcle biceps de l'avant-bras. —— Il remarqua auffi que de plus il rendoit de tems en tems pendant la nuit une grande quantité d'urine pâle. Il fit ufage du calomel, de l'alun & du quinquina ; mais malgré cela tous les fymptomes ne laifferent pas que d'empirer. Ses jambes commencerent à enfler confidérablement, & il ne pouvoit plus fe tenir couché dans fon lit. Néanmoins pendant tout ce temps-là, l'écoulement de l'urine fut dans la quantité convenable, & elle étoit d'un jaune de paille.

On donna à ce malade la décoction de digitale pourprée de la même maniere qu'on l'avoit donnée au malade précédent. Elle opéra principalement en agiffant comme un purgatif; il parut qu'elle avoit diminué la difficulté de refpirer pour un ou deux jours, mais qu'en même tems elle avoit affoibli le malade. —— Quelques femaines après, il fut attaqué d'une hydropiſie générale, & mourut avec des ſymptomes d'apoplexie.

6°. Une jeune demoiſelle, qui étoit blonde, d'une conſtitution délicate, & qui avoit peut-être vécu dans une trop grande abſtinence, tant pour la quantité que pour la qualité de ſes alimens & de ſa boiſſon, fut attaquée d'une oppreſſion de poitrine ſi forte, qu'elle ſembloit à chaque inſtant devoir lui donner la mort. En même tems elle avoit les mains & les pieds froids, & lorſque l'on approchoit le dos de la main de ſa bouche, on ſentoit que ſon haleine étoit tout-à-fait froide. Elle n'avoit point de ſueur, mais *elle ne pouvoit pas reſter un ſeul inſtant couchée ſur le dos*, & elle s'ètoit déja plainte auparavant d'une grande foibleſſe, *de douleur & d'engourdiſſement dans les deux bras*, qu'elle reſſentoit encore pour lors. Elle n'avoit point d'enflure aux jambes, ni de ſoif, & ſon urine étoit tout-à-fait naturelle, tant pour la quantité que pour la couleur. Quelques années auparavant, ſa ſœur avoit eu des ſymptomes ſemblables. Cette derniere avoit été ſaignée à diverſes fois, & fut attaquée d'hydropiſie générale, tellement qu'elle en mourut.

On donna d'abord à notre malade un grain d'opium, & l'on réitéra cette doſe de ſix en ſix heures avec le ſuccès le plus marqué & le plus ſurprenant. Outre cela, on lui appliqua un véſicatoire, & on lui preſcrivit des remedes tirés du fer, des amers & des huiles eſſentielles. Mais il n'y avoit rien qui diminuât plus efficacément la difficulté de reſpirer, & le froid des mains & des pieds, que l'opium, au moyen duquel elle fut complettement rétablie dans peu de ſemaines. Juſques-à-préſent & quoiqu'il y ait actuellement plus de deux années d'écoulées depuis qu'elle a eu cette maladie, elle n'en a pas eu le moindre ressentiment.

Hydropisie du bas-ventre.

7°. Une jeune femme d'une constitution délicate, s'étant trouvée de nuit dans une voiture qui versa, elle en fut fort épouvantée & exposée à un grand froid & à beaucoup de fatigue. Là-dessus il lui survint une douleur accompagnée d'enflure au côté droit sous les côtes. Quelques mois après, on apperçut sensiblement une fluctuation ou un remuement d'eau dans tout le bas-ventre, surtout & plus distinctement encore dans la région de l'estomac; & cela, parce que dans l'hydropisie du bas-ventre, les intégumens de la partie inférieure du ventre, deviennent ordinairement plus épais, par l'effet d'une espece d'hydropisie du tissu cellulaire, enforte que l'on ne peut pas appercevoir aussi facilement le ballottement de l'eau dans cette partie. En même tems les jambes étoient enflées, la malade n'étoit point altérée, & l'urine étoit complettement dans un état naturel, soit pour la quantité, soit pour la couleur.

On ordonna à cette malade de prendre de la décoction de digitale pourprée, & cela de maniere à lui exciter des nausées & de la diarrhée; mais cela ne fit point diminuer l'enflure du bas-ventre, & la malade fut enfin obligée de se soumettre à la ponction.

8°. Un homme âgé de soixante-sept ans, qui depuis longtems étoit adonné à la boisson des liqueurs spiritueuses, étoit depuis quelque tems malade d'une hydropisie du bas-ventre, accompagnée d'un peu d'enflure aux pieds. Il avoit la respiration libre dans quelque posture qu'il se mit. Il n'avoit point d'appétit & étoit fort altéré : l'urine ne s'écouloit qu'en extrèmement petite quantité, elle étoit fort trouble & d'une couleur très-foncée. Le pouls étoit très-égal. On prescrivit au malade la décoction des feuilles de digitale pourprée, à une dose capable de lui donner des nausées & de le faire vomir, ce qui dura bien pendant deux jours. Cependant cela ne fit point couler l'urine, ni diminuer la tumeur, mais le malade parut en avoir été affoibli.

9°. Un homme corpulent & fort accoutumé à la boisson des liqueurs fermentées, avoit une toux violente, de la difficulté de respirer, & une enflure œdémateuse aux jambes, aux cuisses & aux mains. Outre cela le bas-ventre étoit fort enflé, & on y appercevoit distinctement le mouvement de l'humeur qui y étoit renfermée. L'enflure s'étoit déja entiérement affaissée par deux fois par l'usage de certains purgatifs drastiques. —— On fit cuire une once de feuilles fraîches de digitale pourprée dans une pinte d'eau, & pendant deux jours de suite on fit boire au malade, de trois en trois heures, trois onces de cette décoction. Elle commença à opérer par le vomissement, & à le purger fortement ; évacuations qui furent accompagnées d'un écoulement considérable d'urine, au moyen de quoi toute l'eau qui s'étoit accumulée se trouva évacuée dans l'espace de douze heures. ——

Mais deux ou trois mois après, tous les mêmes symptomes reparurent, & se dissiperent derechef par l'usage du même remede : on évacua même dix fois de cette maniere les eaux de cet hydropique, dans l'espace d'environ trois années : ce-

pendant durant tout ce tems-là il n'avoit pas diſ-
continué de boire. Au reſte, excepté la premiere
fois, la décoction de digitale opéra conſtamment
par les urines ſeulement, & ſans paroître affoiblir
beaucoup le malade. —— Mais la derniere fois qu'il
en fit uſage, elle fit très-peu d'effet, & quelques
femaines après, cet homme vomit du ſang en abondance & mourut.

Queſtions.

1°. Comme chez les ſix premiers malades, l'é-
coulement de l'urine n'avoit rien d'extraordinaire pour la quantité, & qu'elle avoit une couleur
naturelle, le ſiége de la maladie n'étoit-il pas uniquement borné à la cavité de la poitrine, & l'enflure des jambes n'étoit-elle pas plutôt l'effet d'un
embarras dans la circulation du ſang, que d'un
relâchement paralytique des vaiſſeaux lymphatiques qui arrivent juſqu'au tiſſu cellulaire de ces
parties ?

2°. Lorſque la maladie primitive eſt une hydropiſie générale du tiſſu cellulaire, n'arrive-t-il pas
que les vaiſſeaux lymphatiques qui vont à la
peau, deviennent paralytiques en même tems que
les vaiſſeaux lymphatiques qui appartiennent au
tiſſu cellulaire, & cela à raiſon de la ſympathie
particuliere & étroite qui lie ces deux eſpeces de
vaiſſeaux lymphatiques ? Et n'eſt-ce pas à cela
qu'il faut attribuer cet écoulement ſi peu conſidérable & cette grande ſoif, qui paroiſſent carac-
tériſer particuliérement cette eſpece d'hydropiſie ?

3°. Il arrive ordinairement dans l'hydropiſie
de la ſubſtance cellulaire des poumons (i), lorſ-

(i) Il ſeroit à ſouhaiter que l'Auteur eût auſſi vérifié

que la maladie n'eft pas encore parvenue à un haut degré, que quand les malades veulent fe coucher, ils éprouvent dès les premiers momens une très-grande difficulté de refpirer, & que néanmoins une ou deux minutes après, leur refpiration devient plus libre; & que la même chofe a lieu lorfque ces malades fe lévent. Cela ne vient-il point de ce que, lorfqu'il faut que l'humeur accumulée dans les cellules des poumons change ainfi de place, il lui faut un certain tems pour s'arranger, enfuite de la nouvelle pofture que le malade vient de prendre, de maniere à ne pas faire obftacle à la refpiration, & à ne pas incommoder ce malade?

4°. Eft-ce que dans l'hydropifie du péricarde, le malade ne peut pas fupporter de la même maniere d'être couché ou levé? Et n'y a-t-il pas apparence que cette circonftance diftingue l'hydropifie de cette membrane d'avec l'hydropifie de la fubftance des poumons & d'avec l'hydropifie de poitrine?

5°. Les fueurs que les malades éprouvent par tout le corps, ne font-elles pas en même tems un des caracteres de l'hydropifie du péricarde ou de celle de la cavité de la poitrine? Et pareillement ces fueurs qui ne fe montrent qu'aux parties fupérieures du corps, ne font-elles pas un indice de l'hydropifie de la fubftance des poumons?

6°. Lorfque dans l'hydropifie de poitrine, le

---

par des diffections de cadavres, les caracteres qui, fuivant fon opinion, peuvent fervir à diftinguer les unes d'avec les autres l'hydropifie de la fubftance des poumons, celle du péricarde, & celle de la cavité de la poitrine. *Note de l'Editeur de Leipfick.*

malade veut fe tenir couché, n'arrive-t-il pas que
l'humeur extravafée comprime la partie fupérieure des bronches de la trachée artere, & qu'elle
empêche par-là fa communication avec chaque
partie des poumons; tandis qu'au contraire lorfque le malade eft levé, il n'y a que les parties
inférieures des poumons qui éprouvent cette gène?
Ne fe paffe-t-il pas quelque chofe de femblable
dans l'hydropifie de la fubftance des poumons,
lorfque la maladie a déja fait des progrès confidérables; & n'eft-ce pas à caufe de cela que les
malades qui font dans cet état ne peuvent pas fe
tenir couchés?

7°. Il eft connu qu'une des principales ramifications de la quatrieme paire des nerfs cervicaux, (ou ce que l'on appelle le nerf phrénique)
du côté gauche, après s'être réunie à une branche du troifieme & du fecond nerf cervical, defcend entre deux vaiffeaux fanguins fitués fous la
clavicule, favoir la veine & l'artere fouclavieres;
que de là elle eft reçue dans une cavité du péricarde formée pour cet ufage, d'où elle fort en
faifant une courbure & un coude très-fenfible
pour dépaffer la partie faillante du péricarde, ou
celle dans laquelle fe trouve la pointe du cœur,
pour arriver au diaphragme. On fait de plus, que
l'autre nerf phrénique, favoir celui du côté droit,
defcend en droite ligne au diaphragme, fans faire
auparavant un fi grand détour, & qu'enfin plufieurs autres ramifications très-remarquables de
cette quatrieme paire des nerfs cervicaux fe diftribuent dans les bras. Suivant cela, la douleur
qu'un malade éprouve dans le bras gauche, ne
peut-elle pas fervir à diftinguer une maladie du
péricarde, telle par exemple que l'angine de la

poitrine (*k*), ou l'hydropifie du péricarde, d'a-vec les autres maladies qui leur reffemblent ? Et lorfque le malade fe plaint de douleur ou de foibleffe dans les deux bras, ne doit-on pas préfumer que fa maladie eft plutôt une hydropifie de la cavité de la poitrine, ou ce que l'on appelle proprement une hydropifie de poitrine ?

8°. L'hydropifie de poitrine & l'hydropifie du péricarde ne fe rencontrent-elles pas fouvent enfemble ? Et ne s'enfuit-il pas de cette complication, que le mal eft non feulement plus difficile à connoître, mais encore plus dangereux?

9°. La digitale pourprée ne pourroit-elle pas auffi s'employer utilement dans l'hydropifie interne de la tête, dans l'hydrocele & dans l'hydropifie des articulations?

SECTION VI.

Des fueurs froides.

ON trouve dans les auteurs les defcriptions de divers exemples de fueurs chroniques exceffives, qui ont beaucoup de rapport avec le diabétes. WILLIS fait mention d'une femme qui vivoit encore de fon tems, & qui depuis nombre d'années avoit toujours des fueurs fi abondantes, que toutes les nuits fon lit en étoit non feulement trempé, mais même inondé. Cette fueur dégoutoit en fi grande quantité de fon corps, qu'on pouvoit en recevoir jufqu'à plufieurs onces, & quelque-

(*k*) *Angina pectoris.*

fois des pintes entieres, dans des vaſes que l'on
mettoit ſous elle. WILLIS ajoute de plus que
la malade avoit une grande ſoif, qu'elle avoit
employé de toutes ſortes de remedes, & qu'elle
avoit eſſayé de divers régimes, qu'elle avoit outre
cela changé à différentes fois de climat, mais que
malgré tout cela, elle avoit continué à être également ſujette à ces ſueurs. (Voyez WILLIS
Pharmac. ration. de ſudore anglico.)

Le même médecin a auſſi obſervé, que la maladie appellée la *ſueur angloiſe* ou *la ſuette*, qui ſe
manifeſta en Angleterre l'an 1483 (*1*), & qui
dura juſqu'à l'an 1551, reſſembloit à quelques
égards au diabétes. Le Docteur CAJUS, qui avoit
obſervé lui-même cette ſueur, dit qu'elle étoit
en même tems abondante & d'une nature mucilagineuſe ; que de plus, elle étoit ſouvent accompagnée du réfroidiſſement des extrèmités, tandis
que les malades avoient intérieurement une grande chaleur & de la ſoif, & qu'ils tomboient en
peu de tems dans l'amaigriſſement & la foibleſſe.
Suivant cela, il y a de fortes raiſons de croire
que, dans cette maladie, les humeurs étoient repompées du tiſſu cellulaire & des cavités du corps,

---

(*1*) Suivant Mr. DE SAUVAGES, le Chancelier BA-
CON DE VERULAM rapporte le commencement de cette
maladie à l'an 1486, & ne la fait durer que juſqu'à l'an
1530. Voyez SAUVAGES *Noſolog. method.* &c. Amſte-
lod. 1768. 4°. Tome I. page 294. D'autres Auteurs diſent
qu'elle n'a commencé qu'en 1485. Quelques-uns diſent
qu'elle eſt eſſentiellement différente de la *ſuette des Pi-
cards*, d'autres aſſurent qu'elle n'en differe que par le degré, cette derniere étant ſeulement moins aiguë & moins
dangereuſe que la ſueur angloiſe. *Note de l'Editeur.*

par les vaisseaux lymphatiques qui se rendent à ces parties, & que de-là elles étoient apportées à la peau par un mouvement rétroactif des vaisseaux lymphatiques de la peau.

SYDENHAM, ce médecin dont les observations étoient si sûres, a aussi observé dans une fievre qui régna l'an 1685, une sueur très-visqueuse qui se manifestoit principalement à la tête, & qui, suivant toute apparence, provenoit de la même cause que la sueur angloise.

On a très-souvent remarqué dans l'hydropisie des poumons, que la difficulté de respirer diminue lorsqu'il survient d'abondantes sueurs, qui se manifestent plus particuliérement à la tête & au cou.

Un homme âgé d'environ cinquante ans, étoit depuis plusieurs semaines attaqué d'une tumeur œdémateuse aux jambes & aux cuisses, qui étoit accompagnée d'oppression de poitrine. Le malade avoit été soulagé à différentes fois, en faisant usage de l'oignon de squille, des amers, & des préparations de mars. —— Enfin, une nuit la difficulté de respirer devint si terrible, qu'il sembloit qu'il étoit sur le point d'en mourir. Mais il survint une sueur si abondante à la tête & au cou, qu'assurément, & autant que l'on pouvoit en juger, la sueur que l'on ôta en essuyant ces parties dans l'espace de peu d'heures, auroit pu remplir quelques chopines ; cette sueur diminua aussi l'oppression pour quelque tems. Ce paroxysme de suffocation & cette sueur qui le soulageoit revinrent de tems en tems, jusqu'à ce qu'enfin le malade mourut au bout de quelques semaines. ——

Dans le tems que cette sueur avoit lieu, la tête & le cou paroissoient froids au toucher & étoient

pâles, ce qui étoit un indice que cette fueur provenoit d'un mouvement retrograde des vaiffeaux
abforbans de ces parties. En effet, lorfque la
fueur eft produite par l'accélération du mouvement des vaiffeaux fanguins (telle qu'eft par exemple celle qui arrive par un violent exercice, ou
auffi celle qui furvient dans la chaleur de l'accès
d'une fievre intermittente), alors cette fueur eft
toujours accompagnée d'une chaleur à la peau,
qui eft plus grande que la chaleur naturelle, &
la peau eft en même tems plus rouge que de
coutume.

S'agit-il maintenant d'expliquer comment il arrive que ces fueurs qui ne viennent qu'à une
partie du corps, diminuent l'oppreffion de poitrine dans une hydropifie du tiffu cellulaire? Je
ne vois pas que l'on puiffe en donner une autre
explication que celle-ci : c'eft que dans ces cas-là,
les vaiffeaux lymphatiques qui fe rendent aux
poumons abforbent les humeurs qui fe font épanchées dans la cavité de la poitrine ou dans la
fubftance des poumons, & qu'alors ces humeurs
font apportées à la peau, à la faveur du mouvement retrograde des vaiffeaux lymphatiques cutanées, & qu'elles s'y évacuent fous la forme d'u-
ne fueur.

On aimeroit peut-être mieux fuppofer que l'accélération du mouvement dans les glandes & dans
les petits vaiffeaux cutanées qui viennent des arteres, répandent fur la peau les humeurs qu'ils ont
abforbées des poumons : mais fi cela eft ainfi,
pourquoi eft-ce que toute la furface du corps ne
fe couvre pas de fueur, & pourquoi la peau n'eft-
elle pas chaude?

Il eft encore à propos d'obferver, que les fueurs

dont j'ai rapporté des exemples ci-deſſus, étoient tout-à-fait gluantes, qualité que n'eſt jamais ſujette à avoir la matiere de la tranſpiration, lors même qu'elle eſt épaiſſe. Cette derniere circonſtance paroit indiquer, que dans les exemples de ſueurs froides critiques mentionnés tout-à-l'heure, la matiere de ces ſueurs étoit entiérement différente de la matiere de la tranſpiration ordinaire.

Mr. DOBSON de Liverpool a donné (m) une explication tout-à-fait ingénieuſe des ſueurs acides qu'il a obſervées chez un malade qui étoit attaqué du diabétes. Il croit que dans ce cas une partie du chyle s'eſt portée à la peau, & y a ſubi la fermentation acide. Mais eſt-il poſſible que le chyle ſoit apporté à la peau par une autre voie, que par un mouvement retrograde des vaiſſeaux lymphatiques qui aboutiſſent à la peau, tout comme il arrive dans le diabétes que cette humeur parvient juſqu'à la veſſie, au moyen du mouvement renverſé des vaiſſeaux lymphatiques qui ſe rendent à ce viſcere ?

Eſt-ce que les ſueurs froides que l'on obſerve dans certaines défaillances, comme auſſi chez les moribonds, ne s'effectuent pas par un mouvement retrograde des vaiſſeaux lymphatiques qui vont à la peau ? —— Aſſurément dans l'un & l'autre de ces cas, on ne peut en aucune maniere attribuer ces ſueurs à une plus grande activité de la part des glandes & des arteres.

N'eſt-on pas fondé à croire, que c'eſt uniquement dans cette eſpece d'oppreſſion de poitrine,

---

(m) Dans le cinquieme volume des *Medical obſervations and enquiries by a ſociety of phiſicians in London.*

qui eft un fymptome de l'hydropifie du tiffu cellulaire de la fubftance des poumons, qu'il furvient à la tète & au cou des fueurs qui foula-
gent les malades, tandis qu'au contraire l'hydropifie de poitrine qui affecte le péricarde n'eft point
accompagnée de femblables fueurs. Et ce fymptome ne pourroit-il pas fervir de figne caractériftique propre à diftinguer ces deux maladies l'une
d'avec l'autre?

Les paroxyfmes périodiques de difficulté de refpirer, qui furviennent uniquement pendant la
nuit ne font-ils pas les effets d'une hydropifie
des poumons qui ne dure qu'un peu de tems?
Cela pourroit être ainfi, en fuppofant que les
humeurs, qui s'accumulent dans les poumons à
la faveur d'un mouvement plus lent dans ces vifceres, & tel qu'il eft dans le fommeil de la fanté, font au contraire repompées par les poumons
qui fe trouvent dans un état de maladie, lorfque
l'accès d'oppreffion a lieu, enforte que ces humeurs ainfi repompées s'évacuent par une abondante fueur qui furvient à la tète & au cou.

Toutes ces difficultés & d'autres femblables,
ne peuvent être éclaircies qu'à l'aide d'une recherche & d'une defcription exacte des différentes ramifications dont eft compofé le fyftème des
vaiffeaux lymphatiques.

SECTION VII.

*Métaftafes de pus, de chyle, de lait & d'urine. ——
Explication de l'effet que produifent les purgatifs
appliqués extérieurement à la peau.*

1°. ON ne peut expliquer les tranfports de pus
d'une partie du corps à l'autre, d'aucune autre
maniere, qu'en admettant que dans certains cas
il y a un mouvement retroactif de certaines parties du fyftème des vaiffeaux lymphatiques. Car
autrement, comment feroit-il bien poffible que le
pus, après avoir été abforbé & mêlé dans toute
la maffe du fang, fe ramaffât fi promptement dans
quelque partie du corps? Et n'eft-ce pas une loi
immuable de l'œconomie animale, que chaque
glande fépare & prépare uniquement l'humeur, à
la fecrétion de laquelle elle eft particuliérement
deftinée, & qui eft en partie préparée dans cette
glande, & non pas une autre humeur. Or il eft
démontré par nombre d'exemples que les auteurs
ont rapportés, qu'il peut fe faire de pareilles métaftafes de pus d'une partie du corps à une autre.

2°. Le chyle fe trouve quelquefois mêlé avec
les faburres qui fortent de l'eftomac par un vomiffement violent, comme auffi parmi les felles
qui s'évacuent dans le flux de ventre chyleux:
ce chyle ne peut s'introduire dans l'eftomac &
dans les inteftins que par un mouvement inverfe
& retrograde des vaiffeaux lactées. Car les alimens ne peuvent en aucune maniere fe changer
déja en chyle dans l'eftomac & dans les inteftins
comme par un procédé chymique; mais il ne com-

mence à fe préparer qu'aux orifices mêmes des vaiffeaux lactées, ou dans les glandes du méfentere, & cela précifément de la même maniere que d'autres humeurs, qui après s'être féparées fe préparent dans des glandes deftinées à cet ufage, uniquement par un procédé propre à l'économie animale.

Il me paroît qu'il eft à propos d'expliquer à cette occafion un phénoméne particulier, que l'on obferve chez les perfonnes qui prennent du mercure. —— Lorfque l'on donne à quelqu'un du calomel à une dofe médiocre, par exemple à la dofe de fix à dix grains, & qu'un ou deux jours après on lui fait prendre un purgatif, on empêche par-là que la falivation ne furvienne. Mais fi l'on ne prend cette précaution que trois ou quatre jours après, c'eft-à-dire feulement au moment où l'on voit que la falivation a lieu, alors on eft *obligé* de continuer à purger cette perfonne tous les jours pendant huit ou quinze jours confécutifs, avant que de pouvoir faire fortir le mercure de fon corps.

Voici quelle en eft la raifon ; c'eft que lorfque cette préparation métallique âcre a été abforbée par les orifices des vaiffeaux lactées, elle eft retenue pendant quelque tems dans les glandes du mefentere & y eft engorgée, précifément de la même maniere que le venin de la petite vérole que l'on a inoculée, & que le virus vénérien font retenus dans les glandes des aiffelles & dans celles des aines. Mais la maniere d'agir des purgatifs fait que ce calomel eft rapporté dans les inteftins au moyen du mouvement renverfé des vaiffeaux lactées, & qu'il eft ainfi chaffé hors du corps.

Nous voyons par-là comment il arrive, chez les

les perfonnes qui ont avalé un poifon, où dans
le corps de qui le miafme de quelque maladie contagieufe s'eft introduit, que les émétiques & les
purgatifs font utiles, lors même qu'on leur adminiftre ces évacuans feulement quelques jours,
après que ces perfonnes fe font expofées aux mauvais effets de ces poifons. En effet, il arrive dans
ces cas-là, que le venin qui eft encore engorgé
dans les glandes du méfentere & dans d'autres
glandes, s'évacue & eft chaffé hors du corps à la
faveur du mouvement renverfé & rétroactif des
vaiffeaux lactées & lymphatiques.

3°. Mr. HALLER dans fes *Elémens de phyfiologie*
(*n*) rapporte plufieurs exemples de lait & de chyle
que l'on a trouvés dans des ulceres. Mais tous
ces cas ne peuvent s'expliquer d'aucune autre maniere, qu'en admettant, que le chyle ou le lait,
qui avoit été repompé par quelqu'une des ramifications du fyftème des vaiffeaux abforbans, eft
parvenu jufqu'à l'ulcere par le mouvement retrograde d'une autre ramification du même fyftème.

4°. Le fecond jour après l'accouchement, une
femme fut attaquée d'une violente diarrhée, qui
dura encore pendant plufieurs jours, quoiqu'on
lui donnât d'abord beaucoup de préparations d'o-
pium, de remedes mucilagineux, de quinquina,
de médicamens abforbans & terreux, jufqu'à-ce
qu'enfin elle fut rétablie. Pendant le tems que dura
cette diarrhée, on ne put point avoir de lait des
feins de cette femme; mais ce qui s'évacuoit par
les felles paroiffoit être du lait caillé & grumelé.
N'eft-il pas vraifemblable, que dans ce cas le lait
avoit été repompé des petits réfervoirs des glan-

_____

(*n*) Tome VII. page 12-23.
Tome I.   K

des des mamelles par les vaisseaux absorbans ;
& que de là il avoit été apporté dans le canal
intestinal par le mouvement retrograde & retroactif des vaisseaux absorbans des intestins ? Peut-on
soupçonner seulement un instant, que les glandes qui préparent la mucosité des intestins aient
pu séparer du sang du lait pur?

Mr. SMELLIE a observé (o) qu'il arrive très-
souvent chez les femmes qui se font passer le lait,
que la tumeur de leurs seins diminue & se dissipe par des selles liquides, mêlées d'une substance
laiteuse, qui s'est coagulée dans les intestins.

5°. Mr. MECKEL l'ancien a observé chez un
malade qui urinoit en très-petite quantité, & dont
l'urine avoit une couleur tout-à-fait foncée, que
cette personne suoit considérablement sous les
aisselles, que cette sueur avoit complettement l'o-
deur de l'urine, & qu'elle salissoit la chemise.

L'analogie nous conduit à conclure, que chez
ce malade l'urine ayant été premiérement séparée dans les reins, elle avoit ensuite été repompée
par un surcroit d'activité de la part des vaisseaux
lymphatiques qui vont se rendre aux reins & à
la vessie, & qu'enfin elle avoit été portée à l'ais-
selle par le mouvement retrograde des vaisseaux
lymphatiques qui aboutissent à cette partie.

Dans la jaunisse, il faut que la bile, après
avoir d'abord été séparée dans le foie, soit repompée par les vaisseaux sanguins, pour pouvoir donner à la peau cette couleur jaune que l'on voit
survenir par tout le corps dans cette maladie ;

(o) Dans l'ouvrage intitulé *Cases in midwifry Collect.*
43. n. 2. cas. 1.

C'est ce que Mr. MONRO a démontré (*p*) : il auroit pu arriver de même chez le malade dont nous
venons de parler, que l'urine fût repompée dans
la masse du sang, & que delà elle se fût portée
non seulement aux aisselles, mais encore à diverses autres parties du corps, & cela de maniere à
s'y faire reconnoître.

6°. Il est des purgatifs & des vermifuges qui
operent en les appliquant extérieurement sur le
corps. Ce qui fait que ces topiques produisent les
effets que l'on en attend, c'est qu'après avoir été
absorbés par les vaisseaux lymphatiques qui aboutissent à la peau, ils sont portés de là & dépo-
sés dans les intestins par le mouvement retrograde des vaisseaux lactées, sans que ces remedes
soient entrés auparavant dans les vaisseaux sanguins, & sans s'être mêlés, ni avoir circulé avec
les humeurs. Car lorsque l'on prend intérieurement des purgatifs qui agissent avec violence,
ces remedes excitent dans les vaisseaux lactées des
intestins un mouvement retrograde, comme le
prouve la présence du chyle que l'on trouve
alors mêlé parmi les excrémens, ainsi qu'il a été
dit ci-dessus (*q*).

Or, comme il y a une communication entre
les vaisseaux lymphatiques qui vont à la peau, &
les vaisseaux lactées des intestins, ce seroit réellement quelque chose d'extraordinaire, qu'un purgatif drastique qui est absorbé à la peau, & qui,
au moyen de la communication établie entre les
vaisseaux lymphatiques de la peau & les vaisseaux

(*p*) Dans les *recherches des médecins d'Edimbourg.*
(*q*) Section VII. §. 2.

K 2

lactées, peut parvenir dans ces derniers sans avoir
perdu sa propriété ; ne dût pas exciter dans les
vaisseaux lactées un mouvement retrograde, &
cela avec autant d'efficacité, que le fait ordinairement un pareil remede pris intérieurement &
après qu'il a été mêlé dans l'estomac avec les
alimens.

SECTION VIII.

*Circonstances par lesquelles on peut à l'ordinaire re-
connoître les humeurs épanchées, ensuite d'un mouvement retrograde des vaisseaux absorbans.*

1°. ON remarque souvent dans certaines maladies, qu'il se forme une quantité extraordinaire
de pituite, ou d'autres humeurs, quoique l'activité des glandes qui séparent ces humeurs du sang
ne soit point devenue plus grande qu'à l'ordinaire, & que bien plutôt cette superfluité ne vienne
que de ce que la faculté absorbante s'est affoiblie.
De ce nombre sont, par exemple, les humeurs catarrhales, qui, chez quelques personnes, s'écoulent
par les narines, lorsqu'elles vont au grand air ;
les larmes, qui lorsque les points lacrymaux sont
obstrués, découlent sur les joues, & cette sérosité qui suinte d'une plaie ouverte qui n'est accompagnée d'aucune inflammation.

Il est un caractere auquel on peut facilement
reconnoître les humeurs, qui proviennent uniquement d'une diminution de secrétion, c'est qu'elles contiennent une grande quantité de parties
ammoniacales ou muriatiques ; c'est pourquoi aussi

elles excitent de l'inflammation'à la peau qui eſt dans leur voiſinage. C'eſt à cauſe de cela par exemple, que dans le rhume de cerveau, l'acrimonie de la pituite fait rougir & enfler la lévre ſupérieure, & que les malades ſe plaignent du goût ſalé de cette pituite. De même les yeux & les joues deviennent rouges, lorſque les larmes ont contracté une pareille acrimonie corroſive; pareillement la matiere ſanieuſe qui s'écoule de certains ulceres phagédéniques ronge fortement les parties voiſines, & à ce que quelques malades m'ont aſſuré, elle a une ſaveur très-ſalée.

Au contraire, les humeurs qui proviennent d'un mouvement retrograde & retroactif des vaiſſeaux lymphatiques, ſont ordinairement très - douces & ſans aucune acrimonie; telles ſont par exemple la lymphe, le chyle, & la mucoſité naturelle. Ou bien ces humeurs ont acquis leurs propriétés des alimens (ou des boiſſons) que l'on a pris peu de tems auparavant : c'eſt ce dont on voit des exemples dans les urines colorées & qui tiennent du vin, après que l'on a uſé de cette boiſſon, & dans les urines qui ont l'odeur des aſperges lorſque l'on en a mangé.

2°. Lorſque la ſecrétion de quelque humeur s'augmente, il arrive toujours que la chaleur s'augmente auſſi dans la partie d'où cette humeur vient. Car cette humeur qui ſe ſépare, la bile, par exemple, n'exiſte point auparavant dans le ſang en qualité de bile; elle ne commence à devenir telle que dans la glande où elle eſt préparée. Or, comme la décompoſition eſt accompagnée d'un certain degré de froid, d'un autre côté, la chaleur s'augmente lorſqu'il ſe fait une nouvelle combinaiſon; & il eſt vraiſemblable que la ſomme entiere de

K 3

chaleur que produisent toutes les humeurs qui
se séparent dans le corps animal, est ce qui fait
que la chaleur des animaux est plus grande que
celle de l'athmosphere.

On peut aisément distinguer aussi par le caractere que je viens d'indiquer, les humeurs qui
proviennent d'une secrétion augmentée, d'avec
celles dont l'origine est due à un mouvement retroactif des vaisseaux lymphatiques.

C'est ainsi, par exemple, que lorsqu'il survient
une diarrhée bilieuse abondante, qui est l'effet
d'une inflammation du foie, on remarque dans
la partie malade, & même aussi dans tout le
corps, un certain degré de chaleur plus grand
que celui de la chaleur naturelle.

3°. Lorsqu'une secrétion produit une quantité
d'humeur plus grande qu'à l'ordinaire, & qu'en
même tems aussi la faculté absorbante acquiert
plus d'activité dans la même proportion, alors
non seulement la chaleur augmente dans la glande même qui sépare cette humeur, mais aussi
l'humeur séparée devient plus épaisse & moins
âcre, parce que ses parties salines & les plus déliées sont absorbées. On peut conséquemment
distinguer de semblables humeurs, tant à raison
de leur consistance plus épaisse, qu'à raison de ce
qu'elles sont plus douces, des humeurs qui proviennent uniquement du mouvement retroactif
des vaisseaux lymphatiques. Les humeurs qui s'é-
coulent à la fin d'une gonorrhée, d'un catarrhe,
d'une coqueluche, fournissent des exemples de ce
que j'avance, comme aussi les humeurs qui suin-
tent de ces ulceres dont on dit communément
qu'ils rendent un pus louable.

4°. Lorsque l'on trouve du chyle mêlé dans les

excrèmens, ou parmi les faburres que l'eftomac a rendues par le vomiffement, on peut en conclure avec certitude, que ce chyle a paffé dans l'eftomac ou dans les inteftins par un effet du mouvement retroactif des vaiffeaux lactées. Car dans l'état naturel, le chyle ne fe trouve point dans les inteftins fous la forme de chyle effectif ; mais comme je viens de le dire ci-deffus, il ne commence à être préparé qu'aux orifices des vaiffeaux lactées.

5°. Lorfque l'on trouve dans la veffie urinaire, ou dans quelque autre réfervoir deftiné à recevoir une humeur féparée dans une glande, du lait, ou quelque autre humeur qui ne devroit pas naturellement s'y trouver ; il ne viendra raifonnablement dans l'idée à perfonne, que cette humeur fe foit accumulée dans ce réfervoir, en y fubiffant une fecrétion extraordinaire, cela étant contradictoire à toute forte d'analogie :

. . . . *Aurea duræ*
Mala ferant quercus ? Narciffo floreat alnus ?
Pinguia corticibus fudent electra myricæ ?
VIRGIL. Bucol. Eclog. VIII.

SECTION IX.

Division abrégée & syſtématique des maladies qui proviennent d'un mouvement rétroactif & renverſé des vaiſſeaux abſorbans.

CLASSE I.

Mouvemens renverſés de l'eſtomac & des inteſtins.

1°. *LA rumination.* On peut voir diſtinctement dans la rumination des bœufs, que l'œſophage de ces animaux ſe meut d'un mouvement renverſé : on a auſſi des exemples d'hommes ruminans, & qui trouvoient du plaiſir à remâcher ainſi leurs alimens. On trouve de ces exemples rapportés dans les *Tranſactions philoſophiques.*

2°. L'éructation (*ructus*). C'eſt un mouvement renverſé de l'eſtomac, au moyen duquel il s'échappe par la valvule ſupérieure de ce viſcere, une vapeur élaſtique, qui a été produite par la fermentation des alimens ; fermentation qui a lieu lorſque la digeſtion ne ſe fait pas aſſez promptement pour pouvoir empêcher cette fermentation.

3°. *Le regorgement des alimens.* Il arrive dans cette eſpece de vomiſſement, que quelques heures après le repas, l'on rend en une ſeule fois quelques gorgées d'alimens, par un mouvement renverſé de l'eſtomac & de l'œſophage : c'eſt ce que l'on appelle en latin *pyroſis*, & en Anglois *water qualm* (*r*). —— Lorſque les alimens ont acquis

_____

(*r*) On entend proprement ſous le nom de *Water*

dans l'eftomac un haut degré d'acidité, il en réfulte cette ardeur d'eftomac appellée le *foda*, &
de la douleur dans ce vifcere.

4°. Le vomiffement (*vomitus*). C'eft un mouvement inverfe, violent, de l'eftomac & de l'œfophage, comme auffi des vaiffeaux abforbans qui
appartiennent à ces organes, enforte qu'il évacue
non feulement ce qui eft contenu dans l'eftomac
& dans les inteftins, mais encore des matieres
qui viennent des vaiffeaux abforbans.

5°. Le miféréré (*ileus*). C'eft un mouvement
renverfé violent (*s*) de tout le canal des premieres voies, depuis la bouche jufques à l'extrémité
de l'inteftin *rectum*; mouvement qui eft en même
tems accompagné d'un pareil mouvement des vaiffeaux lactées & des vaiffeaux abforbans de toutes
ces parties. Dans cette terrible maladie, il arrive
en premier lieu, que toutes les matieres qui fe
trouvent dans l'eftomac & dans les inteftins, fortent avec les excrémens & même avec les lavemens, & font rendues en vomiffant, après avoir
remonté par la valvule du colon, par la valvule
de l'orifice inférieur de l'eftomac (*t*), par celle
de fon orifice fupérieur (*u*), & enfin par l'œfophage. Viennent enfuite les humeurs contenues
dans les vaiffeaux lactées, qui font apportées dans

---

qualm, ou de *Water-brash*, le vomiffement d'une humeur aqueufe & âcre, précédée d'une violente ardeur
d'eftomac. *Note de l'Editeur de Leipfick.*

(*s*) Ce mouvement eft connu des médecins fous le
nom de *mouvement antipériftaltique.* Note de l'Editeur.

(*t*) C'eft celle que l'on appelle le *pylore.*

(*u*) Celle que les anciens ont défignée par le nom de
cardia.

les inteftins par le mouvement renverfé & retroactif de ces mèmes vaiffeaux, après quoi elles
fortent auffi par le vomiffement, enfuite d'un mouvement femblable qu'elles éprouvent de la part
du canal inteftinal.

Enfin, la mème chofe arrive auffi à toutes les
humeurs qui font repompées des autres parties du
fyftéme des vaiffeaux lymphatiques, comme de
ceux du tiffu cellulaire, de ceux de la peau, de
ceux de la veffie urinaire, & de ceux de toutes
les autres cavités du corps, enforte qu'alors ces
humeurs fe répandent dans la cavité des inteftins
& de l'eftomac, après y avoir été apportées par
le mouvement retrograde des vaiffeaux lactées.
Ce font là toutes les fources qui fourniffent l'é-
tonnante quantité d'humeurs que les malades vo-
miffent continuellement dans cette maladie.

6°. *La crampe hyftérique du cou*, ou ce que l'on
appelle communément la boule hyftérique (*globus hyftericus*). C'eft un mouvement renverfé de
l'œfophage, mais qui ne produit point d'autre
effet, parce qu'il ne fait rien fortir de l'eftomac
par le vomiffement.

7°. La naufée hyftérique (*vomendi conamen
hyftericum*). C'eft pareillement un mouvement
renverfé & retroactif de l'eftomac, mais qui de
même que le précédent, demeure fans effet. Il a
fouvent lieu lorfque l'eftomac eft vuide, & il n'eft
pas rare de le voir durer plufieurs heures de fuite :
mais comme les vaiffeaux lymphatiques de l'eftomac ne font pas en même tems excités à un mouvement retrograde, il ne fe trouve pas dans l'eftomac de quoi vomir.

8°. Le grouillement des inteftins (*borborygmus*).
C'eft un renverfement du mouvement périftalti-

que dans une partie des inteſtins, par lequel il ſe dégage des alimens qui ſe trouvent dans les inteſtins, une ſubſtance élaſtique aëriforme ou un *gas* (*x*), qui lorſque le grouillement ſe fait entendre s'échappe dans la partie ſupérieure des inteſtins, & paſſe en faiſant un certain bruit au travers des fluides qui deſcendent le long du canal inteſtinal.

9°. *La maladie byſtérique.* Les trois dernieres indiſpoſitions ſont, avec le diabétes aqueux, les ſymptomes les plus ordinaires de la maladie hyſtérique (*y*) : il s'y joint encore quelquefois une ſalivation lymphatique, des défaillances ou des convulſions, avec des palpitations de cœur & une grande appréhenſion de la mort. Cette derniere circonſtance diſtingue les convulſions hyſ-

(*x*) Ce gas eſt le gas inflammable, comme toutes les expériences le prouvent. Voyez le petit recueil que j'ai publié ſous ce titre, *Deux mémoires ſur les gas traduits de deux diſſertations ſoutenues ſous la préſidence de Mr.* SPIELMANN, &c. page 186. *Note de l'Editeur.*

(*y*) À en juger par ma pratique, il me paroit qu'il y a très-peu de femmes, du moins dans les villes, qui ne ſoient plus ou moins ſujettes aux vapeurs hyſtériques, & que les ſymptomes qui leur ſont les plus familiers ſont les bâillemens & les rots, qui ont lieu lors même qu'il n'y a point d'autres ſymptomes. Ce que je puis aſſurer au moins, c'eſt que juſques à préſent, ces deux ſymptomes pris enſemble ou même ſéparément, m'ont ſervi à reconnoître les vapeurs hyſtériques, ou du moins une diſpoſition décidée à cette maladie, dans nombre de cas où elle ne ſe donnoit à connoître par aucun autre ſymptome, quoiqu'elle exiſtât réellement, comme je le trouvois toujours dans la ſuite. *Note de l'Editeur.*

tériques d'avec celles qui ont lieu dans l'épilepſie, avec plus de certitude, qu'aucun autre ſymptome pris ſéparément.

L'écoulement abondant d'une urine pâle, la peau froide, les palpitations de cœur & le tremblement, ſont tout autant de ſymptomes qui ſont des effets ordinaires de la crainte. C'eſt à cauſe de cela, que lorſqu'une perſonne attaquée de vapeurs hyſtériques éprouve de pareils ſymptomes, elle éprouve auſſi en même tems la même crainte qui auparavant a été accompagnée de ces ſymptomes.

1°. *L'averſion de l'eau* ou *l'hydrophobie.* C'eſt un violent renverſement du mouvement de l'œſophage, lequel arrive à l'approche de l'eau ou de quelque autre fluide. Il paroît que dans cette maladie le pharynx acquiert le même degré de ſenſibilité, que celui dont le larynx eſt naturellement doué, & que c'eſt à raiſon de cette ſenſibilité du pharynx que cet organe eſt diſpoſé à repouſſer & à rejetter tous les fluides qui y entrent, tout comme cela arrive à l'ordinaire au larynx. — Eſt-ce que la valvule ſupérieure de l'eſtomac ne ſeroit point le ſiege de cette maladie?

C L A S S E I I.

Mouvemens renverſés. & retroactifs des vaiſſeaux abſorbans.

1°. Le rhume de cerveau lymphatique (*catarrhus lymphaticus*). C'eſt l'écoulement périodique d'une humeur ſéreuſe qui ſort par les narines, qui ne dure que quelques heures, & qui eſt produit par le mouvement inverſe & retroactif des vaisseaux lymphatiques qui aboutissent aux narines. Ce rhume lymphatique se distingue d'avec l'écoulement de mucosité qui arrive par un tems froid, uniquement à raison d'une diminution d'absorption, en ce que l'humeur qui s'écoule n'est pas aussi salée : il differe d'une sécrétion de mucosité plus abondante que de coutume, en ce que dans le catarrhe lymphatique l'humeur qui s'écoule est moins glaireuse, & que cet écoulement n'est accompagné d'aucune chaleur dans la partie même.

2°. La salivation lymphatique (*salivatio lymphatica*). C'est la fréquente sputation d'une humeur tout-à-fait transparente, qui n'a absolument aucun goût, & qui provient d'un mouvement inverse & retroactif des vaisseaux lymphatiques qui appartiennent à la bouche. Cette maladie est quelquefois périodique, & se rencontre souvent chez les personnes attaquées de vapeurs hystériques & de maladies nerveuses : mais elle n'est accompagnée ni de chaleur dans la bouche, ni d'envies de vomir.

3°. Le mal de cœur (*nausea*). C'est un écoulement d'humeurs qui provient d'un mouvement renversé & rétroactif des vaisseaux lymphatiques placés dans la région du pharynx & dans la bouche ; mouvement qui est accompagné de quelques autres mouvemens semblables de la part du pharynx & de la partie supérieure de l'œsophage.

4°. La diarrhée lymphatique (*diarrhœa lymphatica*). Dans cette diarrhée il se répand une quantité de glaires & de lymphe dans les intestins ensuite du mouvement retrograde des vaisseaux qui aboutissent à ces parties. Dans les cas de cette nature les excrémens ont moins mauvaise odeur,

& font plus liquides que dans l'état naturel. Cette diarrhée eft quelquefois l'indice du commencement ou de la fin d'un diabétes.

5°. La diarrhée chyleufe ou la paffion cœliaque (*paffio cœliaca*). Dans cette maladie le chyle que les vaiffeaux lactées ont abforbé des inteftins grêles, eft verfé dans les gros inteftins, par le mouvement inverfe & rétroactif des vaiffeaux lactées de ces derniers. La diarrhée chyleufe fe diftingue d'avec la diarrhée lymphatique par des caracteres femblables à ceux qui différencient le diabétes chyleux d'avec le diabétes aqueux & glaireux.

6°. *Le diabétes.* Il arrive dans cette maladie qu'il fe répand une grande quantité d'urine dans la veffie urinaire, enfuite du mouvement renverfé & rétroactif des vaiffeaux lymphatiques qui fe rendent à la veffie. On le divife en *diabétes chyleux*, & en *diabétes aqueux & mucilagineux* ou *glaireux* (z), fuivant la nature des humeurs qui fe portent à la veffie. Outre cela, cette maladie eft ou de peu de durée & paffagere (a), comme par exemple chez les femmes attaquées de vapeurs hyftériques, au commencement de l'ivreffe, chez les perfonnes qui ont des vers, chez celles qui font expofées à un tems froid & humide, chez celles qui font faifies d'une grande crainte & d'angoiffe, & enfin au commencement de certaines hydropifies, ou bien le diabétes devient une maladie chronique.

S'il arrive que le mouvement des vaiffeaux

(z) *Chyliferous, aqueous and mucaginous diabetes.*
(a) *Temporary difeafe.*

lymphatiques qui se rendent à la vessie devienne retrograde, & que les humeurs qui s'y trouvent refluent en arriere & se versent dans la vessie, alors une autre espece ou une autre ramification du système des vaisseaux absorbans agit avec plus de force, afin de pouvoir réparer la perte de ces humeurs. Si les vaisseaux lymphatiques ou les vaisseaux lactées, qui aboutissent aux intestins, éprouvent ce mouvement, alors il en résulte le diabétes chyleux: mais ce mouvement a-t-il lieu dans les vaisseaux absorbans qui vont à la peau, cela occasionne le diabétes aqueux. Enfin, lorsque les vaisseaux absorbans qui se distribuent dans le tissu cellulaire agissent avec plus de force, il en résulte la maladie que nous avons appellée le diabétes mucilagineux.

7°. La sueur lymphatique (*sudor lymphaticus*). Telles sont ces sueurs abondantes qui proviennent du mouvement retrograde des vaisseaux lymphatiques qui se rendent à la peau. De ce nombre sont les sueurs que l'on observe chez les moribonds, & peut-être aussi celles qui ont lieu dans cette fievre que l'on appelle la sueur angloise. Ces sueurs sont d'une nature visqueuse, & elles ne sont point accompagnées de chaleur à la peau ; il arrive même lorsqu'elles ont lieu, & que la partie du corps où elles se manifestent est découverte, que la peau se réfroidit par la transsudation de cette humeur.

8°. La sueur des asthmatiques (*sudor asthmaticus*). Dans cette maladie il survient une sueur froide qui se manifeste uniquement à la tète, aux bras & sur la poitrine, & qui est souvent extraordinairement abondante. Cette sueur est l'effet d'un mouvement retrograde des vaisseaux lymphati-

ques qui aboutiffent à la peau des parties fupérieures du corps, & en même tems d'une abforption plus confidérable des vaiffeaux abforbans des
poumons ; c'eft ce qui fait que cette fueur, lorfqu'elle eft abondante, diminue la violence du
paroxyfme actuel de fuffocation ou de la difficulté de refpirer. Dans la difficulté de refpirer
fpafmodique, il ne furvient point de fueur femblable, ce qui peut fervir à diftinguer ces deux
efpeces l'une d'avec l'autre. Ne pourroît-on pas
donner à la premiere le nom d'*afthme hydropi-*
que (*b*), & à la feconde celui d'*afthme épileptique*
ou *fpafmodique ?*

CLASSE III.

Mouvemens renverfés ou retroactifs qui ont lieu
dans le fyftême des arteres.

1°. Le mouvement retrograde des petites arteres
(*Capillarium motus retrogradus*). Dans les recherches microfcopiques, on remarque fouvent,
que les globules du fang avant que d'entrer dans
les plus petits vaiffeaux ou dans les vaiffeaux capillaires, fe meuvent à diverfes fois en arriere &
en avant deça & delà.

2°. La palpitation de cœur (*Palpitatio cordis*).
Cette palpitation n'a-t-elle pas lieu dans les accès
de vapeurs hyftériques, & peut-être chez les perfonnes faifies de crainte, & cela enfuite des mouvemens retrogrades, foibles & languiffans du
cœur (*c*) ?

CLASSE

(*b*) *Anafarcous afthma.*
(*c*) On pourroit encore rapporter ici le mouvement

CLASSE IV.

Mouvemens renversés ou rétroactifs des sucs dans les plantes.

1°. Les mouvemens de la feve dans les plantes ont quelque rapport avec ceux dont nous parlons. Or comme plusieurs philosophes regardent les plantes comme une classe inférieure d'animaux, il me semble qu'il n'est pas tout-à-fait hors de propos de remarquer ici, qu'il paroît réellement & visiblement, que dans certains temps les vaisseaux absorbans des plantes sont susceptibles d'un mouvement renversé & rétroactif.

Mr. PERRAULT coupa à un arbre une branche garnie de ses feuilles, & qui étoit divisée en deux rameaux : il la renversa sens dessus dessous, & plongea dans cette situation l'un de ses rameaux dans l'eau. Il trouva ensuite que les feuilles de l'autre rameau conservoient beaucoup plus long-tems leur verdure, que celles d'un autre rameau du même arbre qui n'avoit point trempé dans l'eau. Cette expérience prouve évidemment que l'eau est montée dans les vaisseaux du rameau qui y étoit plongé par un mouvement renversé & rétroactif de ces vaisseaux, & que de cette maniere elle a nourri l'autre rameau qui étoit hors de l'eau. HALES a trouvé par un grand nombre de recherches exactes, que la féve monte dans

inverse & rétroactif des veines, duquel on a des exemples dans la rougeur qui est l'effet de la honte, & peut-être aussi dans les hémoroïdes, dans le vomissement de sang & dans d'autres cas semblables. *Note de l'Editeur de Leipsick.*

les plantes pendant le tems le plus chaud de la
journée, & qu'elle redefcend en partie lorfque
l'air eft plus froid (*d*).

Une expérience qui eft très-connue, c'eft que
les branches du faule & de plufieurs autres arbres
prennent racine en terre & même fur d'autres
arbres, de manière qu'elles y croiffent dans une
fituation renverfée, & que malgré cela elles continuent à croître vigoureufement.

Le docteur HOPE, profeffeur de botanique à
Edimbourg, a fait à l'imitation de HALES l'expérience fuivante, & qui eft très-curieufe. Il coupa
à un arbre une branche bifurquée en deux rameaux, & il la plaça verticalement entre deux
autres arbres : puis il découpa une partie de l'é-
corce d'un des rameaux, & l'enta fur un rameau
femblable d'un des deux arbres voifins. Il prati-
qua la même chofe avec l'autre rameau : enforte
que cela fit un arbre fufpendu en l'air, & qui
croiffoit ainfi entre deux autres arbres qui lui
fourniffoient fa nourriture :

Miranturque novas frondes & non fua poma.

Toutes ces expériences prouvent clairement que
les fucs des plantes peuvent tantôt monter & tantôt redefcendre dans leurs vaiffeaux abforbans,
fuivant la nature des circonftances.

_____

_ (*d*) Voyez la *ftatique des végétaux* de cet Auteur.

SECTION X.

Réponse à quelques objections.

LEs expériences que je vais rapporter semblent au premier coup-d'œil fournir une réfutation du fentiment que j'ai propofé fur le mouvement ren-verfé & rétroactif des vaiffeaux lymphatiques dans certaines maladies.

On donna à boire à un cochon affamé environ huit pots de lait, puis on le tua une heure après, en lui donnant deux coups de hache fur la tète. L'inftant d'après j'ouvris lé corps de cet animal, & je trouvai que les vaiffeaux lactées étoient bien remplis de chyle, j'en irritai plufieurs avec un fcalpel, mais il ne parut pas que cette irritation les fit évacuer plus promptement ; cependant en peu de tems ils eurent achevé de fe vider entié-rement du chyle qu'ils contenoient.

Je liai enfuite diverfes ramifications des vaif-feaux lactées, & je les irritai affez fortement au deffous de la ligature, avec mon fcalpel ; mais je ne pus en aucune façon parvenir par ce moyen à faire retrograder l'humeur qu'ils contenoient, ni à la faire refluer dans les inteftins.

A la vérité je ne fuis pas fûr qu'en faifant la ligature des vaiffeaux lactées, je n'aie peut-être pas en même tems auffi lié le nerf, & privé par là le vaiffeau lymphatique de fon irritabilité & de fon principe de vie. Mais ce qu'il y a de cer-tain, c'eft que *toute forte d'irritation de quelque force qu'elle foit*, n'eft pas propre à rendre retro-grade le mouvement d'un vaiffeau chez un ani-

L 4

mal , mais qu'il faut pour produire cet effet *une certaine irritation dont le degré de force & l'espece soient déterminés*. On voit que cela eft ainfi par rapport aux plaies de l'eftomac, qui n'excitent point le vomiffement , comme auffi dans les plaies des inteftins , lefquelles ne donnent point lieu au coléra-morbus.

Il y a quelques années qu'à Nottingham un homme fut bleffé mortellement dans la région de l'eftomac , d'un coup de tranchet de cordonnier. On ouvrit fon corps après fa mort , & on trouva que les alimens & les remédes que le bleffé avoit pris , étoient tombés dans la cavité du bas-ventre en dehors des inteftins & des vifceres. Il y avoit au fond de l'eftomac une plaie qui étoit de la longueur d'environ un demi-pouce. Je penfai que l'eftomac avoit reçu cette bleffure dans le temps que cet homme l'avoit diftendu par les alimens & par la boiffon , & que c'étoit à caufe de cela que l'inftrument tranchant avoit pu d'autant plus facilement bleffer le fond de ce vifcere. Néanmoins pendant tout le temps que le bleffé furvécut à cet accident , favoir pendant dix jours entiers , on ne remarqua pas qu'il éprouvât les plus légers efforts pour vomir ; il ne fe plaignit pas même une feule fois de mal de cœur. —— On trouve d'autres cas femblables à celui-là , rapportés dans les *Tranfactions philofophiques*.

Lorfque l'on irrite l'œfophage intérieurement avec une plume, il s'enfuit des naufées & des envies de vomir ; tandis qu'au contraire , lorfque l'on bleffe la même partie avec un canif , il en réfulte fimplement de la douleur fans la moindre naufée. Il arrive de la même maniere chez les enfans , lorfqu'on les chatouille à la plante des

pieds ou fous les aiffelles, que cela leur occafionne un rire convulfif, lequel cependant ceffe à l'inftant même, auffi-tôt que l'on frotte ces parties
au lieu de les chatouiller.

Suivant cela, il me paroît que l'expérience que
j'ai rapportée ci-deffus, dans laquelle j'ai lié les
vaiffeaux lactées d'un cochon mort, ne prouve
rien; parce que ce n'eft pas à raifon de fa continuité & de fon degré de force (e) mais à raifon
de fon efpece, que l'irritation excite dans les vaiffeaux lymphatiques un mouvement inverfe &
rétroactif.

SECTION XI.

*Caufes qui produifent dans les vaiffeaux du corps
animé un mouvement renverfé & rétroactif. ——
Remedes qui fervent à rétablir le mouvement naturel de ces vaiffeaux.*

1°. LEs corps animés font difpofés de maniere
que fi quelle de leurs parties que ce foit, éprouve une irritation moindre que celle qui lui a été
deftinée par la nature ; cette partie ne fait point
fes fonctions avec la précifion & dans la perfection convenable. Telle eft par exemple la caufe
qui fait que lorfque l'on introduit dans l'eftomac
une nourriture trop aqueufe ou trop acide, il
en réfulte auffitôt une indigeftion, des vents &
l'ardeur d'eftomac appellée *foda.*

2°. Il eft une autre loi inféparable de l'irrita-

(e) *Quantity.*

L 5

bilité, c'eſt que toute partie du corps après avoir
d'abord été expoſée à une trop forte irritation,
devient enſuite pour quelque tems incapable de
ſentir le degré d'irritation, qui agit ordinairement
ſur elle dans l'état naturel, & que pendant tout
ce tems-là cette irritation ne peut exciter aucun
mouvement dans cette partie. —— On voit un exemple de cela chez les perſonnes qui paſſent ſubi-
tement d'un lieu fort éclairé du ſoleil dans une
chambre où il y a peu de jour. Car quoique chez
ces perſonnes la prunelle ſoit entiérement dilatée
(lorſqu'elles ſont dans cette chambre), il ſe
paſſe cependant un certain tems avant qu'elles
puiſſent y diſtinguer quoique ce ſoit.

3°. Au contraire, ſi une partie quelconque de
notre corps, qui eſt accoutumée à une irritation
moindre que celle à laquelle elle doit naturellement obéir à l'ordinaire, vient peu de tems après
à être expoſée à ce degré d'irritation qui lui étoit
deſtiné ; cette irritation excite dans la partie en
queſtion des mouvemens beaucoup plus forts
que ceux qu'elle auroit éprouvés d'ailleurs en
reſtant dans ſon état naturel. Lors par exemple
que nous paſſons tout-à-coup d'un endroit fort
obſcur au grand jour, il arrive alors que nos
yeux en ſont aveuglés ; & l'on remarque que les
perſonnes qui ſortent d'un bain froid, ont la peau
rouge & chaude.

4°. Une quatrieme loi de l'irritabilité, c'eſt
que toute partie de notre corps qui a été expoſée
durant un certain tems à un degré extraordinaire d'irritation, contracte par-là du relâchement
& en devient moins irritable, enſorte qu'elle ne
peut même plus être miſe en mouvement par cette
irritation, quoique plus forte qu'elle ne devroit

l'être naturellement; enforte que cette partie ne fait fes fonctions que très-imparfaitement. ——Lors par exemple que l'on regarde pendant quelques minutes une piece d'étoffe de foie rouge, dont le diametre foit d'environ un pouce, & placée fur une feuille de papier blanc, l'image de cette piéce de foie devient de plus en plus pâle, & difparoît enfin entiérement. C'eft une expérience de Mr. le comte de BUFFON, que j'ai répétée plufieurs fois avec le même fuccès (*f*).

5°. Mais ce n'eft pas feulement aux nerfs des fens, tels que ceux de l'ouie & aux nerfs optiques, qu'il arrive de devenir infenfibles de cette maniere, lorfque le degré d'irritation qui agit fur eux dans l'état naturel vient à diminuer, ou que l'irritabilité de ces nerfs elle même perd de fa force. Le même effet a bien plus facilement lieu encore dans les mêmes circonftances, pour les mufcles qui fervent au mouvement : en effet lorfque l'irritation qui dans l'état naturel doit agir fur ces mufcles, vient à manquer, ou qu'ils perdent eux-mêmes leur irritabilité, cela les fait tomber dans le relâchement & devenir paralytiques. On en voit des exemples chez les ivrognes qui ont les mains tremblantes le matin lorfqu'ils n'ont point encore bu, & chez les perfonnes âgées dont la démarche eft mal affurée & chancelante.

Les différentes efpeces de vaiffeaux qu'il y a dans notre corps font formés de mufcles creux. Or il arrive pareillement à ces mufcles, que lorfqu'ils viennent à être privés du degré d'irritation, ou de celui d'irritabilité qui leur eft natu-

***

(*f*) Elle eft rapportée dans les *Mémoires de l'Acad. des Sciences.*

L 4

rel, ils commencent alors non feulement à trem-
bler, comme on le remarque par exemple chez
les mourans, dont le pouls eft tremblotant ; mais
c'eft que de plus leurs mouvemens deviennent
rétrogrades, comme l'on voit que cela arrive dans
le vomiffement, dans la difficulté de refpirer des
femmes hyftériques, & dans le diabétes que j'ai
décrit précédemment.

Que l'on me permette d'expliquer en peu de
mots comment le relâchement des mufcles creux
de notre corps peut faire qu'ils fe meuvent d'un
mouvement inverfe & rétroactif, & cela précifément de la même maniere que le relâchement des
mufcles folides donne lieu à leur tremblement. ——
Lorfqu'un mufcle eft fatigué au point de ne pas
pouvoir agir plus longtems, il arrive que les mufcles dont la fonction eft d'agir dans une direction
contraire, favoir ceux que l'on appelle antago-
niftes, tirent la partie du côté oppofé, & cela
en vertu de leur force élaftique morte, ou en
vertu de leur force vitale.

Dans les mufcles qui font compofés de portions
folides, tels que font ceux qui fervent à mettre
les membres en mouvement, le mouvement a
lieu en même tems dans toutes les fibres qui forment un faifceau mufculeux, parce que ces fibres
font accoutumées à agir toutes à la fois. Conféquemment, lorfqu'un pareil mufcle eft fort fatigué ou affoibli, il n'en réfulte qu'une feule efpece
de mouvement contraire. Il fenfuit donc un tremblement lorfque les fibres du mufcle fatigué recommencent à agir fur le champ, ou bien il s'enfuit une extenfion ou une pandiculation lorfque
ce mufcle ne reprend pas d'abord fon mouvement.

Au contraire, comme les mufcles creux fervent

ordinairement à faire mouvoir certains fluides en avant dans les canaux qu'ils forment, il arrive le plus souvent que ces muscles n'agissent que successivement, & que leurs fibres sont accoutumées à se contracter seulement les unes après les autres, & non pas toutes à la fois. Ainsi lorsqu'un anneau de ces fibres est beaucoup trop affoibli, & qu'à raison de cet affoiblissement il s'ensuit un mouvement renversé & rétroactif, aussi-tôt les anneaux des fibres circulaires les plus voisins de celui-là commencent à se mouvoir successivement d'un mouvement semblable, & cela en vertu de leur liaison avec le premier anneau, & ce mouvement se continue alors de la même maniere dans toute la longueur du canal.

6°. Les mouvemens renversés & rétroactifs qu'éprouvent l'estomac, l'œsophage & le pharynx dans le vomissement, sont également visibles : je les prendrai donc pour exemple, & je d'écrirai d'une maniere plus détaillée tout ce qui se passe dans l'exercice de cette fonction, afin que l'on puisse d'autant mieux juger de ce qui arrive de semblable dans les parties de notre corps qui sont cachées, & qui ne sont pas exposée à notre vue.

Il arrive quelquefois qu'une certaine idée dégoûtante, qu'un goût désagréable, ou qu'une odeur déplaisante, excite tout d'un coup le vomissement. La même chose a quelquefois lieu aussi à l'occasion d'un coup ou d'une contusion que l'on reçoit à la tête, ou par le balancement & l'agitation d'un vaisseau. Dans tous ces cas, le vomissement résulte de la liaison qu'ont entr'elles les parties, ou de ce que l'on appelle leur correspondance ou leur sympathie, faculté que je n'entreprendrai pas d'expliquer ici, pour ne pas devenir trop long.

Mais lorſque l'eſtomac éprouve une irritation moindre que celle qui a ordinairement lieu dans l'état naturel, par exemple lorſqu'il éprouve la faim, il arrive alors, en vertu de la premiere loi de l'irritabilité, de laquelle nous avons fait mention ci-deſſus, que les fonctions de ce viſcere en ſont troublées. Dans l'exemple que je viens de dire, on ſent d'abord une certaine douleur à l'eſtomac, puis un mal de cœur, & enfin on fait des efforts inutiles pour vomir; c'eſt ce que nous apprennent les témoignages de pluſieurs auteurs.

Mais ſi au contraire on a bu beaucoup de vin, ou avalé une forte doſe d'opium, alors ce n'eſt qu'après quelques minutes, ou même qu'au bout de quelques heures, que l'eſtomac ſe meut d'un mouvement renverſé & rétroactif; car lorſque l'activité que produiſent des irritans auſſi puiſ-ſans que le vin & l'opium vient à ceſſer, il arrive enſuite de la ſeconde loi de l'irritabilité, de la-quelle j'ai fait mention, que le mouvement pé-riſtaltique devient tremblotant, & qu'enfin il com-mence même à devenir rétrograde. C'eſt ce que l'on apperçoit ſouvent chez les perſonnes qui ſont adonnées à la boiſſon, & qui ordinairement ont des maux de cœur & des vomiſſemens le lende-main matin du jour qu'elles ſe ſont enivrées.

Mais ſi l'on prend une plus grande quantité de vin ou d'opium, ou ſi l'on avale de quelque ſubſ-tance végétale propre à exciter des nauſées ou le vomiſſement, ou quelque drogue fort amere, ou quelque ſel métallique, alors il en réſulte ſur le champ le vomiſſement, quoique toutes ces dro-gues priſes à petites doſes excitent l'eſtomac à

faire ſes fonctions avec plus d'activité, & rendent la digeſtion meilleure, comme, cela arrive,
par exemple, avec les fleurs de camomille & avec
le vitriol de zinc. Cet effet vient de ce que ſuivant la quatrieme loi de l'irritabilité indiquée plus
haut, l'eſtomac ne peut pas obéir longtems à un
degré d'irritation ſi extraordinaire, mais qu'il
paſſe d'abord de cet état à un tremblement, qui
eſt ſuivi d'un mouvement renverſé & rétroactif.

7°. Lorſque le mouvement de quelques vaiſſeaux devient rétrograde, il arrive conſtamment
qu'en même tems la chaleur naturelle du corps
diminue. En effet, dans le vomiſſement, dans
les paroxyſmes de la paſſion hyſtérique, dans le
diabétes, dans les accès d'aſthme, &c. il arrive
conſtamment qu'alors les pieds, les mains & les
autres extrèmités du corps ſont froides. On peut
conclure de là que ces ſymptomes proviennent de
la foibleſſe des parties qui ſont en action dans
ces momens-là; car le ſurcroit d'activité dans les
muſcles eſt toujours accompagné d'une augmentation de chaleur dans le corps.

8°. Maintenant, puiſque la foibleſſe a lieu dans
le corps animal, comme je l'ai fait voir ci-deſſus,
ou parce que l'irritation (g) eſt trop foible ou
manque entiérement, ou parce que l'irritabilité
eſt diminuée ou détruite, il eſt aiſé d'en déduire
une concluſion pour le choix de la méthode curative qu'il convient le mieux de mettre en uſage. Ainſi lorſque les muſclès, dont les vaiſſeaux
ſont formés, ne ſont pas excités à exercer convenablement leurs fonctions par l'irritation qui
leur eſt naturelle, il faut adminiſtrer des reme-

(g) *Stimulus.*

des capables de produire une irritation plus forte.
De ce nombre font principalement les fubftances
qui ont une odeur défagréable, les fubftances vo-
latiles, les remedes amers, les fels métalliques,
l'opium & le vin. On doit donner tous ces médicamens à très-petites dofes, que l'on réitere fréquemment : mais en mème tems il faut prefcrire
au malade de prendre un exercice continuel, mais
modéré, de fe tenir l'efprit gai, de changer de
féjour lorfque cela eft néceffaire, & de paffer dans
un climat plus chaud. On peut auffi de tems en
tems, & fuivant que les circonftances le demandent, joindre à ces fecours l'irritation externe
des véficatoires.

Il eft auffi très-à-propos de diminuer pour un
peu de tems l'irritation naturelle, ce qui eft encore un moyen d'augmenter l'irritabilité de tout
le corps, fuivant la troifieme loi de l'irritabilité,
de laquelle j'ai fait mention précédemment. C'eft
par cette raifon, que l'on tire un fi grand parti
de l'équitation en plein air, & des bains dont
le froid eft au deffous du degré de chaleur que le
corps a naturellement.

V.

JAMES WARE

Remarks on the ophthalmy, psorophthalmy, and purulent eye, &c. London 1780, 8°.

C'est-à-dire :

Observations sur l'ophthalmie, sur la psoroph- thalmie, & sur la suppuration de l'œil, ac- compagnées d'une méthode curative très-diffé- rente de celle que l'on suit communément, & de quelques exemples de guérison qui prou- vent l'utilité de cette nouvelle méthode, par JAMES WARE &c. (a).

INTRODUCTION.

ENtre le grand nombre de maladies auxquelles le corps de l'homme est sujet, il paroit que l'in- flammation est une des principales, à en juger par l'influence immédiate qu'elle a sur les parties qui en sont attaquées en empêchant leurs fonc- tions en tout ou en partie. Mais il n'est point d'inflammation dans laquelle cette influence se ma- nifeste d'une maniere plus sensible que dans celle qui attaque les yeux; car dans quelque degré que l'inflammation des yeux ait lieu, elle affoiblit aussi-tôt, jusqu'à un certain point, la faculté de

---

(a) Ce mémoire est tiré de la *Collection* allemande citée précédement. Tome VI. Part. II. page 351.

voir; elle va même souvent jusqu'au point de
faire perdre entiérement la vue.

Mon deffein dans ce mémoire eft, en premier
lieu, de faire part à mes lecteurs de quelques obfervations fur l'inflammation des yeux en général, puis de traiter d'une maladie qui attaque principalement les paupieres, & qui confifte à une
inflammation & exulcération de leurs bords. Je
défigne cette maladie fous le nom de *pforophthalmie.* Enfin, je ferai un petit nombre d'obfervations fur une autre maladie qui confifte à un fuin-
tement de pùs au travers de la cornée, & à laquelle je donne le nom de *fuppuration de l'œil* (*b*).
Ce font particuliérement les enfans nouvellement
nés qui y font fujets (*c*).

De l'inflammation des yeux.

On fe fert communément du nom d'ophthalmie ou d'inflammation des yeux, pour défigner
l'inflammation de cette portion de la conjonctive
qui couvre le globe de l'œil. Cette membrane eft
tranfparente, & dans l'état de fanté elle paroit
blanche, parce qu'elle reçoit cette couleur de la
tunique albuginée qui eft immédiatement placée
derriere elle. Cependant, lorfqu'elle eft attaquée
d'inflammation, on peut appercevoir diftinctement
qu'elle eft compofée de vaiffeaux, parce que ces

(*b*) *Purulent eye.*

(*c*) Nous paffons ici fous filence la defcription anatomique des parties de l'œil, que l'auteur met ici à
la tête de fon mémoire. Elle eft très-abrégée & ne renferme que des chofes connues de tout le monde. *Note
de l'Editeur de Leipfick.*

vaisseaux qui, dans l'état de santé ne reçoivent
que les parties les plus déliées de la lymphe du
sang, se distendent par l'inflammation & deviennent visibles, à raison des globules rouges du
sang qui y sont alors poussés avec violence.

L'inflammation des yeux est de plusieurs degrés, tant à raison de sa violence qu'à raison de
son étendue. Quelquefois elle n'attaque qu'une
partie de l'œil, mais pour l'ordinaire elle s'étend
sur tout cet organe. Elle peut n'en affecter que
la surface, ensorte qu'il n'y ait que la conjonctive d'enflammée, ou bien aussi il arrive qu'elle
pénétre assez profondément pour attaquer la sclé-
rotique & les membranes internes du globe de
l'œil. Pour l'ordinaire il ne paroît pas que la conjonctive devienne fort épaisse par l'inflammation ;
mais quelquefois aussi elle acquiert tant d'épais-
seur, qu'elle n'a plus la moindre ressemblance
avec une membrane, vu qu'elle s'avance si fort
en dehors & fait une telle saillie, qu'en même
temps là cornée paroît être écrasée, & le globe
de l'œil enfoncé. Lorsque l'inflammation des yeux
est portée jusqu'à ce point là, elle est aussi le plus
souvent accompagnée d'une douleur violente, &
c'est cette espece d'ophthalmie à laquelle plusieurs
auteurs ont donné le nom de *chemosis*.

Cependant la violence de la douleur n'est pas
toujours proportionnée à l'apparence extérieure de
l'inflammation. Dans plusieurs cas où l'inflammation ne paroît du tout point considérable, & semble être de l'espece la moins aigue, la douleur
est presque insupportable, surtout lorsque l'œil
est exposé à la lumiere. Au contraire, il est d'autres cas, où il semble que l'inflammation est extraordinairement violente, & où le malade éprou-

ve cependant ſi peu de douleur, qu'elle ne paroît guere mériter qu'on y faſſe attention, & cela quoique l'œil ſoit ouvert & découvert.

Mais de quelque eſpece que ſoit l'ophthalmie, on remarque cependant ordinairement, que la lumiere bleſſe l'œil qui en eſt attaqué, & que la plupart des malades qui ſont dans cet état, tiennent le plus ſouvent les yeux fermés. Quelques-uns dans le deſſein de mieux garantir l'œil de l'impreſſion de la lumiere, & d'empêcher le mouvement de cet organe, ont adopté une mauvaiſe méthode; c'eſt d'appliquer ſur les yeux des compreſſes ou des emplâtres en les y aſſujettiſſant fortement par le moyen d'un bandage: mais comme de cette maniere on empêche à l'humeur lacrymale d'avoir un libre cours, cela augmente l'irritation, & la preſſion que l'on exerce ſur l'œil augmente encore l'obſtruction de ſes petits vaiſſeaux. Il eſt beaucoup plus à propos de faire porter au malade un écran que l'on place à une plus ou moins grande diſtance de l'œil, ſuivant que les circonſtances le demandent. Si cependant cette précaution ne ſuffit pas pour empêcher la lumiere de nuire à l'œil, il faut alors que le malade ſe tienne dans une chambre obſcure, où il n'entre que peu ou point de monde.

Au reſte, que l'on ne croie pas que ce n'eſt que la lumiere qui cauſe ici de la douleur; car il eſt ſouvent des cas, où quelque ſoin que l'on prenne d'éviter la lumiere, le malade ne laiſſe pas que de ſouffrir des douleurs continuelles & très-violentes, qui s'étendent de l'œil juſques à la partie poſtérieure de la tête. Ces douleurs peuvent ſe rencontrer avec un degré d'inflammation plus ou moins conſidérable, mais elles indiquent

toujours

toujours que le malade est dans un grand danger
de perdre la vue. Quelques malades s'imaginent
voir une tache ou des points noirs qui se meuvent devant leurs yeux. Cette illusion a souvent
lieu au moment où les symptomes les plus violens viennent de s'appaiser. Ce symptome, aussi
bien que le précédent, est le plus souvent un
avant-coureur de la goutte sereine, & lorsqu'ils
ont lieu, la prunelle est pour l'ordinaire si im-
mobile, qu'elle ne peut ni se resserrer, ni se dilater.

Il se forme souvent, pendant l'inflammation,
des abscès à la cornée; & quoiqu'ils ne se soient
formés qu'au commencement de cette inflammation dont ils sont un effet, ils ne laissent pas que
de l'augmenter encore, & d'en rendre la guérison
plus difficile. Lorsque ces abscès se guérissent, ils
laissent ordinairement un enfoncement, qui nuit
beaucoup à la vue, en ce que les objets paroisi-
sent comme au travers d'un verre tout plein de
sinuosités. (d)

Quelquefois aussi il se forme dans l'inflammation des yeux, de petits leucomes entre les membranes de la cornée, lesquels au lieu d'évacuer
la matiere qui y est contenue, se durcissent plutôt, & dégénerent en taches blanches & opaques,
qui, suivant leur nature & leur grandeur, empêchent plus ou moins la lumiere de s'introduire
dans l'œil. Lorsque ces taches ne se trouvent qu'à
la surface de la cornée, elles s'usent avec le temps
par le frottement, & se dissipent entiérement.
Mais lorsqu'elles ont pénétré dans toute l'épais-
seur de cette tunique, il paroît qu'elles sont absolument incurables.

(d) Crinkled.
Tome I.   M

Les caufes qui donnent lieu à l'inflammation des yeux varient beaucoup. L'ophthalmie furvient fouvent fubitement, fans que l'on s'y foit attendu, & fans avoir été précédée ou accompagnée d'aucune maladie. Il paroît que dans ces cas-là elle eft l'effet de quelque propriété particuliere de l'athmofphere. Quelquefois cette maladie regne dans une contrée entiere comme une maladie épidémique. C'eft ce qui arriva dans l'été de 1778 à Newbury dans le Berkshire, & dans différens lieux circonvoifins.

Un coup ou une contufion à l'œil peuvent y occafionner une inflammation plus ou moins confidérable, fuivant la nature de la léfion. Lorfque cette léfion eft légere, l'inflammation ne dure ordinairement que peu de temps : mais lorfqu'elle eft confidérable, il arrive fouvent que les humeurs & les membranes de l'œil fe mèlent & fe confondent entr'elles, & qu'il en réfulte un aveuglement qui paroît être abfolument incurable.

Les bleffures & les piquures de l'œil ont également des fuites dangereufes. Lorfque les premieres fe font avec des inftrumens tranchans, comme avec une épée, un couteau &c., ils paffent ordinairement entre le globe de l'œil & l'orbite, ils percent la conjonctive, bleffent le tiffu cellulaire dans lequel il eft placé ; s'ils entrent plus profondément, ils pénétrent mème jufqu'au cerveau, & occafionnent par-là les douleurs de tète les plus affreufes, des inflammations, des abcès, & quelquefois une mort fubite. Mais lorfque ces bleffures fe font avec une aiguille ou avec quelqu'autre inftrument pointu, elles pénétrent fouvent dans le globe mème de l'œil, & font accompagnées immédiatement d'une perte totale de la vue.

Une autre caufe ordinaire de l'ophthalmie, ce font les corps étrangers qui s'introduifent dans les yeux & qui y reftent engagés. Ils y occafionnent ainfi beaucoup de douleur, & empêchent le mouvement des paupieres. Ils augmentent aufîi la fecrétion des larmes, dont l'affluence fuffit ordinairement pour procurer la fortie de ces corps étrangers. Mais lorfque cela n'arrive pas, il faut tenir la paupiere ouverte avec les doigts, & faire regarder le patient du côté oppofé à celui où le corps étranger eft engagé. Si ce corps eft petit, on peut l'enlever avec de la charpie humectée, & attachée à une fonde.

Mais fi l'on a lieu de craindre qu'il ne fe foit introduit plufieurs corps étrangers dans l'œil, alors il faut nettoyer la furface de cet organe en y injectant de l'eau chaude (e) avec une feringue, ou bien étuver l'œil au moyen de ce que l'on appelle un bain oculaire, rempli d'eau chaude ou de quelqu'autre fluide adouciffant. Comme ces bains oculaires (f) font très - bien adaptés à la forme de l'œil, aufîi long-tems que cette partie eft plongée dans ce bain, on peut y ouvrir ou fermer les paupieres à volonté.

Mais fi le corps étranger eft fi fortement attaché à la cornée que l'on ne puiffe l'en dégager ni avec la charpie, ni par le moyen de l'injection, il faut l'en ôter, fuivant l'avis de quelques auteurs, avec la pointe d'une lancette. Il eft cependant plus à propos de fe fervir pour cela,

---

(e) Je crois qu'il feroit plus prudent de fe fervir d'eau tiéde. *Note de l'Editeur.*
(f) *Eye-cup.*

M 2

d'un biſtouri fait en forme de ſpatule mince &
un peu émouſſée, & qui ſoit un peu plus large
qu'une ſonde ordinaire : ce biſtouri eſt préférable
à une lancette, en ce qu'il ne bleſſe pas la cornée, & ne donne par conſéquent lieu à aucune
cicatrice qui puiſſe enſuite nuire à la vue.

J'ai vu quelquefois qu'une parcelle de fer qui
étoit entrée dans l'œil par accident, y étoit reſtée
fichée pendant pluſieurs jours, qu'alors il s'étoit
formé tout autour de cette parcelle une ſuppuration, au moyen de laquelle elle ſe dégageoit, &
tomboit librement d'elle-même. Mais pour l'ordinaire il ſeroit très-dangereux de ſe repoſer dans
de ſemblables cas ſur l'activité de la nature, parce que ces particules de fer ou tout autre corps
étranger, en reſtant arrêtés dans l'œil, ne fût-ce
que pour peu de temps, peuvent néanmoins facilement exciter une inflammation violente, &
qui entraine après elle les ſuites les plus fâ-
cheuſes.

La petite vérole & la rougeole ſont deux autres cauſes très-ordinaires de l'inflammation des
yeux. Dans la premiere de ces maladies il arrive
ſouvent que le viſage devient enfle, que les yeux
deviennent rouges, & que les paupieres reſtent
fermées pendant un aſſez long-temps par la matiere gluante dont leurs bords ſont enduits. En même
temps auſſi il s'accumule une humeur épaiſſe entre
les paupieres & le globe de l'œil, laquelle irrite
la cornée, l'enflamme, & même y excite une eſpece d'abſcès. Les yeux ſouffrent auſſi toujours
dans la rougeole, & les larmes dont il ſe fait
alors une ſecrétion extraordinairement abondante, ſont très-chaudes, & cauſent des douleurs au
malade. Mais dans l'une & l'autre de ces maladies,

ce font les paupieres qui éprouvent le plus d'incommodités, comme je le ferai voir dans la fuite de ce mémoire.

On peut aussi compter l'inflammation des yeux parmi le grand nombre de fuites fâcheufes qui font ordinairement les effets d'une cachexie écrouelleufe ; en effet, cette inflammation accompagne fouvent la tumeur des glandes fituées fous la mâchoire, la groffeur des levres & d'autres fymptomes particuliers aux écrouelles. Au refte, l'ophthalmie écrouelleufe eft pour l'ordinaire précédée ou accompagnée d'une maladie des glandes des paupieres. —

La maladie vénérienne acquiert à la fin un degré de virulence & d'acrimonie fi active, que lorfque le corps fe trouve une fois dans cet état, il n'eft pas une feule de fes parties qui ne foit expofée aux fâcheux effets de ce virus. J'ai fouvent vu que les yeux étoient attaqués d'inflammation par cette caufe, & que l'ophthalmie demeuroit incurable, jufques à ce que l'on fit un ufage convenable du mercure. SAINT-YVES remarque que l'inflammation des yeux n'eft que rarement l'effet du virus vénérien, mais que cependant il a vu quelques cas de cette efpece. Cet auteur a obfervé, que chez la plupart des malades, l'ophthalmie vénérienne furvenoit deux jours après la fuppreffion d'une gonorrhée virulente, enforte que la matiere de cette gonorrhée paroiffoit s'être portée fur les yeux, & qu'elle tachoit le linge, tout comme le fait ordinairement la matiere de la gonorrhée.

Mais autant que je puis le favoir, d'autres médecins & d'autres auteurs qui ont écrit fur cette

M 3

matiere, n'ont rien obfervé de pareil (*g*): d'ailleurs il me paroit, que quoiqu'il y ait des cas,
où la matiere de la gonorrhée ayant été arrêtée,
fe jette fur une autre partie & occafionne fuivant
la condition de cette partie, ou une enflure des
tefticules, ou des bubons &c., ou une maladie
vénérienne qui infecté tout le corps ; il n'eft pourtant pas poffible qu'il arrive jamais, ou du moins
que rarement, qu'il fe faffe une métaftafe auffi
complette & auffi prompte du virus vénérien,
fur une partie auffi éloignée du premier fiége de
la maladie.

Au refte, un cas tel que ceux dont SAINT-YVES
parle, peut auffi bien arriver chez une perfonne
lorfqu'elle a la gonorrhée, que lorfqu'elle ne l'a
pas : outre cela, les changemens quelquefois affez
prompts & affez confidérables qui ont lieu par rapport à la quantité de la matiere de la gonorrhée,
qui s'écoule par l'urethre, peuvent en avoir im-
pofé à cet auteur fous une apparence affez pro-
bable, & lui faire penfer qu'un femblable écoulement des yeux venoit de la fuppreffion de la
gonorrhée, quoiqu'il fût l'effet d'une tout autre
caufe. Cependant ce que l'on peut regarder comme
une chofe fûre, c'eft que toutes les fois qu'il y
a une ophthalmie vénérienne, tout le corps s'eft
auparavant trouvé infecté de ce virus.

Pour ce qui eft de la méthode curative qu'il
eft néceffaire de fuivre dans l'ophthalmie, la faignée eft très-falutaire dans prefque toutes les ef-

---

(*g*) Il eft connu que cette obfervation & que cette
opinion ne font pas auffi inouies qu'elles paroiffent l'être
à l'auteur de ce mémoire. *Note de l'Editeur de Leipfick.*

peces de ce genre. Cependant il me paroit, que dans l'adminiftration de cette évacuation, on n'a pas toujours affez égard à l'efpeçe de faignée que l'on doit faire, non plus qu'à la maniere de la pratiquer & à la partie d'où l'on doit tirer le fang. —— Il eft des perfonnes chez qui l'inflammation des yeux eft accompagnée de beaucoup de fiévre, ou qui font en même temps fort plethoriques : il faut alors avant que de rien entreprendre fur les yeux, tirer huit à dix onces de fang du bras. Mais dans la plupart des cas, la fievre qui fe joint à l'ophthalmie eft purement fymptomatique ; c'eft pourquoi tout ce qui remédie à l'irritation & à la douleur que l'œil fouffre, fuffit en même tems pour faire que la fievre diminue.

De tous les remedes qui agiffent immédiatement fur l'œil, il n'en eft point de plus efficace ni de plus prompt que la faignée pratiquée à l'artere temporale. A raifon de la proximité où eft cette artere de la partie malade, on pratiqueroit cette faignée bien plus fouvent qu'on ne le fait, fi l'on n'en étoit empêché par deux raifons. La premiere de ces raifons eft, que très-fouvent cette artere ne donne pas autant de fang qu'il feroit néceffaire pour diminuer l'inflammation de l'œil, & la feconde eft, qu'il arrive fouvent auffi que l'ouverture de cette artere eft fuivie d'hémorrhagies abondantes & dangereufes, & cela même plufieurs heures après la faignée.

C'eft pourquoi je préfere ordinairement l'application des fangfues aux tempes, à l'ouverture de l'artere temporale. Cependant, j'ai auffi trouvé que dans certaines ophthalmies très-opiniâtres, dans lefquelles on avoit recouru inutilement à

M 4

l'application des fangfues & à d'autres remedes, les malades avoient été foulagés par la diffection totale de cette artere. Non feulement cette opération foulage beaucoup les malades à raifon de l'évacuation de fang fubite & confidérable qu'elle procure, mais encore parce qu'elle retranche entiérement la fource d'où le fang fe rendoit à la partie enflammée.

Quelquefois auffi on a ouvert, dans les inflammations des yeux, la veine jugulaire externe. Elle reçoit le fang de tous les vaiffeaux qui fe rendent aux parties externes de la tête : mais comme elle ne rapporte point de fang de l'œil, la faignée de cette veine ne procure point une dérivation auffi directe que le fait l'ouverture de l'artere temporale ou l'application des fangfues.

Pour ce qui eft de ce dernier moyen, il eft vrai, comme je viens de le dire, que dans la plupart des cas il eft préférable à l'artériotomie de l'artere temporale : cependant, lorfque l'on applique les fangfues fur les paupieres ou tout près des paupieres, cela les fait quelquefois enfler confidérablement, ce qui augmente d'autant plus ainfi, pour quelque tems, l'irritation qui accompagne l'ophthalmie. —— Quant au nombre des fangfues, on ne doit jamais, ou au moins il eft rare, que l'on doive en appliquer moins de trois : outre cela, il eft à propos, fi l'on veut éviter les inconvéniens dont j'ai parlé, de mettre les fangfues le plus près que l'on peut les unes des autres dans le creux de la tempe, environ à un demi-pouce de diftance de l'angle externe de l'œil.

De toutes les faignées il n'y en a point qui agiffe d'une maniere plus topique ou plus directe que celle qui fe fait en tirant du fang immédiatement de l'œil même : c'eſt pourquoi, ce feroit auſſi la plus efficace, ſi l'on pouvoit la pratiquer ſans cauſer de l'irritation à l'œil. Cette eſpece de ſaignée ſe pratique de différentes manieres. Quelques-uns vergetent ou frottent l'œil avec une broſſe faite avec des barbes d'épis d'orge, d'autres ouvrent les vaiſſeaux enflammés avec une lancette cachée, ou bien s'il n'y a qu'un ou deux vaiſſeaux de diſtendus, ils introduiſent ſous ces vaiſſeaux une aiguille courbe tranchante à ſes bords, puis ils la retirent en la faiſant paſſer par ces vaiſſeaux qu'elle ouvre en ſortant de cette maniere.

Ces deux dernieres méthodes peuvent être très-utiles, lorſqu'il y a dans un endroit de la cornée un ou pluſieurs vaiſſeaux ſanguins que l'on peut appercevoir à la vue, & que l'on ne peut pas faire diſparoître par les autres méthodes uſitées : cependant, il arrive très-rarement que l'on ſoit obligé de recourir à ces deux dernieres méthodes. Mais pour ce qui eſt de la premiere, qui conſiſte à frotter l'œil avec une broſſe, quoique j'en aie fait uſage à diverſes fois, je n'ai pourtant pas vu qu'elle eût une utilité marquée ou durable. Dans quelques cas, ce frottement a excité de violentes douleurs, enſorte que bien loin de diminuer l'inflammation, il l'a bien plutôt augmentée. Je ne vois pas que l'on puiſſe expliquer cet effet autrement, qu'en ſuppoſant que quelques-unes des pointes de l'épi qui échappent à la vue par leur fineſſe, ſont reſtées dans l'œil. Or comme c'eſt un inconvénient que l'on ne peut empêcher en aucune maniere, il paroît qu'il en réſulte une objection impoſſible à réfuter contre cette opération.

Presque tous les auteurs recommandent l'ufage des véficatoires dans les inflammations des yeux : mais ils font fort partagés dans leurs fentimens concernant la partie fur laquelle il convient d'appliquer l'emplâtre véficatoire. HOFFMANN prétend qu'il faut choifir les jambes pour cette application, & il affure qu'un véficatoire appliqué à la nuque a quelquefois augmenté la douleur des yeux, tandis qu'au contraire elle a été foulagée lorfque l'on a appliqué les véficatoires aux jambes, & qu'on les a fait fluer. D'un autre côté, Mr. POUTEAU veut que l'on applique toujours les véficatoires auffi proche que poffible de l'endroit où la maladie a fon fiege.

En un mot, il n'eft point de matiere en médecine fur laquelle les auteurs foient d'avis plus différens que fur celle de ce que l'on appelle la *dérivation* & la *révulfion*, & fur les avantages que l'on en peut tirer. L'un & l'autre de ces mots défigne chacun une évacuation : mais l'une de ces évacuations differe de l'autre à raifon de la partie où l'évacuation fe pratique. La premiere fe pratique auffi proche qu'il eft poffible du fiege de la maladie, au lieu que la feconde fe fait auffi loin qu'il fe peut de cette partie. Maintenant s'il s'agit de décider cette queftion d'après ce que nous connoiffons des loix de la circulation, il paroît que lorfqu'il fe fait une évacuation dans une partie quelconque du corps, chacune de fes parties doit contribuer également ou proportionnellement à cette évacuation, enforte qu'il en réfulte une diminution de la maffe totale des humeurs, & que ce n'eft que de cette maniere que l'on peut fe promettre quelque fuccès de cette évacuation.

Mais cette conclusion n'est point d'accord avec l'expérience ; car on pourroit rapporter , d'après les écrits des plus habiles praticiens , une multitude innombrable d'exemples de l'efficacité de la dérivation , aussi bien que de la révulsion , dans diverses maladies , tant externes qu'internes. Autant que j'ai pu en juger , par ma propre expérience , dans les cas dont il est question , les succès que j'ai obtenus par le moyen de la dérivation ont toujours surpassé les avantages que j'ai retirés de la révulsion. Conséquemment , c'est une vérité de fait pleinement confirmée par la pratique , que plus la dérivation se fait près de l'œil attaqué d'inflammation , & plus considérables sont les avantages qu'elle procure , soit que d'ailleurs on n'évacue que de la sérosité ou du sang. C'est pourquoi je conseille , lorsque les sangsues sont tombées , & que les plaies ne saignent plus , d'appliquer un emplâtre vésicatoire de là grosseur d'un florin , sur ces plaies mêmes que les sangsues ont faites ; qui plus est , j'ai remarqué que plus promptement on applique cet emplâtre après l'opération des sangsues , & meilleur est l'effet qui résulte de cette application.

Durant tout le cours de la maladie , il faut éviter tout ce qui peut échauffer ou irriter , faire usage de la méthode rafraichissante & antiphlogistique , & tenir en même temps le ventre libre par des laxatifs doux. Je dis plus ; il faut d'autant plus éviter d'employer aucune espèce de purgatif violent , que l'on a remarqué que dans cette maladie , aussi bien que dans plusieurs autres , ces remedes n'ont point produit d'autre effet que d'affoiblir & d'accabler encore davantage les malades. Il est vrai que HIPPOCRATE a rapporté

qu'une ophtalmie fut guérie par la diarrhée : mais
cette diarrhée survint sans doute d'elle-même, ou
bien ; suivant l'explication qu'en donne RIVIERE,
elle fut de l'espèce de diarrhées qui font l'effet
des remedes doux & rafraîchissans.

Outre les remedes que je viens d'indiquer, il
faut encore-employer des médicamens topiques
& externes. Je dois surtout recommander à ce
titre le laudanum liquide ou la teinture Thébaïque du dispensaire de Londres : ce remede, comme on le sait, est composé d'opium & de drogues
aromatiques chaudes digérés dans du vin d'Espa-
gne. Quoique l'on reconnoisse depuis longtems
que l'opium possède la propriété d'appaiser les douleurs & de faire dormir, cependant quelques-uns
des médecins les plus célèbres n'ont pas laissé que
d'en désapprouver l'usage à l'extérieur. GALIEN
rapporte qu'un gladiateur mourut pour avoir appliqué un emplâtre d'opium sur sa tête, & d'autres
Auteurs assurent que l'opium appliqué extérieurement sur l'œil ou dans l'oreille, a causé l'aveuglement & la surdité.

Mais ce sentiment est contredit par l'expérience, car elle nous apprend de maniere à ne lais-
fer aucun doute, que cet anodin employé à
l'extérieur est d'un grand secours dans un grand
nombre de maladies. J'ai trouvé en particulier
que la teinture thébaïque dont je viens de parler,
est très-utile dans les inflammations des yeux.
J'en introduis deux ou trois gouttes dans l'œil
une ou deux fois dans la journée, suivant que
les symptomes font plus ou moins violens. Cette
liqueur cause au commencement une violente douleur à l'œil, & un larmoyement abondant ; mais cela ne dure que peu de minutes, & se dissipe insen-

fiblement, après quoi les douleurs se trouvent confidérablement & fenfiblement diminuées.——Quelquefois une feule application de ce remede fuffit
déja pour diminuer beaucoup l'inflammation : il
a même guéri dans moins de quinze jours un
grand nombre d'ophthalmies très-fâcheufes, contre lefquelles on avoit employé inutilement tous
les autres remedes pendant plufieurs femaines,
& même pendant des mois entiers.

Cependant il ne faut pas s'attendre que ce collyre procure un foulagement auffi prompt dans
tous les cas. Quelquefois il faut beaucoup plus
de tems pour qu'il produife ce bon effet; j'ai
même vu certains cas, où le premier ufage de la
teinture thébaïque n'a pas procuré le moindre
adouciffement. Mais la plûpart de ces cas étoient
de ceux où l'inflammation des yeux n'avoit encore duré que peu de tems, où les yeux paroiffoient
très-brillans, & où la lumiere caufoit au malade
des douleurs très-vives. Néanmoins il arrive encore quelquefois dans ces cas-là, que la teinture
thébaïque rend de bons fervices : il fuffit alors
pour juger du fuccès que l'on peut s'en promettre, d'en faire un feul effai, dont tout l'inconvénient fe réduit à caufer une douleur paffagere.
Si l'on trouve que cette teinture ne fait point
de bien, alors il faut en fufpendre l'ufage, jufques à ce que l'on ait diminué l'irritation extraordinaire qui a lieu par des évacuans & par d'autres remedes convenables.

Quoique l'opium foit le principal ingrédient
de la teinture thébaïque, on ne peut toutefois
pas attribuer uniquement à ce narcotique les bons
effets que produit dans les ophthalmies l'application extérieure de cette compofition : ce qui me

le fait penſer ainſi, c'eſt qu'à diverſes fois j'ai
employé ſans le moindre ſuccès dans les inflammations des yeux, une forte diſſolution d'opium
préparée avec de l'eau. Il eſt vrai qu'elle appai-
ſoit la douleur pour un peu de tems, mais l'inflammation n'en continuoit pas moins avec la
même violence. Une fomentation préparée avec
des têtes de pavot & appliquée chaudement a
procuré quelque ſoulagement, & a même diſſipé
quelquefois entiérement de légeres inflammations.
Mais on a beau en réitérer l'uſage de cette fomentation dans des cas où le mal étoit opiniâtre; il
eſt demeuré ſans ſuccès, juſques à ce qu'on l'ait
combiné avec celui de la teinture thébaïque.

Cependant, dans la vue de déterminer à quel
des ingrédiens de cette teinture je devois attribuer
particuliérement & principalement l'utilité de ce
collyre dans les inflammations des yeux, j'ai eſſayé une ou deux fois d'introduire dans l'œil attaqué d'inflammation, quelques gouttes de l'autre des deux ingrédiens qui entrent dans la compoſition de la teinture thébaïque, ſavoir du vin
d'Eſpagne. Mais j'ai trouvé que l'application de
cette liqueur excitoit une douleur beaucoup plus
vive, & de plus longue durée que ne le faiſoit
la teinture thébaïque, & cela ſans faire le plus
petit bien.

Voyant donc que ni le vin ni l'opium ne pro-
duiſoient leurs bons effets en les employant ſéparément, mais ſeulement quand ils étoient com-
binés l'un avec l'autre; je me ſuis borné depuis
longtems à ne faire uſage que de la teinture thébaïque uniquement. Je la recommande donc comme
un remede très-efficace dans toutes les eſpeces &
dans tous les degrés de l'ophthalmie, pourvû

qu'on ne l'employe qu'avec les précautions que
j'ai indiquées. On pourra fe convaincre de cette
efficacité par les hiftoires des malades dont je rendrai compte plus bas.

Pour ce qui eft de la maniere d'agir, en vertu
de laquelle la teinture thébaïque appliquée extérieurement réuffit dans les inflammations des yeux,
elle eft d'abord la même que celle d'une autre
fubftance irritante, qui auffitôt qu'elle entre dans
l'œil, y caufe de la chaleur & de la douleur. Si
l'on examine l'œil dans ces premiers momens,
on trouvera que les vaiffeaux fanguins enflammés ont confidérablement augmenté, foit pour le
nombre, foit pour la groffeur. En même tems
la liqueur excite un écoulement abondant de larmes, & augmente peut-être auffi la fecrétion des
vaiffeaux abforbans dont les extrémités aboutiffent à toute la furface du globe de l'œil. Il eft
vraifemblable que tous ces effets font produits
par le vin & par les drogues aromatiques qui entrent dans la compofition de la teinture thébaïque,
entant, à ce que je crois, que ces fubftances ac-
célérent le mouvement des humeurs, & diffipent
peut-être auffi certaines petites obftructions.

Suivant cela, on peut donc envifager le larmoyement que la teinture thébaïque excite en irritant l'œil, comme une évacuation immédiate
qui a lieu dans la partie malade, & qui la débar-
raffe & décharge ainfi en partie de ce qui la mettoit à la gêne.

Mais cette violente irritation n'eft pas de longue durée, & auffitôt qu'elle eft paffée, l'œil
jouit d'un calme complet: on trouve alors, non
feulement que les vaiffeaux fanguins font devenus beaucoup plus petits qu'ils n'étoient avant

l'ufage du remede, mais qu'outre cela leur nôm-
bre paroit confidérablement diminué. Ce calme &
cette ceſſation de la douleur peuvent être en partie l'effet de l'évacuation que le remede a procurée; mais ils ſont ſans doute auſſi un effet de la
propriété ſpécifique & connue de l'opium; en
vertu de laquelle ce médicament détruit l'irritabilité, & calme les douleurs.

Mr. GOULARD a recommandé la diffolution
du plomb dans le vinaigre étendue dans de l'eau
(h), comme un remede ſûr contre toutes les inflammations; ſur-tout contre les inflammations
des yeux. Mais l'on s'eſt bientôt apperçu, que
quoique ce collyre ſoit quelquefois utile dans des
ophthalmies qui ne durent pas depuis long-tems,
& qui viennent de quelques cauſes externes; il
eſt cependant d'autres cas qui dépendent de cauſes plus compliquées, dans leſquels il ne produit
ni ne peut produire aucun bon effet.

Mr. FALK a recommandé la diffolution d'un
grain de ſublimé corroſif dans quatre onces d'eau
diſtillée, pour la guériſon tant des ophthalmies
vénériennes que de celles qui proviennent d'autres cauſes; & il aſſure que cette diffolution eſt
auſſi utile pour diffiper les taches & les excroif-
ſances de la cornée. Je l'ai employée avec beaucoup de ſuccès pour remédier à ces dernieres incommodités, & j'ai réuſſi quelquefois en très-
peu de tems par ce moyen à faire difparoître des
taches de la cornée, ſurtout lorſqu'elles n'étoient
que ſuperficielles. Mais dans d'autres cas où elles
étoient plus profondes, il a fallu beaucoup plus
de

(h) L'eau *végéto-minérale*.

de tems. Il est à propos pour les taches de cette
derniere espece, & indépendamment de l'usage
de la dissolution aqueuse du sublimé corrosif, de
mettre une fois par jour sur la tache un peu de
verre réduit en poudre très-fine, en se servant
pour cela d'un pinceau. Cette dissolution est aussi
utile pour remédier à la chaleur & à la déman-
geaison des paupieres ; incommodité à laquelle
plusieurs personnes sont sujettes, surtout celles
qui sont obligées de travailler beaucoup à la lumiere.

Il est encore une autre cause qui donne lieu à
l'ophthalmie, & dont il faut que je fasse ici mention. Je veux parler du renversement du bord
des paupieres, maladie que HEISTER a décrite
sous le nom de *trichiasis*. Elle consiste à ce que
les cils ou les poils qui sortent des bords des
paupieres, frottent continuellement l'œil & l'irritent par ce frottement. On guérit cette espece
d'ophthalmie pour un tems seulement, ou radi-
calement. On obtient la premiere de ces guéri-
sons en arrachant les cils avec leur racine : mais
alors le mal revient, lorsque ces poils ont recru,
ce qui arrive ordinairement dans très-peu de
tems. Pour la guérison radicale, il n'y a point
d'autre moyen de l'obtenir, que de remettre les
bords des paupieres dans leur situation naturelle,
& de les y maintenir.

Cependant il est à propos de distinguer le renversement de la paupiere supérieure d'avec celui
de l'inférieure. Car quoique ces deux maladies
produisent le même effet, il paroit cependant
qu'elles procédent de causes différentes, & que
conséquemment elles demandent des traitemens
différens.

Tome I.   N

La paupiere fupérieure & fon bord font affujettis dans leur affiette naturelle, foit qu'ils foient dans leur état de repos, foit dans leurs mouvemens, au moyen de deux mufcles qui agiffent de concert, quoique en fens contraires ; ces mufcles font le mufcle orbiculaire de l'œil, & le releveur de la paupiere fupérieure. Mais la paupiere inférieure, dont le mouvement eft très-petit en comparaifon de celui de la fupérieure, n'a point de mufcle qui la gouverne, comme le fait le releveur de la paupiere fupérieure, relativement à cette partie : cette fonction eft fuppléée dans la paupiere inférieure uniquement par le moyen des fibres qu'elle reçoit par une expanfion de celles du mufcle orbiculaire, comme auffi par l'épaiffeur & la réfiftance de la peau qui la couvrent. Au contraire, la peau de la paupiere fupérieure eft toujours mince, flafque & pliffée. Conféquemment lorfque la paupiere fupérieure fe renverfe en dedans, il paroît que cela provient d'un relâchement du mufcle releveur de cette paupiere & d'une contraction de la partie fupérieure du mufcle orbiculaire. Au contraire, le renverfement de la paupiere inférieure ne peut abfolument être l'effet que du relâchement de la peau, & de la contraction de la partie inférieure du mufcle orbiculaire.

Or ces différences indiquent que l'on doit employer un traitement différent pour ces deux fortes de cas. On ne peut manquer de remédier au renverfement de la paupiere inférieure, en augmentant la réfiftance de la peau, au point qu'elle empêche la contraction du mufcle orbiculaire de l'œil. Mais lorfque la paupiere fupérieure eft renverfée, ce feroit fans aucun fuccès que l'on augmenteroit la réfiftance de la peau ; & l'on ne peut réuffir dans ce cas qu'en irritant affez fortement le mufcle releveur de cette paupiere pour qu'il fe contracte fuffifamment.

Le renverfement de la paupiere fupérieure n'arrive que rarement : cependant je ferai part à mes lecteurs de l'hiftoire d'un cas de cette efpece, & de la méthode que j'ai fuivie dans le traitement (i). Quant au renverfement de la paupiere inférieure, il arrive beaucoup plus fréquemment. Lorfque le mal n'eft pas encore invétéré, on peut quelquefois y remédier en faifant un pli à la peau au deffous de la paupiere qui eft dans cet état, après quoi on tire le bord de cette paupiere pour le féparer de l'œil, & l'on affujettit la peau dans cette fituation au moyen d'un morceau de taffetas d'Angleterre. On fe fert auffi pour cet effet d'un inftrument particulier fait exprès, au moyen duquel on pince une petite portion de la peau, après quoi on le laiffe pendre fur la joue, enforte que cet inftrument fait par fa pefanteur le même effet que l'emplâtre, en l'affujettiffant de maniere à ne pas la laiffer échapper facilement.

Mais comme ce n'eft que lorfque le mal eft des plus légers, que la peau de la paupiere peut recouvrer fa premiere élafticité à l'aide des moyens que je viens d'indiquer ; on fe voit obligé dans les cas où le mal eft opiniâtre, de couper une petite portion de la peau de la joue fous le bord de la paupiere, puis de réunir les bords de la plaie en y faifant un point de futture. Voyez le *dixieme cas.*

Cependant il eft auffi des cas où aucune des

(i) Voyez le *onzieme cas* ci-après.

N 2

méthodes que je viens de décrire ne peut procurer une guérifon complette : tels font par exemple ceux où les bords des paupieres font non feulement renverfés, mais où ils font outre cela devenus plus courts & fe font contractés. Il n'eft
point d'autre moyen de remédier à ces cas, que
d'agrandir le contour du bord de la paupiere. On
peut y réuffir de deux manieres ; ou en faifant à
l'angle externe de l'œil une incifion en ligne droite, au moyen d'un biftouri courbe dont la pointe foit émouffée ; ou bien en divifant par le milieu le bord cartilagineux ou le tarfe de la paupiere. Cette derniere opération eft rarement néceffaire ; mais s'il arrive qu'elle le foit, le mieux
eft pour y réuffir de fe fervir d'un biftouri courbe,
tel que celui dont j'ai parlé tout-à l'heure. Je me
contenterai feulement de remarquer à ce fujet,
que l'on doit bien faire attention de placer la
pointe de ce biftouri entre le globe de l'œil &
la paupiere, & de diriger l'inftrument en-bas
jufqu'au deffous du cartilage, enforte qu'il def-
cende de la longueur d'environ la huitieme d'un
pouce, puis lorfque l'on en eft là, de le retirer
droit en dehors. Le cartilage étant ainfi entiérement divifé, alors les deux parties de la paupiere fe retirent vers chacun des angles de l'œil ; on
remédie de cette maniere non feulement pour ce
moment-là à la maladie en queftion, mais encore
on prévient les rechùtes qui pourroient avoir lieu
dans la fuite.

PREMIER CAS.

Une femme âgée de vingt-fix ans, & qui venoit de faire une fauffe-couche, fut attaquée au

mois de Novembre 1778, d'un violent catarrhe pour s'ètre expofée au froid : ce catarrhe étoit accompagné d'une forte inflammation de l'œil gauche. La malade fe fervit de diverfes eaux pour les yeux, mais fans aucun fuccès. Après cela, on lui appliqua des fangfues à la tempe gauche, & cela à trois différentes fois, dans l'efpace de peu de jours, ce qui réuffit effectivement à diminuer l'inflammation. Mais la malade s'étant derechef expofée au froid, le mal revint, & fut tout auffi violent qu'il l'avoit été la premiere fois.

Ce ne fut qu'au bout de fix femaines que l'on commença à faire ufage de la teinture thébaïque, de la maniere que je l'ai indiqué ci-deffus. On remarqua environ ce tems-là qu'il s'étoit formé une petite tache fur la cornée, laquelle étoit du côté droit de la prunelle qu'elle couvroit en partie. L'inflammation étoit alors fi confidérable, que la plus foible lumiere caufoit à la malade des douleurs très-violentes. La premiere application de la teinture occafionna à cette femme une fenfation des plus douloureufes, mais qui fe diffipa dans peu de minutes, après quoi la malade fe trouva fenfiblement foulagée. Lorfque je la vis pour la premiere fois, l'inflammation me parut fi confidérable, que, outre l'ufage de la teinture, je lui prefcrivis en même tems de fe faire mettre trois fangfues à la tempe gauche, puis de faire appliquer un véficatoire au même endroit, auffitôt que les plaies auroient ceffé de faigner. Mais comme les fangfues ne voulurent pas mordre, on négligea d'appliquer l'emplâtre.

Le jour fuivant la malade fe trouva beaucoup foulagée, & il parut que l'œil étoit beaucoup moins enflammé. On revint donc à l'ufage de

N 3

la teinture, & cela avec tant de fuccès, que l'on
ne jugea plus qu'il fût néceffaire de recourir à
l'application des fangfues, ni à celle de l'emplâtre.
Au bout de trois jours la malade pût ouvrir l'œil,
& quinze jours après, l'inflammation étoit entiérement diffipée, & la cornée étoit nette au point
que la malade voyoit fuffifamment pour vaquer
à fes occupations ordinaires.

SECOND CAS.

Au mois d'Augufte 1778, une fille de l'âge de
dix ans fut attaquée d'une violente ophthalmie à
l'œil droit, fans que l'on fût à quoi l'on devoit
en attribuer la caufe. On la faigna, on lui donna
plufieurs remedes internes, & pour l'extérieur on
lui baffina l'œil avec l'eau de GOULARD; mais
tous ces fecours furent infructueux. Quelques femaines après je fus appellé auprès de la malade,
je trouvai que les paupieres étoient fi fort enflées, qu'il n'étoit abfolument pas poffible de découvrir en quel état étoit l'œil même. Je commençai par y faire inftiller de la teinture thébaïque de la maniere que j'ai dite précédemment, ce
qui caufa la douleur qui fuit ordinairement l'application de ce collyre. Mais à peine s'étoit-il
écoulé une heure, que la malade fentit beaucoup
moins de douleur dans l'œil qu'elle n'en avoit
éprouvé dès le commencement du mal. Le foir
du même jour, on lui mit des fangfues à la tempe, & après cela on y appliqua un véficatoire.
Le lendemain on réitéra l'ufage de la teinture,
qui produifit le même bon effet.

Le troifieme jour au matin, la malade pouvoit
affez ouvrir l'œil pour être en état de diftinguer

les objets : mais comme la lumiere lui caufoit encore une fenfation trop douloureufe, elle referma au plus vite la paupiere. La malade portoit conftamment un écran devant cet œil, & on l'obligea à fe tenir pendant quelques jours dans une chambre obfcure. Outre cela, on continua pendant trois femaines à faire, une fois par jour, ufage de la teinture thébaïque, ce qui procura chaque fois un foulagement confidérable, & à la longue un amendement foutenu. Après cela, on continua l'ufage de la teinture pendant quatre femaines, mais en ne s'en fervant que de deux jours l'un : ce tems écoulé, la malade put affez bien voir de cet œil, pour qu'il ne fût plus néceffaire de garder l'écran. Alors on commença à laver l'œil foir & matin avec une diffolution affoiblie de fublimé-corofif, & on faupoudra une petite tache qu'il y avoit fur la cornée avec du verre pulverifé. La malade a fait ufage de tous ces remedes pendant plus d'une année, & cela avec le plus grand fuccès, en forte que la tache eft devenue beaucoup plus petite & la vue beaucoup plus claire qu'elles ne l'étoient au commencement.

TROISIEME CAS.

En Avril 1778, un voiturier fe trouva furpris en faifant fa route par une violente fievre, enforte qu'il fût obligé de s'arrèter en chemin pour fe mettre au lit. Il prit quelques remedes pour fe faire fuer, au moyen de quoi la fievre diminua au bout de deux jours : mais alors le malade fut tout d'un coup attaqué d'une violente douleur à l'œil droit, laquelle traverfoit toute la tête, & fe faifoit fentir jufqu'à l'occiput. L'inflamma-

N 4

tion paroiſſoit moins conſidérable, à en juger par l'apparence extérieure, qu'elle ne devoit l'être eu égard à la violence des douleurs. On ſaigna le malade, on le purgea, & on lui mit des véſicatoires derriere les oreilles. On appliqua à différentes repriſes cinq ſangſues aux tempes ; on lava l'œil avec une décoction de tètes de pavots : mais le malade ne retira que peu de ſoulagement de tous ces remedes. Après qu'il eût été obligé de garder la chambre pendant deux mois, la douleur commença enfin d'elle-même à diminuer inſenſiblement: mais le malade avoit entiérement perdu la vue de cet œil malade. Là deſſus, il recommença vers la fin du mois de Juin l'exercice de ſa profeſſion, n'ayant pour cela que l'uſage de ſon œil gauche ; il continua de cette maniere juſques à la fin d'Auguſte.

Environ ce tems-là, il fut tout d'un coup attaqué pendant la nuit d'une violente douleur & inflammation au même œil qui avoit déja été malade, & de la même maniere. On lui fit une ſaignée ; on lui frotta la tète avec un onguent anodin : mais comme tout cela ne procuroit aucun ſoulagement au malade, il vint à Londres le deuxieme Septembre, afin d'y chercher du ſecours. Tout l'œil étoit extrèmement enflammé, & reſſembloit à un morceau de chair crue. La prunelle outre cela étoit fort dilatée, & le bord inférieur de l'iris étoit inégal. Je fis d'abord dégoutter du laudanum liquide dans l'œil, & le ſoir je fis appliquer trois ſangſues à la tempe droite, & enſuite un véſicatoire. Le lendemain matin le malade prit un purgatif léger ; je fus le voir avant midi, & je trouvai qu'il n'avoit preſque plus de douleur. Après cela, je lui fis laver l'œil matin &

soir avec une diffolution délayée de fublimé, & je recommandai de continuer l'ufage du laudanum pendant quinze jours confécutifs, en le réitérant une fois par jour. Au bout de ce tems-là, la douleur étoit tout-à-fait appaifée, & l'inflammation étoit diffipée pour la plus grande partie, en forte que le malade put trois femaines après recommencer à exercer fon métier comme auparavant.

QUATRIEME CAS.

Une jeune fille, depuis environ fix années qui s'étoient écoulées après qu'elle avoit eu la petite-vérole, fouffroit une douleur prefque continuelle & menaçante dans l'œil gauche, fans que l'on pût appercevoir que bien peu ou point d'inflammation dans cet œil. La malade avoit déja eu des inflammations aux yeux de tems en tems, avant que d'avoir eu la petite-vérole. Pendant cette maladie il lui vint droit fur le criftallin un bouton de petite-vérole, mais qui au lieu d'une tache laifla feulement une cicatrice, qui faifoit que les rayons de lumiere ne pouvoient pas fe diftribuer dans l'œil d'une maniere uniforme, en forte que les objets que la malade regardoit lui paroiffoient comme au travers d'un verre glaceux. On confulta plufieurs médecins & chirurgiens, qui confeillerent à la malade nombre de remedes, furtout de remedes internes, mais qui furent tous fans aucun fuccès.

Au mois de Janvier 1779, la douleur de l'œil étant devenue plus forte que de coutume, on y introduifit un peu de teinture thébaïque. La douleur qui fuit ordinairement cette application paffa dans très-peu de tems, & fut fuivie d'un calme

tel, que depuis longtéms elle n'en avoit pas éprouvé un femblable. On réitéra l'ufage de cette teinture tous les jours pendant quinze jours de fuite,
& cela avec un fuccès foutenu, en forte que depuis lors la malade n'a pas eu la moindre rechûte.

CINQUIEME CAS.

Une femme âgée d'environ trente-cinq ans
avoit perdu l'ouie depuis environ quinze ans,
tems auquel elle avoit fouffert de très-violentes
douleurs de tète, & où il lui étoit venu une
éruption dans différentes parties du corps. Outre
ces fymptomes, elle fut encore attaquée d'une violente inflammation à l'œil gauche, laquelle fut
fuivie d'une grande tache fur la cornée qui, à la
vérité, ne privoit pas entiérement cet œil de la
vue, mais qui faifoit que la malade ne *pouvoit*
pas s'en fervir. Au mois d'Octobre 1778, cet
œil fut derechef attaqué d'ophthalmie avec encore plus de violence, en forte qu'il en réfulta
un aveuglement complet & de grandes douleurs.

Il y avoit déja une femaine que ces fymptomes
duroient lorfque j'allai voir la malade. Il y avoit
alors des taches fur les deux yeux, & la prunelle de l'œil gauche paroiffoit en être entiérement couverte. J'inftillai un peu de laudanum
liquide dans l'œil droit, & j'attendis enfuite pour
voir quel effet il produiroit : peu de minutes après,
la malade fe fentant confidérablement foulagée,
elle me pria d'en faire de même à l'autre œil. Le
jour fuivant, je fcarifiai les deux yeux au moyen
d'une vergette faite avec des barbes d'épis d'orge :
mais cette fcarification, comme je l'ai obfervé
chez plufieurs autres malades, caufa non feule-

ment beaucoup de douleur à cette femme, mais
outre cela, ne fit pas le moindre effet avantageux.
Là-dessus elle fit usage du laudanum liquide tous
les jours pendant une semaine, au bout de laquelle les symptomes se trouverent beaucoup diminués. Cependant comme l'inflammation étoit
encore passablement violente, je me déterminai
à faire appliquer à chaque tempe trois sangsues,
& ensuite un vésicatoire. Outre cela, je fis prendre
à la malade de trois jours l'un un purgatif doux.

Au reste, elle continua l'usage de la teinture
thébaïque pendant trois semaines de suite, au
bout desquelles sa vue fut rétablie, au point qu'elle
pouvoit faire un bon bout de chemin toute seule.
Le prompt soulagement qu'elle éprouvoit chaque
fois qu'elle faisoit usage de la teinture thébaïque,
l'engagea à le continuer après que l'inflammation
sût été dissipée, & cela pendant deux mois entiers. Lorsqu'elle l'eût discontinué, il se trouva
que la tache qu'elle avoit à l'œil gauche étoit
devenue visiblement plus mince & plus petite,
en sorte que la malade pouvoit se servir de cet
œil pour distinguer les objets en les regardant de
côté. Quant à l'œil droit, elle en voyoit très-
distinctement & parfaitement.

SIXIEME CAS.

Un homme âgé de trente-cinq ans, fut attaqué
au mois de Février 1779 d'une ophthalmie très-
violente & très-douloureuse, qui augmenta encore considérablement, parce qu'il n'en continua
pas moins l'exercice de sa vocation, qui étoit celle
de courtier de vaisseau. —— Le troisieme jour, après
que l'inflammation eût commencé, le laudanum

fut mis en ufage de la maniere indiquée précédemment. Ce collyre caufoit au malade une douleur exceffive, & qui duroit prefque pendant une
heure entiere, fans qu'il s'enfuivit le moindre
foulagement, comme cela arrive à l'ordinaire. Le
même foir on appliqua à la tempe droite des fangfues, puis un véficatoire, ce qui lui fit quelque
bien. Le jour fuivant on revint à la teinture thébaïque, mais elle lui caufa les mêmes douleurs
que la veille.

Il y avoit déja quelques mois que cet homme
avoit eu de violentes douleurs aux deux tempes;
la douleur qu'il éprouvoit à la tempe droite s'a-
menda confidérablement après l'application des
fangfues & du véficatoire. Cependant on fit auffi
appliquer des fangfues & un véficatoire à la tempe
gauche, tant dans la vue d'appaifer la douleur
de cette partie, qu'afin de procurer en même tems
du foulagement à l'œil gauche: on réuffit en effet
par-là à diminuer la douleur de cet œil, quoiqu'enfuite l'inflammation ne laiffât pas que d'être
tout auffi confidérable. Avant cette application,
le malade avoit déja fait ufage par trois fois de la
teinture thébaïque, qui avoit toujours caufé des
douleurs auffi vives, fans qu'il s'enfuivit le moindre calme ou le moindre amendement.

Pour lors on introduifit dans l'œil trois gouttes d'une diffolution aqueufe d'opium bien char-
gée. Cela parut à la vérité diminuer la douleur,
mais après que ce nouveau collyre eût été mis en
ufage pendant une femaine entiere, l'inflammation n'en fut pas moins confidérable. On fit donc
pour la troifieme fois appliquer à la tempe droite
les fangfues & un emplâtre véficatoire. Cela étant
fait, on recommença à faire dégoutter de la tein-

ture thébaïque dans l'œil, & on trouva qu'elle
ne caufoit que très-peu de douleur, & que cette
douleur n'étoit pas plus forte que celle que ce
collyre excite ordinairement chez d'autres malades ; après quoi, peu de minutes enfuite, il fuc-
céda auffi un calme pareil à celui qui avoit eu
lieu chez les malades précédens. On réitéra l'ufage de cette teinture pendant dix jours confécutifs
matin & foir ; au bout de ce tems-là l'inflammation fut entiérement diffipée & le malade complettement rétabli (*k*).

SEPTIEME CAS.

Un enfant avoit eu la rougeole en 1752. D'abord
après cette maladie, on s'apperçut qu'il y avoit
fur la cornée une petite tache, qui étoit accompagnée d'une inflammation très-fenfible. Ce dernier
fymptome devint dans la fuite tantôt plus violent,
tantôt plus léger ; mais la tache augmenta beaucoup, enforte qu'au bout d'une année, tems auquel Mr. WATHEN vit le malade pour la premiere fois, cette tache étoit devenue fi groffe, qu'elle empèchoit confidérablement la vue. On avoit
tiré du fang au malade, on lui avoit appliqué
des véficatoires, & on lui avoit prefcrit des médicamens purgatifs & des dépuratifs.

En conféquence, Mr. WATHEN fe borna uniquement à l'ufage externe du laudanum liquide.
Cet anodin caufa beaucoup de douleur au malade, ce qui fit craindre à Mr. WATHEN que peut-
être il ne l'eût employé trop tôt : mais le lende-

_____

(*k*) Ce cas & les deux fuivans m'ont été communiqués par Mr. WATHEN. *Note de l'Auteur.*

main il fut convaincu du contraire, en voyant
que le malade pouvoit ouvrir l'œil & supporter
la lumiere, ce qu'il n'avoit pas pu faire il y avoit
longtems. On continua donc pendant quinze jours
de suite à faire dégouter tous les matins du laudanum dans l'œil. L'inflammation se trouva alors
entiérement diffipée, & la tache étoit devenue
un peu plus petite. Alors on fit usage de divers
collyres déterfifs en liqueur, en les combinant
toujours avec la teinture thébaïque; & lorfque
l'œil étoit un peu douloureux, ou qu'il paroiffoit
le moins du monde enflammé, on reprenoit auffi-
tôt l'usage de la teinture seule. Au bout de quelques mois, la tache fut entiérement diffipée, &
au mois de Novembre 1754, cet œil se trouva à
tous égards auffi sain que l'autre.

HUITIEME CAS.

Une femme étoit depuis douze ans fujette à une
inflammation des deux yeux, laquelle étoit particuliérement due à un grand refroidiffement auquel la malade s'étoit imprudemment exposée en
prenant un bain très-froid. Elle avoit été pendant affez longtems dans l'hôpital de Guy & pendant trois années entieres dans l'infirmerie de
Londres. Enfin, elle eut recours à Mr. WATHEN,
qui mit en usage tous les remedes ufités, & tenta
tous les moyens par lefquels il croyoit pouvoir
foulager la malade. Mais il ne fut pas plus heureux que ses prédéceffeurs. A la fin il fit usage
du laudanum liquide, qui procura fur le champ
un peu de foulagement à la malade, & lui fut
dans peu de tems si falutaire, qu'elle pouvoit reconnoître les personnes & fupporter la lumiere.

Avant l'ufage du laudanum, la cornée étoit fort épaiffe, mais elle devint peu-à-peu plus mince. On fe fervit du laudanum tous les jours une fois durant l'efpace de plufieurs mois, & cela conftamment avec un grand foulagement pour la malade, jufques à ce qu'enfin fa vue fût redevenue affez bonne pour qu'elle pût enfiler une fine aiguille. Il eft vrai que dans la fuite elle eut encore quelques légeres attaques d'ophthalmie, mais on empêcha toujours, en recourant immédiatement à l'ufage de la teinture thébaïque, que l'inflammation ne parvînt à être confidérable.

NEUVIEME CAS.

Un jeune garçon fut attaqué d'une enflure confidérable à l'œil droit, enforte que dans peu de tems cet œil devint extraordinairement gros, qu'il perdit fa forme naturelle & qu'il reffembloit à une groffe excroiffance fongueufe. Lorfque Mr. WATHEN vît cet enfant, le mal duroit déja depuis plufieurs femaines, & lui caufoit beaucoup de douleur. On avoit adminiftré la faignée, des fomentations, &c. &c., mais fans aucun fuccès. La tumeur étoit alors fi groffe, qu'elle fortoit en dehors de la paupiere, & comme l'enfant devenoit de jour en jour plus foible & plus malade, Mr. WATHEN fe vit enfin obligé d'en venir à l'extirpation de l'œil. Tout alla bien après cette opération jufques au troifieme jour; mais alors il furvint tout-à-coup dans la plaie & dans l'orbite une douleur fi violente, qu'elle faifoit craindre les fuites les plus fâcheufes. Cela engagea Mr. WATHEN à recourir à la teinture thébaïque, qui foulagea à l'inftant même le malade. Après cela l'enfant dormit bien , & tous les fymptomes fâcheux difparurent. La plaie fuivit le cours or- dinaire , & fut entierement confolidée en peu de tems.

On a employé la même teinture avec beau- coup de fuccès , chez plufieurs autres perfonnes, dans la vue de remédier à cette efpece d'inflam- mation qui furvient à la fuite des opérations que l'on fait aux yeux : on s'en eft principalement fervi avantageufement dans les inflammations qui arri- vent à la fuite de l'extraction de la cataracte & des incifions que l'on fait à la cornée , pour faire écouler le pus amaffé entre cette tunique & l'iris.

D I X I E M E C A S.

Ophthalmie caufée par le renverfement de la pau- piere inférieure.

Une femme âgée de cinquante ans vint auprès de moi au mois de mai de 1779 , au fujet d'une inflammation qu'elle avoit à l'œil gauche , & qui duroit depuis près de deux années , quoiqu'elle eût effayé divers remedes. Il paroîffoit vifiblement que cette inflammation venoit d'un renverfement de la paupiere inférieure, qui faifoit que les cils frottoient & irritoient continuellement l'œil. La malade étoit fujette depuis quelques années à des accès de convulfions qui attaquoient toutes les parties du corps , & c'étoit après en avoir éprou- vé un violent accès, que cette ophthalmie lui étoit furvenue.

Je fis d'abord defcendre la paupiere au moyen d'un emplâtre agglutinatif, & je la retins dans cette fituation , de maniere que la peau faifoit un

pl

pli fur la joue. Je réuffis par-là à faire que le bord
de la paupiere reftât tourné en dehors, tant qu'il
étoit affujetti à l'emplâtre : mais après avoir continué cette méthode pendant quelques jours, je
trouvai que lorfque la paupiere s'échappoit de
deffous l'emplâtre, comme cela arrivoit fouvent,
elle fe remettoit dans fa premiere fituation & fe
renverfoit comme auparavant. Je fixai donc à la
peau au deffous de cette paupiere, un inftrument
femblable à celui que BARTISCH a inventé, &
dont HEISTER a donné la figure (1), & je le laif-
fai pendre fur la joue. Cet inftrument faifoit par
fa pefanteur que la paupiere ne pouvoit plus fe
renverfer ; mais comme ce moyen ne pouvoit pas
procurer une guérifon durable, & que le pince-
ment de la peau caufoit de la douleur à la malade ; je me déterminai à faire un pli tranfverfal à
la peau au deffous de la paupiere ; & à le couper,
après quoi je fis trois points de future pour réunir
les bords de la plaie. Le jour fuivant, la peau autour de l'œil étoit fort enflée ; mais cette enflure
fut bientôt diffipée par des fomentations avec de
l'eau de *Goulard.* Alors tout alla bien, la paupiere demeura toujours dans fa fituation naturelle, l'inflammation de l'œil difparut incontinent,
& la malade fut dans peu de tems complettement
rétablie.

Au mois de Décembre fuivant, cette femme revint auprès de moi & me fit voir une inflammation à l'œil droit, qui lui étoit venue comme
celle de l'œil gauche, de ce que la paupiere in-

(1) *Chirurg.* T. I. p. 511. Planche XV. figure dix-
neuvieme & vingtieme.

férieure s'étoit auffi renverfée. L'œil gauche étoit toujours refté en bon état. Je fis pour l'œil droit la même opération que javois faite pour le gau che, & cela avec le même fuccès.

ONZIEME CAS.

Hiftoire d'une ophthalmie occafionnée par le renverfe- ment de la paupiere fupérieure (m).

Le cas le plus fâcheux que j'aye vu de cette efpece d'ophthalmie eft arrivé à un jeune homme de dix-huit ans. On lui avoit déja à différentes fois arraché les cils de la paupiere; mais ils re- croiffoient toujours contre l'œil, & caufoient par- là des douleurs très-vives & beaucoup d'inflam- mation. On mit d'abord en ufage une quantité de remedes différens, tels que la faignée, les pur- gations, les véficatoires, les fétons, le quinqui- na, les médicamens propres à purifier le fang; en un mot, on employa tous les remedes dont les plus habiles médecins & chirurgiens pouvoient s'avifer : enfin on eut recours à toutes fortes de collyres & d'onguents de charlatans pour les yeux; mais tous ces fecours furent infructueux, & le malade devint tout d'un coup aveugle.

A la fin on demanda à me confulter, & on voulut favoir fi j'avois quelque objection à faire contre une opération que propofoit un oculifte ambulant, qui féjournoit alors en Angleterre. Cette opération devoit confifter à faire un pli tranfverfal à la paupiere fupérieure & à le cou-

(*m*) Ce cas m'a été communiqué par un très-habile chirurgien. *Note de l'auteur.*

per. Je ne trouvai rien à oppofer à cette opération, quoique je ne m'en promiffe pas beaucoup
de fuccès. —— Mais l'oculifte étranger s'étant brouil-
lé avec les parens du jeune homme, on eut derechef recours à moi. Ayant examiné avec attention toutes les circonftances de ce cas, je trouvai
que le froncement de la paupiere fupérieure ne
venoit pas d'une fuperfluité de la peau de cette
paupiere, mais d'un relâchement du mufcle releveur de cette partie.

Je changeai donc le plan de l'opération, & je
l'exécutai de la maniere fuivante. Je fis à la peau
de la paupiere fupérieure une incifion qui s'étendoit depuis l'angle interne de l'œil jufqu'à l'angle externe. Alors je féparai les fibres du mufcle
orbiculaire, de maniere à découvrir l'expanfion du
mufcle releveur, auffi près que poffible de l'endroit où ce mufcle fe termine au bord de la paupiere: je cautérifai deux ou trois fois dans cet
endroit les fibres tendineufes & charnues de ce
mufcle, avec un petit fer affez chaud, & dont la
forme étoit telle, qu'elle pût s'adapter à la con-
vexité du globe de l'œil. Mon deffein, en faifant
cette opération, étoit qu'en irritant ce mufcle (&
en détruifant une portion de fa fubftance), j'occa-
fionnaffe un raccourciffement de fes fibres, femblable à celui que l'on voit arriver dans d'autres
parties du corps, enfuite d'une brûlure. C'eft ce
qui arriva effectivement, & quoique la paupiere
reftât toujours plus haute que je ne l'aurois voulu, je réuffis cependant par cette opération à remédier à fon renverfement: l'inflammation fe diffipa & le malade recouvra l'ufage de fon œil.

DE LA PSOROPHTHALMIE,

*Ou de l'inflammation & de l'ulcération des pau-
pieres, par le même auteur.*

IL eſt connu que la tunique que l'on appelle
conjonctive revèt la ſurface interne des paupieres,
& que de là elle ſe replie pour couvrir la partie
antérieure du globe de l'œil. Voilà pourquoi lorſque la partie de cette membrane qui revèt le
globe de l'œil eſt enflammée juſqu'à un certain
point, cette inflammation s'étend juſques ſur
l'autre portion de la conjonctive qui tapiſſe les
paupieres. Mais comme cette inflammation n'eſt
autre choſe qu'un ſymptome ou un effet immédiat de l'inflammation de l'œil, il s'enſuit qu'elle
ſe diſſipe ordinairement auſſitôt que l'ophthalmie
a ceſſé.

Cependant cela n'arrive pas conſtamment; car
quelquefois l'inflammation des paupieres ſe trouve
compliquée avec des ulceres qui ſurviennent à
leurs bords. Ces ulceres ſont enduits d'une matiere gluante qui ſe durcit, ce qui fait que lorſque les paupieres ſont en contact l'une avec l'autre pendant un certain tems, comme cela arrive,
par exemple, pendant le ſommeil, elles ſe collent
fortement l'une contre l'autre, enſorte que l'on
ne peut pas les ſéparer ſans peine & ſans quelque
douleur. Cette inflammation & cette ulcération
conſtituent la maladie dont je veux parler ici. Je
lui donne le nom de *pſorophthalmie*, parce qu'il

me paroît exprimer mieux qu'aucun autre la nature de cette maladie. (*a*).

Pour fe faire une jufte idée de la pforophthalmie , il faut fe fouvenir , qu'à la furface interne
& proche du bord des paupieres, il y a un affez
grand nombre de petites glandes, qui féparent
une humeur de confiftance fébacée qui s'évacue
par une rangée de petits orifices , placés immédiatement à la furface interne des bords des paupieres. Ce font ces orifices, & quelquefois les glandes mêmes qui paroiffent être principalement affectées dans cette maladie ; & il y a apparence que
l'humeur qu'elles féparent, au lieu d'être tout-à-
fait douce & pas trop épaiffe , comme elle doit
l'être naturellement, pour être propre à garantir
les parties de l'âcreté des larmes ; il y a apparence , dis-je , que dans la pforophthalmie cette humeur douce dégénere en une matiere âcre , mor-
dicante & très-vifqueufe, qui caufe à l'œil & aux
paupieres une irritation continuelle , & corrode
les bords internes de celles-ci ; enforte que lorfque l'on ne fait pas affez d'attention à cette maladie, elle dure fouvent pendant plufieurs années.

Il me paroît que de tous les auteurs qui me
font connus, SAINT-YVES eft celui qui a donné
la defcription la plus exacte de cette maladie, au
chapitre qui a pour titre *de l'ophthalmie qui arri-*
ve à la fuite de la petite-vérole (*b*). Il y obferve
que les boutons de petite-vérole qui viennent au

_____

(*a*) CASTELLI dans fon *dictionnaire de médecine*
définit la pforophtalmie une gratelle des paupieres , *fca-*
bies pruriginofa palpebrarum. *Note de l'Editeur de*
Leipfick.

(*b*) *Des maladies des yeux* , page 191.

O 3

bord du tarse des paupieres ne laissent point de cicatrices, lorsqu'ils pénetrent entre la surface interne & externe des paupieres, parce que ces cicatrices ne peuvent pas avoir lieu, à raison de l'humeur âcre qui, en humectant continuellement l'œil, empêche qu'elles ne puissent se former, en sorte qu'il en résulte de petits ulceres qui durent quelquefois pendant plusieurs années, & même pendant toute la vie, si l'on n'y remédie pas par les moyens convenables.

Il est vrai que la petite-vérole & la rougeole donnent très-souvent lieu à cette maladie : mais je dois pourtant dire que ces causes ne sont pas les seules qui l'occasionnent. Quelquefois il arrive qu'une inflammation de l'œil même, quoiqu'elle ne soit pas fort considérable, ne laisse pas que d'attaquer aussi les paupieres, de maniere à les faire devenir rouges & enfles. Cette inflammation est cause qu'elles se collent l'une à l'autre, & que souvent leurs bords s'ulcerent entiérement. D'autrefois aussi il vient de petits boutons au bord extérieur des paupieres, à l'endroit de l'insertion des cils, boutons que l'on désigne ordinairement sous le nom de *grains d'orge* (c); ils sont sujets à exciter une inflammation qui s'étend jusqu'aux glandes sébacées; ce qui donne lieu à toutes les suites dont nous avons parlé tout-à-l'heure. Cependant, dans la plupart des cas, les grains d'orge se dissipent d'eux-mêmes, & disparoissent ainsi sans occasionner aucune autre incommodité.

Je conviens que dans la maladie dont il est ici

(c) On les appelle aussi *orgeolet* ou *orgueilleux*. Note de l'Editeur.

queftion, ce ne font pour l'ordinaire que les bords des paupieres qui s'ulcerent : cependant, il arrive auffi quelquefois que ces ulceres s'étendent fur toute la furface extérieure des paupieres, & que l'ulcération fe communique même à une grande partie de la joue. L'inflammation qui a lieu dans ces derniers cas reffemble fouvent beaucoup à une éréfipele, auffi fe trouve - t - on très - bien alors d'employer la méthode antiphlogiftique, & un traitement propre à diminuer la trop grande agitation des humeurs. On doit auffi dans ces cas-là mettre de côté l'onguent jaune (d) de la pharmacopée d'Edimbourg, duquel je recommanderai l'ufage ci-après, jufques-à-ce que l'on foit parvenu à diminuer l'irritabilité de la peau par des topiques convenables.

Quelquefois auffi la pforophthalmie eft accompagnée d'une contraction de la peau de la paupiere inférieure, ce qui la fait defcendre, & oblige fa furface interne à fe renverfer en dehors, en forte qu'elle paroît rouge & femblable à un morceau de chair, ce qui eft très-défagréable à la vue. Cette efpece de renverfement de la paupiere s'appelle *ectropion*. Lorfque cela arrive, cela indique que la maladie eft très-opiniâtre de fa nature, quoique l'ectropion fe guériffe pour l'ordinaire en même tems que l'inflammation & l'exulcération des paupieres.

Divers auteurs tant anciens que modernes ont décrit certaines maladies des bords des paupieres qui ont quelque reffemblance avec celles dont je donne ici la defcription : mais une partie de ces auteurs repréfente ces maladies comme étant fi

_____

(d) *Unguentum citrinum.*

légeres & de si peu de conséquence, que si, suivant eux, la nature ne peut pas les guérir toute
seule, il doit au moins suffire, pour en obtenir
la guérison, de faire usage des remedes externes
les plus simples. L'autre partie de ces auteurs fait
envisager les mêmes maladies comme étant au
contraire des symptomes des écrouelles, du scorbut, ou de la maladie vénérienne, & comme étant
de nature à résister absolument à tous les remedes externes, jusques-à-ce que l'on ait remédié,
par un traitement convenable, à la maladie, qui
suivant eux est répandue dans tout le corps.

Cependant, il me paroît que cette même espece
de maladie dont ces derniers auteurs attribuent
la cause à la cachexie scrophuleuse, ou à quelque
autre vice interne, n'est proprement pas autre
chose que la maladie que je viens de décrire, &
à laquelle je donne le nom de *psorophthalmie*,
quoique dans les descriptions que les auteurs en
donnent, ils ne désignent point exactement ni le
siege, ni les progrès, ni les effets de cette maladie. D'ailleurs, & c'est toujours là mon idée, la
psorophthalmie est beaucoup plus souvent une
maladie purement locale qu'on ne le croit. En
effet, sur quel fondement pourroit-on décider
qu'elle reconnoît pour cause le virus écrouelleux
ou le virus vénérien ?

Je crois que l'on ne peut former cette décision
avec certitude, que lorsqu'il se manifeste chez les
malades d'autres symptomes qui paroissent visiblement être les effets de la cachexie scrophuleuse
ou vénérienne. Cependant, il se trouve aussi nombre d'exemples de malades attaqués de psorophthalmie, chez lesquels il n'y a absolument que les
paupieres d'attaquées, sans que l'on puisse apper-

cevoir le moindre fymptome de quelque autre maladie, & chez qui cependant aucune des méthodes ordinaires n'a le plus petit fuccès.

· L'imperfection des defcriptions que les auteurs nous donnent de cette maladie, me paroît être une raifon fuffifante pour m'engager à déterminer avec plus de précifion en quoi confifte la pforophthalmie. Je fuivrai en cela les idées que ma propre expérience m'a fournies fur la nature de cette maladie.

Voici donc quel eft mon fentiment : je crois que dans les cas de cette nature, les conduits excréteurs des glandes placées fous la peau des paupieres (e) font réellement ulcérés, en forte que lorfque l'humeur huileufe & douce que ces glandes féparent vient à fe mèler avec la matiere qui fuinte des ulceres en queftion, celle-là dégénere en une humeur âcre, & forme dans un affez court efpace de tems une teigne dure, qui s'attache très-fortement aux orifices des conduits excréteurs des glandes que je viens de nommer ; l'irritation que cette teigne occafionne alors, fait que le mal s'étend fur tout le bord interne de la paupiere. Voilà en même tems quelle eft la caufe qui fait que cette maladie demeure incurable, jufques-à-ce qu'au moyen des remedes externes, on foit parvenu à empècher la formation de cette teigne, en procurant la guérifon des ulceres qui y donnent lieu.

Au refte, quoique je fois perfuadé, comme je l'ai dit tout-à-l'heure, que la pforophthalmie n'eft fouvent qu'une maladie purement locale, & qui, autant au moins que l'on peut le découvrir, ne dépend d'aucune autre indifpofition ; je dois ce-

_____

(e) *Glandula ciliares.*

pendant auſſi , d'un autre côté , obſerver que
quelquefois cette maladie ſe trouve accompagnée
des caractères les plus marqués de la diſpoſition
écrouelleuſe , & qu'elle paroît avoir ſa ſource dans
cette cachexie.

Pour les cas de cette eſpece , auſſi bien que
pour remédier aux maladies ſcrophuleuſes en général , on a recommandé ſucceſſivement & en différens tems , un grand nombre de remedes internes ; je ferai mention ici de quelques-uns des
principaux. —— De ce nombre eſt , par exemple ,
l'extrait de ciguë de Mr. STŒRCK de Vienne ,
que ce médecin a propoſé comme un médicament
très - utile pour la guériſon du cancer , auſſi bien
que pour celle des écrouelles. Le même médecin
a rapporté dans ſes écrits une multitude de cas ,
dans leſquels cet extrait a eu le ſuccès deſiré ,
mais en en faiſant uſage pendant un aſſez longtems. Au commencement , Mr. STŒRCK faiſoit
prendre tous les jours deux fois à ſes malades une
pilule du poids de deux grains d'extrait de ciguë:
après cela il en augmentoit inſenſiblement la doſe ,
juſqu'à faire prendre trois de ces pilules trois ou
quatre fois par jour.

Quoique ce médecin ne faſſe mention dans ſes
obſervations d'aucun malade qui ait eu en même
tems la pſorophthalmie , il aſſure cependant qu'il
a employé la ciguë avec ſuccès dans différentes
maladies des yeux , en convenant pourtant que
ce remede a été abſolument infructueux dans des
cas où le mal avoit jetté de profondes racines. Mr.
FOTHERGILL affirme dans le troiſieme volume
des *Obſervations des médecins de Londres* (*f*) , que

_____

(*f*) *Médical obſervations and inquiries &c.*

la ciguë réussit beaucoup mieux dans les maladies écrouelleuses que dans le cancer : cependant,
il ne disconvient point que ce remede n'ait aussi
souvent été employé sans succès.

Plusieurs médecins vantent aussi les bons effets
du quinquina dans les écrouelles, & Mr. Fo-
THERGILL, aussi bien que Mr. FORDYCE, recommande, dans le premier volume des *Observa-*
tions que je viens de citer, d'employer sur-tout
cette écorce pour la guérison des ophthalmies invétérées. Ils font l'un & l'autre dans l'idée que
le quinquina est capable de résoudre les tumeurs
écrouelleuses, & les obstructions des glandes qui
proviennent de la même cause. Outre cela, Mr.
FOTHERGILL propose de joindre à l'usage du quinquina celui de pilules préparées avec le mercure
doux, quoique pour la réussite de la cure, il compte
principalement sur l'efficacité du quinquina.

Pour ce qui est de l'usage interne de l'eau de
mer, comme aussi des bains que l'on prend dans
cette eau, il y a longtems que l'un & l'autre ont
été recommandés & approuvés par les plus habiles médecins, comme étant propres à la guérison
des écrouelles. Cependant, quelque bien fondé
que paroisse l'usage de ces remedes, je ne puis
m'empêcher d'avertir mes lecteurs, que le bain
d'eau de mer est très-peu convenable dans toute
maladie inflammatoire qui attaque les yeux. J'ai
vu souvent que ce bain occasionnoit des douleurs
très-violentes, & rendoit la maladie beaucoup
plus fâcheuse.

On donne aussi de grands éloges à plusieurs de
nos eaux minérales, à raison de leurs vertus salutaires pour la guérison des scrophuleux : mais
il en est de l'usage de ces eaux comme de celui

de tout autre remede interne : avec quelque foin & quelque précaution qu'on les adminiftre, elles ne peuvent pourtant pas être feules fuffifantes pour procurer la guérifon de la pforophthalmie, & fi l'on veut qu'elles réuffiffent, il faut leur affocier en même tems l'ufage des topiques convenables. On fe convaincra facilement de la vérité de ce que je dis, en confidérant qu'il eft un grand nombre de malades de cette efpece qui fe préfentent à un praticien, & chez qui la plupart des méthodes dont je viens de parler; fouvent même toutes, ont été employées fans le plus petit fuccès. Cette conviction deviendra encore plus complette, fi l'on réfléchit à la quantité de maladies qui s'offrent tous les jours à nous, & qui bien qu'elles proviennent de caufes internes, exigent cependant un traitement topique, ou des remedes externes.

Je viens à préfent à l'examen des remedes externes qui font néceffaires dans le traitement de la pforophthalmie. Il paroît clairement par la defcription que j'en ai donnée ci - deffus, que l'on doit chercher à amollir & à faire tomber la teigne, & que l'on doit appliquer aux ulceres des chofes propres à corriger l'acrimonie de la matiere qui en fuinte, à procurer une fuppuration louable, & à mettre ces ulceres en état de pouvoir être confolidés. Il paroît que c'eft à-peu-près là le but que fe propofoit SAINT-YVES (g) dans fa maniere de traiter les ulceres qui furviennent aux tarfes des paupieres après la petite vérole. Il reconnoît qu'en général les eaux ophthalmiques lui ont été de peu d'utilité dans ces cas-là; mais

(g) *Maladies des yeux*, page 194.

Il assure d'un autre côté qu'il a très-bien réussi en touchant ces ulceres avec la pierre infernale, ensorte qu'ensuite ils se cicatrisoient facilement.

Il est cependant nécessaire, d'après l'observation de cet auteur, de diminuer la chaleur brûlante excitée par ce caustique, & cela l'instant d'après que l'on en a touché les ulceres, en lavant l'œil dans un petit verre plein d'eau chaude (h) ; mais il faut sur-tout prendre garde que la partie de la paupiere que l'on a touchée avec la pierre infernale, ne vienne pas à toucher le globe de l'œil, avant que la douleur soit entierement passée. On peut se servir ainsi de ce caustique une ou deux fois par semaine, & continuer de cette maniere jusqu'à ce qu'il ne soit plus nécessaire de cautériser davantage les ulceres. Ensuite il faut matin & soir oindre les bords des paupieres avec un onguent où il entre de la tutie, après quoi les ulceres sont bientôt consolidés.

Quoique SAINT-YVES paroisse, en donnant ces conseils, avoir eu un but tout semblable à celui que j'ai en vue dans la méthode que je propose de suivre pour le traitement de cette maladie ; il paroît cependant que la plupart des oculistes ont craint de suivre la méthode de cet auteur, sans doute à raison du danger qu'il y a de faire usage d'un caustique aussi actif que l'est la pierre infernale, en l'appliquant si proche de l'œil & sur des parties aussi sensibles que le sont les paupieres. Néanmoins parmi toutes ces réformes très-importantes que l'on a faites en chirurgie dans ces der-

(h) Je suis toujours dans l'idée que c'est de l'eau tiéde qu'il faut, & non pas de l'eau chaude. *Note de l'Editeur.*

niers tems, on ne s'eſt jamais aviſé de propoſer
un remede externe propre à guérir la pſorophthalmie, ou tout au moins, un remede qui fût
le moins du monde approprié à la nature de cette
maladie, ou dont l'utilité eût été confirmée par
quelques expériences.

Auſſi une des choſes que je me propoſe principalement dans ce mémoire, c'eſt de ſuppléer à ce
défaut, & c'eſt dans cette vue que je recommande l'uſage de l'onguent jaune (*i*) de la pharmacopée d'Edimbourg. Il eſt connu que cet onguent
ſe fait avec une once de mercure & deux onces
d'eau forte (*k*) que l'on fait digérer enſemble ſur
un bain de ſable, juſques à-ce que le mercure
ſoit entiérement diſſous ; après quoi on incorpore
cette diſſolution tandis qu'elle eſt encore toute
chaude, avec une livre de graiſſe de porc fondue,
& qui eſt ſur le point de ſe figer : alors on broye
le tout fortement dans un mortier de marbre pour
en faire un onguent.

Lorſque la préparation de cet onguent a bien
réuſſi, il eſt dur, & d'une couleur jaune foncée.
Mais ſi l'on n'a pas bien obſervé la proportion
des ingrédiens de cette compoſition, ou que la

(*i*) *Unguentum citrinum.*

(*k*) Je crois devoir remarquer ici que la pharmacopée d'Edimbourg preſcrit l'eſprit de nitre au lieu de
l'eau forte dont l'Auteur parle : il ſe peut au reſte que
cela revient au même, comme je le crois. Cette recette
eſt à-peu-près la même que celle que l'on trouve ſous
le titre de *Unguentum mercuriale citrinum ad ſcabiem,*
dans le *Codex medicamentarius Pariſienſis.* Peut-être
que l'onguent de précipité blanc de WERLHOFF feroit
le même effet. *Note de l'Editeur.*

graiffe de porc ait été trop chaude ou trop froide; alors l'onguent n'a ni la couleur ni la confiftance qu'il doit avoir, & il ne produit pas non plus auffi fûrement les bons effets qu'il doit produire.

Pour ce qui eft de l'ufage de cet onguent, voici quelle eft la maniere de s'en fervir. On en remplit une petite boite, & on le chauffe à la flamme d'une chandelle, jufqu'à ce qu'en fe fondant il fe forme comme une efpece d'huile au deffus. On prend un peu de cet onguent ainfi liquéfié fur le bout du doigt index, & on en frotte avec précaution les bords des paupieres malades. Il fuffit d'en faire ufage une fois feulement dans l'efpace de vingt-quatre heures, mais il faut que ce foit toujours lorfque le malade va fe coucher. D'abord après cette opération, il faut appliquer fur les paupieres un emplâtre mol, fait avec du cérat blanc & l'y affujettir bien légérement au moyen d'une bande. Cet emplâtre humecte, entretient les paupieres foubles pendant toute la nuit, & empêche qu'elles ne fe collent l'une contre l'autre. Malgré cette précaution, les paupieres ne laiffent pas que de s'ouvrir encore avec quelque difficulté le matin. Au refte, on peut diminuer beaucoup cette incommodité, en prenant du lait & du beurre frais bien mêlés enfemble, que l'on chauffe en fuitepour en oindre les paupieres. Cette onction amollit & détache infenfiblement les croûtes de la teigne, enforte que peu de tems après, le malade peut les enlever fans éprouver la plus petite douleur.

Dans certains cas où l'œil étoit fort irritable, je me fuis vu obligé de me fervir d'un petit pinceau fait de poils de chameau, pour appliquer l'onguent jaune aux paupieres. Mais quand on peut fe fervir du doigt, comme on le peut dans la plupart des cas, cela eft certainement à préfé- rer à l'ufage de tout autre inftrument ; parce que avec le doigt on peut bien faire pénétrer l'onguent & en oindre parfaitement toute la partie malade.

- La pforophthalmie eft fouvent compliquée avec une inflammation plus ou moins confidérable du globe de l'œil. Dans ces cas-là on peut retirer de la teinture thébaïque que j'ai recommandée pré- cédemment, le même avantage, que dans les cas que j'ai décrits plus haut en parlant de l'inflam- mation des yeux (1).

J'ai obfervé ci-deffus que la maladie dont je parle ici, reconnoît auffi quelquefois pour caufe la cachexie écrouelleufe. Dans ces cas-là, lors même que le malade eft parfaitement guéri, quant aux fymptomes qui fe manifeftent à l'extérieur, il rifque cependant toujours beaucoup d'éprouver dans la fuite des rechûtes du même mal. Il faut donc, pour prévenir ces rechûtes, faire prendre au malade pendant longtems des médicamens pro- pres à purifier le fang, & lui faire une fontanelle, afin de détourner par-là les humeurs de l'œil : mais tous ces moyens feront infructueux, fi le malade ne vit pas d'une maniere très-réglée, & s'il n'obferve pas la diete la plus exacte. Il eft quelques perfonnes chez qui les fontanelles ne coulent abfolument point. Dans ces cas-là il faut appliquer un véficatoire dont on entretienne con- tinuellement la fuppuration, ou bien fubftituer à la fontanelle quelque autre évacuation femblable,

_____

(1) Un peu avant le milieu de la premiere partie de ce mémoire.

ble, que l'on puisse faire durer sans interruption.

Je rapporterai encore ici quelques observations qui servent à prouver l'utilité de la méthode que je propose.

DOUZIEME CAS.

Une petite fille d'environ cinq ans avoit eu la rougeole au mois de Juin 1778, maladie dont elle fut guérie au bout du terme ordinaire. Mais tandis qu'elle avoit encore la rougeole, elle fut attaquée à l'œil gauche d'une inflammation violente & qui lui causoit de grandes douleurs. Au commencement, sa mere lui lava l'œil avec de l'eau de fontaine, ce qui pendant deux jours parut soulager le mal : mais après cela l'inflammation recommença avec tout autant de violence qu'auparavant. Là-dessus on consulta diverses personnes, & l'on fit très-exactement les remedes qu'elles avoient conseillées, mais sans aucun succès, jusques au vingt-unieme septembre que je vis la malade pour la premiere fois. Je trouvai les paupieres si fort enflées qu'il ne me fut absolument pas possible de juger de l'état de l'œil. C'est pourquoi je commençai d'abord à faire usage du laudanum liquide de la maniere que j'ai indiquée précédemment ; après quoi j'appliquai à la tempe trois sangsues, puis un emplâtre vésicatoire au même endroit où elles avoient été mises. Tout cela produisit un si bon effet, que le lendemain matin je pus séparer les paupieres l'une d'avec l'autre : je vis alors que l'œil étoit fort enflammé. On continua à faire usage une fois chaque jour du laudanum liquide.

Le vingt-cinquieme de septembre, l'inflamma-

tion avoit beaucoup diminué, & la plus grande
incommodité que la malade éprouvât alors, c'est
que le matin ses paupieres étoient tellement attachées l'une contre l'autre, qu'elle ne pouvoit
pas les ouvrir sans souffrir des douleurs très-vives. Afin donc de remédier à cette incommodité,
je prescrivis de faire usage tous les soirs de l'onguent jaune dont j'ai donné la recette ci-dessus,
& du cérat blanc, & cela de la maniere que j'ai
indiquée précédemment ; & pour le matin de procurer la chûte des croûtes visqueuses de la teigne
qui bordoit les paupieres, en les enduisant avec
un mèlange de beurre frais & de lait, en ayant
attention de faire cette opération avant que l'enfant essayât d'ouvrir les paupieres. Je n'employai
à côté de cela aucun remede interne, parce que
la jeune fille avoit déja été suffisamment évacuée
auparavant. De cette maniere, la malade fut complettement rétablie le vingt-neuvieme Avril suivant, ensorte que l'œil qui avoit été malade, étoit
alors aussi bon & aussi sain à tous égards que
l'autre œil.

T R E I Z I E M E   C A S.

Un jeune garçon âgé d'environ sept ans, fut
attaqué au mois de Décembre 1778 d'un violent
catarrhe, qui se jetta sur les deux yeux. Pendant
un mois entier, on ne fit autre chose que de lui
bassiner les yeux avec de l'eau fraîche : mais au
bout de ce tems-là ils furent si douloureux, que
le malade ne pouvoit plus supporter la plus foible lumiere, & qu'il falloit qu'il se tînt continuellement dans une chambre obscure. Un apothicaire que l'on avoit consulté, conseilla de met-

tre une fangfue à chaque tempe, puis d'appliquer un véficatoire derriere chaque oreille. On exécuta cela à trois différentes fois dans l'efpace de trois femaines, après quoi on appliqua un véficatoire à la nuque & un fur le dos. Outre cela & pendant tout ce tems-là, on fit ufage d'une eau pour les yeux: mais tous ces remedes furent fans effet.

Ce fut le vingt-unieme Mars 1779 que je vifitai le malade pour la premiere fois. Ses paupieres étoient tout auffi enflées que celles de la malade du cas précédent, enforte qu'il étoit impoffible de voir jufqu'à quel point l'œil avoit fouffert. Je me déterminai en conféquence à faire ufage du laudanum liquide; ce qui réuffit fi bien, qu'au bout de quelques heures, le petit malade put fupporter la lumiere & fe fervir de fes yeux pour jouer, fans qu'on eût befoin de les lui ouvrir.

Le vingt-cinquieme de Mars, on réitéra l'ufage du laudanum, & l'on vit alors que la cornée étoit très-nette: cependant le blanc de l'œil étoit encore fort enflammé. Le même foir encore, on appliqua à chaque tempe trois fangfues, puis un véficatoire à l'endroit où elles avoient été mifes.

Le vingt-neuvieme, le malade avoit recouvré la vue au point qu'il y voyoit affez pour parcourir un affez grand efpace dans la maifon. Après ce tems-là, on ne fit plus ufage de la teinture thébaïque que de deux jours l'un.

Le troifieme Avril, les bords des paupieres étoient fort rouges, il y avoit un peu de matiere gluante attachée aux cils, & le matin les paupieres étoient collées l'une contre l'autre. Je fis donc frotter les paupieres avec l'onguent jaune, & ap-

P 2

pliquer enfuite le cérat blanc , &c. , comme l'on
avoit fait pour le malade précédent.

Le fixieme Avril, l'inflammation des deux yeux
& des paupieres s'étoit entiérement diffipée , la
vue étoit tout-à-fait nette & n'avoit pas le moindre défaut.

QUATORZIEME CAS.

Une petite fille âgée de dix mois fut attaquée
d'une enflure des paupieres à laquelle il furvint
un écoulement abondant de matiere qui fortoit
entre les paupieres. On confulta un apothicaire
qui donna une multitude de remedes, & fe fervit
de plufieurs fortes de collyres. Nonobftant cela,
la maladie continua avec beaucoup de violence
pendant une année, & cela de maniere à caufer
d'affez grandes douleurs à cet enfant. Au commencement, il n'y avoit que l'œil droit qui fût enflammé, mais enfuite l'œil gauche fut auffi attaqué de
la même maniere , & même avec des fymptomes
plus opiniâtres & plus fâcheux. Après cela on
porta cet enfant à la campagne, où il fe rétablit,
ce que l'on attribua uniquement au changement
d'air. Cependant il arriva qu'au mois de Mai
1776 , tems auquel cet enfant étoit âgé d'environ
une année , l'œil gauche s'enflamma derechef avec
autant de violence qu'auparavant : cette inflammation fe diffipa pourtant bientôt au moyen d'un
onguent qu'un étranger prefcrivit.

Enfin au mois de Janvier 1779 , l'œil gauche
fut derechef attaqué d'une ophthalmie violente ,
& quoique l'on effayât encore de faire ufage de
l'onguent dont je viens de parler , ce fut inutilement pour cette fois. On purgeoit la petite malade tous les trois jours : cependant elle ne pou-

voit toujours point supporter la lumiere, & ses
paupieres étoient très-enflammées & très-enflées.
Ce fut dans ces circonstances que je vis cette malade pour la premiere fois : je découvris en même
tems, après avoir ouvert les paupieres avec quelque difficulté, une grande tache blanche, qui
paroissoit couvrir la plus grande partie de la cornée. Je fis d'abord appliquer sur la tempe gauche
trois sangsues, puis un vésicatoire. On fit aussi
usage du laudanum liquide de la maniere que j'ai
indiquée précédemment, & comme l'on trouva
qu'il procuroit beaucoup de soulagement à la malade, on y revint tous les jours.

Quinze jours après, l'inflammation se trouva
considérablement diminuée, & l'enfant pouvoit
ouvrir les yeux sans douleur : cependant les bords
des paupieres étoient encore rouges, & s'atta-
choient fortement pendant la nuit. Pour y remédier donc, on fit tous les soirs usage de l'onguent
jaune & du cérat blanc, & tous les matins du
beurre chauffé avec du lait, aussitôt que l'enfant
étoit réveillé. Tout cela réussit de maniere, qu'au
bout de dix jours les paupieres aussi bien que
les yeux, furent complettement délivrés de l'inflammation. Quant à la tache, qui au commencement avoit paru couvrir toute la prunelle, elle
étoit devenue beaucoup plus petite, & la vue étoit
rétablie au point que la malade pouvoit se servir
de ses yeux.

Les choses en étant à ce point, je fis prendre
à la malade deux fois par jour une poudre dé-
purative, composée d'éthiops fait avec le mercure
& d'acide de tartre (m), & vers la fin de la cure,

(m) Je soupçonne que cet acide de tartre n'est autre

P 3

je lui établis une fontanelle au bras gauche. Pour achever de diffiper la tache qui reftoit à l'œil, après avoir ceffé l'ufage de tous les autres remedes externes, j'employai pendant longtems le collyre de fublimé-corrofif, mentionné précédemment (*n*): je réuffis par le moyen de ce collyre à faire que cette tache diminuât encore beaucoup, quoiqu'à la vérité elle ne pût pas fe diffiper entiérement, comme cela arrive toujours dans ces fortes de cas.

QUINZIEME CAS.

Un homme âgé de paffé foixante ans avoit une violente douleur aux deux yeux, qui duroit déja depuis plus d'un mois, & le rendoit incapable de vaquer à fes occupations. Il ne pouvoit pas ouvrir les paupieres, fans éprouver une douleur très-vive : la rougeur des yeux étoit très-confidérable, mais moins cependant qu'elle ne l'eft ordinairement dans cette efpece d'ophthalmie qu'on appelle *chemofis*. Je fis d'abord dégoutter dans chaque œil deux gouttes de laudanum liquide, qui, après avoir caufé au malade la douleur qui accompagne toujours l'ufage de ce collyre, lui procura un foulagement très-fenfible. Outre cela, & le même foir encore, on appliqua fur chaque tempe trois fangfues & un véficatoire, ce qui diminua encore davantage la douleur, & diffipa en très-grande partie la rougeur. Là-deffus je fis

---

chofe que la crème de tartre, fans quoi cette compofition feroit un remede corrofif. *Note de l'Editeur.*

(*n*) Un peu avant le premier cas.

réitérer tous les jours l'ufage du laudanum, & cela toujours avec le même fuccès, enforte que le malade, qui étoit portefaix de la douane de la compagnie des Indes orientales, put recommencer à exercer fa profeffion.

Il fe plaignoit maintenant, que fon plus grand mal étoit de ne pas pouvoir bien ouvrir les paupieres le matin, & qu'en les ouvrant, cela lui caufoit de grandes douleurs. Depuis quelques jours, les bords des paupieres étoient plus rouges que de coutume; mais comme à côté de cela le malade fe trouvoit mieux de jour en jour, on efpéroit qu'il fuffiroit de continuer l'ufage de la teinture thébaïque pour diffiper cette rougeur, comme il avoit fuffi pour diffiper l'inflammation des yeux. Mais en examinant le mal avec attention, je trouvai que les bords des paupieres n'étoient pas fimplement rouges, mais que de plus il y avoit réellement de petits ulceres. C'eft pourquoi je confeillai au malade de faire ufage de l'onguent jaune & du cérat blanc, de la même maniere qu'on l'avoit pratiqué avec les malades précédens. Ces remedes firent le même bien aux paupieres que le laudanum liquide avoit fait aux yeux, & le malade fe trouva fi bien au bout de quelques femaines, qu'il ne parut plus avoir befoin d'aucun remede.

Mais cet homme ayant été expofé au froid, cela donna lieu à une nouvelle ophthalmie qui fut auffi violente que l'avoit été la premiere. Je revins donc à l'ufage des fangfues, des véficatoires, & du laudanum liquide, remedes qui le foulagerent cette fois tout comme ils avoient fait la premiere. L'ophthalmie étant diffipée en partie, je fis encore faire ufage au malade de l'onguent

P 4

Jaune, qui réuffit encore bien cette fois. Cependant, ayant encore examiné avec attention les circonstances de cet homme, je découvris que précédemment il avoit constamment été sujet à des éruptions scorbutiques dans différentes parties du corps : c'est pourquoi, je lui prescrivis un électuaire composé de dépuratifs & de médicamens propres à corriger la masse des humeurs. Outre cela, je lui fis faire usage de l'eau antiscorbutique de SYDENHAM, tantôt seule, tantôt mêlée avec du lait.

Mais le malade étoit à peine rétabli de cette rechûte, que l'inflammation revint de nouveau, & cela sans aucune cause apparente ; elle étoit également accompagnée des mêmes douleurs que la premiere fois. On reprit l'usage des mêmes remedes, & on établit au bras une fontanelle, d'où il s'écoula bientôt beaucoup de matiere. Cette fois encore le malade fut rétabli au bout de trois semaines, & depuis lors il n'a plus eu de rechûte, & sa vue est en très-bon état.

SEIZIEME CAS.

Un homme avoit depuis plusieurs années la vue foible, & il étoit sujet à de fréquentes exulcérations & à des douleurs aux bords des paupieres. Ses paupieres se colloient fortement pendant la nuit, ce qui faisoit que le malade souffroit beaucoup de douleur le matin lorsqu'il vouloit les détacher. Enfin ces incommodités allerent tellement en augmentant, qu'au mois de Juin 1778, le malade se vit obligé de consulter MR. WATHEN à ce sujet. Mr. WATHEN trouva que cette maladie étoit celle à laquelle je donne le nom de psorophthalmie ; c'est pourquoi il prescrivit l'usage de l'onguent jaune & du cérat blanc. Mais la premiere fois que le malade se servit de cet onguent, cela lui causa de si grandes douleurs, qu'il ne put pas se déterminer à y revenir, quelque raison que l'on pût lui dire pour l'y engager. Cependant, depuis ce tems-là les paupieres commencerent à se guérir, & le malade parut rétabli au bout de trois semaines par le seul usage du cérat blanc. Il continua à être bien de cette maniere pendant un mois : cependant, au bout de ce tems il recommença à éprouver les mêmes incommodités, mais avec moins de violence. On le persuada, avec bien de la peine, à faire usage de l'onguent jaune : mais pour cette fois il l'appliqua avec plus de ménagement, & de maniere à ne point en laisser aller sur le globe de l'œil. Aussi cette application lui causa-t-elle beaucoup moins de douleurs, & les incommodités qu'il souffroit furent entiérement dissipées dans peu de jours. Quelques semaines après, le malade eut encore une rechûte, de laquelle il se délivra par le moyen du même remede, & en aussi peu de tems que la derniere fois. Depuis ce tems-là, cet homme n'a point essuyé de rechûte de conséquence, & aussitôt qu'il s'apperçoit du plus petit retour de son incommodité, il a d'abord recours à l'onguent jaune, lequel suffit toujours pour y remédier.

DIX-SEPTIEME CAS.

Au mois d'Octobre 1777, un garçon de l'âge de douze ans fut attaqué d'une inflammation à l'œil gauche qui étoit si violente, qu'il ne pouvoit pas s'en servir le moins du monde, sans

éprouver auffitôt des douleurs très-vives. On fit
effai de quantité de remedes tant à l'extérieur qu'à
l'intérieur, mais ils furent tous infructueux, quoique le médecin ordinaire de la maifon continuât
l'ufage de ces remedes durant un mois. Mr. WA-
THEN que l'on appella alors, trouva que les paupieres étoient très-enflées, & que l'œil étoit attaqué d'une violente inflammation. Il fit d'abord dégoutter du laudanum liquide dans l'œil, puis le
foir du même jour, il fit appliquer à la tempe
trois fangfues & un véficatoire. Le jour fuivant,
la douleur & l'irritation fe trouverent diminuées,
au point que le malade pouvoit fupporter la lumiere & fixer un peu les objets en les regardant,
ce qui lui avoit été impoffible depuis le commencement du mal.

A cette occafion on découvrit une petite tache
fur la cornée, & on trouva auffi que les bords
des paupieres étoient fort rouges & exculcérés. Cependant, l'enflure des paupieres & l'inflammation
de l'œil étoient encore trop confidérables, pour
qu'on eût pu fe fervir de l'onguent jaune ; c'eft
pourquoi l'on fe contenta de faire ufage feulement du cérat blanc, & du mélange de beurre
frais & de lait, de la même maniere qu'on l'avoit
fait pour ceux des malades précédens qui fe trouvoient dans des cas femblables à celui-ci. Cela
réuffit fi bien, que dans l'efpace de huit jours
l'irritation fut affez diminuée pour que l'on pût,
au bout de ce tems-là, faire ufage de l'onguent
jaune fans qu'il augmentât la douleur. On mit
alors de côté l'ufage du cérat blanc, à caufe que
les paupieres étoient enflées, & on fubftitua à ce
cérat un cataplafme compofé de coagulum d'alun
& de graiffe de porc, lequel, à raifon de fa qua-

lité adouciſſante & aſtringente, fit un très-bon
effet, en ſorte que dans peu de ſemaines le malade fut entiérement délivré de ſa maladie, &
que depuis lors il a été exempt de toute indiſpoſition des yeux.

On avoit déja remarqué longtems auparavant,
& avant que le malade fût attaqué de cette ophthalmie, qu'il avoit eu pluſieurs glandes du cou
extraordinairement enflées. Cette incommodité
dura encore après la guériſon de l'ophthalmie,
& au mois de Juillet ſuivant, il eut deux de ces
glandes qui devinrent aſſez groſſes. On en ouvrit
une qui étoit devenue complettement mûre, en
y faiſant une inciſion : l'autre demeura fort dure,
& étoit de la groſſeur d'une noix. Auſſi-tôt que
la plaie faite par l'inciſion de la premiere tumeur
commença à ſe conſolider, on envoya le malade
à la campagne, & on lui preſcrivit de prendre
matin & ſoir une dragme d'éthiops végétal (o),
& de boire outre cela toutes les ſemaines deux
fois une demi-pinte d'eau de mer. De cette maniere, la plaie acheva peu-à-peu de ſe conſolider ;
la glande endurcie s'amolit, & au bout de deux
mois le malade fut parfaitement rétabli. Depuis
lors il n'a plus eu le moindre mal aux yeux ni
aux paupieres.

DIX-HUITIEME CAS.

Un jeune homme âgé d'environ dix-ſept ans,
apprentif d'un faiſeur d'inſtruments de mathéma-

(o) C'eſt le chéne marin brûlé & réduit en poudre.
Quercus marina ; Fucus veſiculoſus LINN. *Note de l'E-
diteur de Leipſick.*

tique, avoit prefque conftamment été fujet à **des**
incommodités aux bords des paupieres, & cela
depuis l'âge de deux ans qu'il avoit eu la petite
vérole. Ces parties étoient rouges, exulcérées,
& étoient fujettes à fe coller. Quelquefois l'inflammation dont elles étoient attaquées fe communiquoit à l'œil & caufoit une ophthalmie qui
duroit des mois entiers, enforte que le malade
étoit privé de la vue pendant ce temps-là, & incapable de travailler à fa vocation. Outre cela,
il reftoit après cette inflammation des taches fur
les yeux, qui obfcurciffoient plus ou moins la
vue. Le malade avoit fait ufage de plufieurs remedes, de diverfes eaux pour les yeux, d'onguens &c; mais tout cela n'avoit produit aucun
effet.

Vers la fin du mois d'Augufte 1777, le malade ayant eu de violentes douleurs pendant quelque
temps, je lui confeillai de fe fervir de l'onguent
jaune & du cérat blanc, de la maniere accoutumée. Trois jours après qu'il eût commencé à en
faire ufage, je trouvai que les bords des paupieres s'étoient beaucoup amollis, qu'ils caufoient
beaucoup moins de douleur au malade, & que
le matin à fon réveil, ils n'étoient point auffi
fortement collés l'un contre l'autre. Je tins toujours le ventre libre au moyen d'un électuaire
dépuratif; & dès le commencement, vû la rougeur & l'inflammation des paupieres qui s'étendoit jufques fur le globe de l'œil, je me fervis
quelquefois du laudanum liquide. Ces remedes
réuffirent de telle forte, que le malade fe trouva
mieux de jour en jour, & qu'il fut complettement
rétabli au milieu de Septembre. Cependant je con-
tinuai encore pendant quelque temps à employer

une eau pour les yeux, dans la compofition de laquelle il entroit du fublimé corrofif, & cela dans la vue de diffiper les taches de la cornée. Depuis ce temps-là, c'eft-à-dire depuis plus de deux ans, ce jeune homme a été bien portant; il n'a point eu de rechute, & l'on peut à peine appercevoir quelque refte de taches fur la cornée.

DIX-NEUVIEME CAS.

Un jeune homme étoit fujet depuis plufieurs années à avoir de la rougeur, de la douleur & de l'inflammation aux yeux & aux paupieres. Cette indifpofition lui étoit furvenue pendant qu'il étoit dans une école de penfion, & l'on en attribuoit la caufe à ce qu'au lieu d'un bonnet, il s'étoit attaché autour de la tête un mouchoir qui n'étoit pas fec, fur quoi il avoit d'abord été atta-qué d'un violent catarrhe & d'inflammation aux yeux. Le catarrhe fut bientôt guéri, mais l'oph-thalmie obligea le malade à garder long-tems la chambre fans pouvoir lire. Depuis ce tems-là, il n'avoit été que rarement exempt de toute inflam-mation aux yeux, & plufieurs médecins lui avoient adminiftré une foule de remedes tant à l'extérieur qu'à l'intérieur, mais fans aucun fuccès.

Enfin au mois de Septembre 1778, le malade fut attaqué d'une très-violente inflammation aux yeux, laquelle dura pendant trois femaines entie-res fans lui donner le plus petit relâche. Les pau-pieres étoient fort tuméfiées, & leurs bords étoient fort rouges & fort douloureux. Outre cela, il fe manifefta à chaque œil une petite tache fur la cornée, laquelle faifoit obftacle à la vue du côté où elle étoit placée. Tous les matins les paupieres étoient fi fortement attachées les unes contre les autres, qu'il falloit plufieurs minutes au malade pour pouvoir les détacher, & cela avec les douleurs les plus vives.

Ayant alors été appellé auprès de lui, je lui prefcrivis auffitôt de faire ufage de l'onguent jaune & du cérat blanc. Cet onguent ne lui caufa point de douleur, & le jeune homme fe fentit fort foulagé après en avoir ufé deux fois : je trouvai même que tous les fymptomes s'étoient beaucoup plus amendés dans ce court efpace de tems, que je ne l'aurois efpéré. Je lui fis prendre à l'intérieur une décoction de quinquina, & une diffolution affoiblie de fublimé corrofif : ce qu'il continua pendant un mois entier, en faifant en même tems toujours ufage des remedes externes que je lui avois prefcrits. Au bout de ce tems-là, ce jeune homme fut rétabli au point qu'il n'eut plus befoin de l'onguent. Alors on fe fervit d'une eau pour les yeux, dans la compofition de laquelle il entroit du fublimé corrofif, afin de faire difparoître les taches qu'il y avoit encore fur la cornée. Depuis ce tems-là, le malade a été en état de vaquer à fes occupations, & il n'a point eu de rechûte qui lui ait caufé beaucoup d'incommodité ni de douleur. Auffitôt qu'il apperçoit quelque chofe de femblable, il a recours à fon onguent jaune, qui dans peu de tems empêche les progrès de l'inflammation & des autres fymptomes.

VINGTIEME CAS.

Une dame fut attaquée, il y a environ cinq ans d'inflammation & de rougeur au bord des paupieres de l'œil droit, ce qui lui caufoit beaucoup de douleur, & lui attiroit même souvent une ophthalmie à cet œil. Un apothicaire lui donna divers remedes tant internes qu'externes, attribuant la cause de ces symptomes à une acrimonie scorbutique. Mais comme l'on vit que tous ces remedes, après en avoir usé pendant assez long-tems, n'avoient procuré aucun soulagement à la malade; on appella un médecin, qui ordonna d'autres remedes, quoique dans le même but, mais qui n'eurent pas un plus heureux succès. Alors cette dame se servit pendant deux mois d'une femme qui a beaucoup de vogue pour la guérison des maux d'yeux opiniâtres: mais son secour fut absolument inutile, & l'état des yeux de la malade empira de façon qu'elle fut obligée de se tenir pendant deux mois entiers dans une chambre où il n'entroit point de jour, & où elle essaya de toutes sortes de remedes que des médecins ou des amis lui recommandoient. Cependant la rougeur & l'inflammation des paupieres alloient toujours en augmentant: il arriva même que l'exulcération s'étendit jusques à la joue, en gagnant assez avant au dessous de l'œil, & que la douleur ne discontinuoit pas. Pendant ce tems-là, on avoit constamment entretenu la suppuration d'un vésicatoire que l'on avoit appliqué au dos; on avoit établi une fontanelle au bras, & de tems-en-tems on avoit appliqué des sangsues. Un chirurgien de réputation que l'on consulta, fut d'avis que la malade se fît mettre un séton à la nuque; mais elle ne voulut point y consentir.

Enfin, comme il y avoit déja dix-huit mois que la maladie duroit, Mr. WATHEN proposa l'usage de l'onguent jaune & du cérat blanc. Les paupieres étant fort exulcérées, le premier usage

de l'onguent caufa plus de douleur qu'il ne le fait
pour l'ordinaire; cependant malgré cela, on ne
laiffa pas que d'en continuer réguliérement l'ufage; au bout d'une femaine, les paupieres commencerent à paroitre moins malades, & l'œil même
commença à pouvoir mieux fupporter la lumiere.
A mefure que les paupieres fe guériffoient, la
douleur qu'occafionnoit l'onguent diminuoit auffi,
& peu de tems après elle n'eut du tout plus lieu.
Les paupieres fe colloient tous les jours moins,
& dans l'efpace de fix femaines elles étoient entiérement exemptes d'exulcération, & avoient repris leur forme naturelle. Alors les yeux de cette
dame étoient auffi beaux que s'ils n'avoient jamais été malades : elle en voyoit très-bien auffi,
quoique de tems en tems les paupieres fuffent
un peu fenfibles & douloureufes, ce qui obli-
geoit la malade à reprendre l'ufage de l'onguent
jaune, qui lui procuroit chaque fois du foulagement.

VINGT-UNIEME CAS.

Un homme, qui eft actuellement dans fa cin-
quantieme année, confulta Mr. WATHEN, il y a
environ dix ans, pour une maladie qu'il avoit
aux paupieres des deux yeux : ces parties étoient
non feulement ulcérées à leurs bords, mais outre
cela elles étoient fort enflées, & la paupiere inférieure étoit tellement renverfée, que fa furface
interne étoit entiérement tournée en dehors. Il y
avoit alors près de trois années que la maladie
duroit, & qu'à caufe de cela cet homme ne pouvoit point vaquer à fes occupations. Le matin à
fon réveil il étoit obligé de laiffer fes paupieres
fermées

Fermées, parce qu'elles étoient trop fortement attachées, ensorte qu'il lui falloit quelques heures de tems pour pouvoir les ouvrir; encore ne le pouvoit-il quelquefois sans qu'elles commençassent à saigner, & sans lui faire de grandes douleurs.

On avoit essayé de plusieurs remedes tant internes qu'externes, mais sans en retirer aucun fruit. Mr. WATHEN prescrivit à ce malade les mêmes remedes que ceux qu'il avoit employés pour le malade du cas précédent. La premiere fois que l'on fit usage de l'onguent jaune, il occasionna beaucoup de douleur: mais au bout de trois jours, le malade put ouvrir les yeux avec une certaine facilité; ce qu'il n'avoit point éprouvé depuis le commencement de son indisposition. Il se rétablit à la vérité lentement; cependant la guérison faisoit toujours des progrès, & après qu'il se fut écoulé trois mois, les paupieres se retrouverent dans leur état naturel, & elles avoient recouvré leur premiere forme. Depuis lors aussi cet homme a toujours pu se servir très-bien de ses yeux.

DE LA SUPPURATION DE L'ŒIL (a)

Chez les enfans nouvellement nés , par le même auteur (b).

LA conjonctive eft défendue contre l'âcreté de l'humeur lacrymale , par une humeur douce , ténue & mucilagineufe ; laquelle comme l'on croit, fuinte d'une infinité de petits orifices qui , à ce que WINSLOW affure, fe trouvent répandus fur toute la furface de cette membrane. Dans l'état naturel , cette humeur ne fe fépare qu'en petite quantité ; c'eft par cette raifon , que tranfparente comme elle l'eft , on ne peut pas la découvrir à la vue fimple. Mais lorfqu'il furvient de l'irritation ou de l'inflammation à la partie de *laquelle* cette humeur fe fépare , cela fait non feulement, que cette même humeur augmente confidérablement pour la quantité , mais que de plus elle change tellement de nature , qu'elle devient fort femblable au pus , foit pour la confiftance épaiffe, foit pour la couleur.

Je crois que c'étoit dans ces circonftances que fe trouvoit le malade dont parle SAINT YVES (c), & dont cet auteur attribuoit par erreur la maladie à la métaftafe d'une gonorrhée : ce malade dont il parle dans l'exemple que j'ai mentionné , étoit un adulte , & il ne feroit pas impoffi-

(a) *Purulent ege.*
(b) Page 106, du mémoire original.
(c) Voyez un peu après le commencement du premier Mémoire de Mr. WARE.

ble de citer encore quelques cas femblables ; mais
je dois avertir que ces cas font très-rares. D'ailleurs & pour l'ordinaire la maladie, dont il eft ici
queftion n'a pas chez les adultes tous les mêmes
caracteres que lorfqu'elle a lieu chez les enfans
nouvellement nés. Chez les derniers, cette maladie commence d'abord à fe manifefter par une
rougeur aux paupieres, qui dans peu de tems en-
flent fi fort, que l'on ne peut les féparer ni les
ouvrir qu'avec la plus grande difficulté. Il furvient bientôt après un écoulement de matiere
épaiffe & jaune, & lorfque l'on peut parvenir à
féparer les paupieres l'une de l'autre ; on voit que
cette matiere s'étend fur l'œil de maniere à le couvrir enfin entiérement.

Pour l'ordinaire les deux yeux font en même
tems attaqués de cette maladie, & dans les cas où
le mal eft des plus fâcheux, la furface interne
des paupieres fe tourne en dehors toutes les fois
que l'enfant crie : cela arrive auffi lorfque l'on
fait effort pour ouvrir les paupieres du malade.
Quelquefois les paupieres font ainfi continuellement renverfées ; & quoiqu'on les remette avec
les doigts dans la fituation convenable, elles ne
laiffent pas que de fe renverfer derechef, auffitôt
que l'on ôte les doigts.

Cette maladie des yeux n'eft ordinairement accompagnée d'aucune autre, & elle provient à ce
que l'on croit, de ce que l'on a eu l'imprudence
d'expofer les enfans à un air froid. Cependant elle
eft quelquefois auffi compliquée avec des éruptions à la tête ou dans d'autres parties du corps;
& j'ai vu plus d'une fois qu'elle avoit lieu chez
des enfans, chez qui il y avoit en même tems
des indices d'une difpofition aux écrouelles.

Q 2

L'enflure des paupieres occasionne néceffaire-ment un certain retréciffement ou une contraction de leurs bords : il arrive alors par-là que la ma-tiere qui fe trouve à la furface interne des pau-pieres ne peut abfolument point s'écouler, & que conféquemment elle croûpit entre les paupieres & le globe de l'œil. Cela fait que l'inflammation va toujours en augmentant, & qu'il n'eft pas rare qu'il en réfulte des ulceres & des taches, qui très-fouvent couvrent une partie de la prunelle, ou même qui la couvrent entiérement, comme cela arrive quelquefois. Ces effets peuvent en plus grande partie venir de l'acrimonie du pus : mais dans les cas même où l'humeur retenue eft tout-à-fait douce & abfolument exempte d'acrimonie, il fuffit qu'elle féjourne continuellement fur le globe de l'œil pour ôter à la cornée fa tranfpa-rence, parce qu'alors cette membrane eft dans un état de macération. Qui plus eft, lorfque cet effet eft accompagné de l'enflure des paupieres, il peut même arriver, comme la fuite le prouve, que la cornée vienne à fe rompre, enforte que les hu-meurs contenues dans le globe de l'œil s'échap-pent entiérement ou en partie, & que l'œil s'en-fonce dans l'orbite.

Quoiqu'il importe extrêmement de remédier à une maladie auffi dangereufe, & qui eft même fouvent fujette à avoir des fuites funeftes ; on ne peut cependant pas difconvenir, que le traitement ordinaire que l'on a employé jufques à préfent ne foit infuffifant pour parvenir à ce but falu-taire. Sans m'arrêter donc davantage à difcourir là-deffus, je m'en vais faire part à mes lecteurs d'une méthode par laquelle j'ai réuffi à guérir un grand nombre d'enfans qui étoient attaqués de cette maladie.

Comme il paroît que le premier période de cette maladie confifte à une tranffudation plus confidérable de la part des vaiffeaux de la conjonctive qui font deftinés à cette fonction ; le but que l'on doit principalement fe propofer alors dans le traitement, eft de redonner du ton aux vaiffeaux relâchés, & d'empêcher qu'ils n'éprouvent une excrétion trop abondante. C'eft ce que l'on doit encore faire lorfque cette excrétion trop abondante a déja lieu, & que la matiere qui tranffude a acquis une couleur & une confiftance femblables à celles du pus : il ne faut pas non plus perdre ce but de vue, lorfque cette matiere eft devenue tout-à-fait jaune, & qu'elle a contracté une fi grande acrimonie qu'elle attaque la cornée de maniere à donner lieu à la rupture de cette tunique.

Mais afin que l'on n'envifage pas mon opinion à cet égard fous un faux point de vue, j'avertis ici mes lecteurs que par les mots *matiere*, *matiere purulente*, *pus*, &c., je n'entends pas toujours un véritable pus ; mais que je me fers de tous ces mots comme d'autant de fynonymes, pour défigner cette matiere femblable au pus, laquelle fuinte de l'œil dans la maladie dont je parle ici. Car en parlant de cette maladie, tout comme en parlant de la gonorrhée, de certaines maladies de la membrane pituitaire du nez, & de celles de diverfes autres membranes ; on eft fouvent obligé de fe fervir de ces mots pour défigner l'état des humeurs qui, dans ces maladies, tranffudent en trop grande quantité de ces membranes ; quoique cependant dans tous ces cas, on ne fup-

Q 3

pofe pas qu'il y ait réellement aucun abfcès, ni
par conféquent qu'il puiffe fe former un vrai pus.
Je n'entends donc pas par ces mots, que l'humeur, qui dans la maladie en queftion, fuinte
en trop grande quantité de la furface interne des
paupieres & même du globe de l'œil, foit du vrai
pus: je n'envifage cette matiere que comme une
humeur vifqueufe, dont la fécrétion eft augmentée par l'effet d'une irritation qui agit fur les
membranes de ces parties, & dont la couleur eft
changée auffi par la même caufe (d).

Maintenant, cela pofé, on ne difconviendra
pas que l'ufage externe des remedes aftringens
dans chacun des périodes & dans tous les degrés
de la maladie dont je parle, ne peut qu'être fondé fur la théorie & fur la raifon, auffi bien que
je l'ai trouvé fondé fur l'expérience. Le remede
dont je me fers dans cette vue, & que je puis
recommander d'après ma propre expérience comme
étant très-efficace, c'eft *l'eau camphrée* du difpen-
faire du docteur BATES. Pour la préparer, on prend
quatre onces de vitriol Romain, autant de bol de
Venife, & une once de camphre; on les pul-
vérife, puis on les mèle: on jette une once de
ce mèlange dans une livre d'eau bouillante; on
ôte à l'inftant l'eau de deffus le feu, afin que les

(d) Il eft connu maintenant, que lorfqu'une membrane eft attaquée d'inflammation, il fuinte de cette
membrane, & cela quand même il n'y a point d'abfcès
ou d'ulcere effectif, une matiere qui à tous égards reffemble au pus, & que par conféquent, néceffairement
on doit appeller *du pus.* Tel eft précifément le cas dont
l'auteur parle ici. *Note de l'Editeur de Leipfick.*

impuretés & les parties groffieres du mèlange fe précipitent au fond du vafe.

En confidérant quelles font les parties conftituantes de ce remede, on fentira d'abord qu'il doit avoir une propriété puiffamment aftringente, de laquelle dépendent auffi principalement fes bons effets dans la maladie en queftion. Cependant cette eau eft encore beaucoup trop forte pour que l'on puiffe l'employer toute pure dans cette maladie. C'eft pourquoi il eft à propos de la délayer; mais pour pouvoir déterminer jufqu'à quel point il convient de le faire, il faut avoir égard aux circonftances particulieres de la maladie chez chaque malade. Cependant on peut ordinairement commencer à fe fervir de cette eau mêlée à la quantité d'une dragme avec deux onces d'eau commune froide: après cela, l'on peut augmenter ou diminuer la proportion de l'eau camphrée felon que les circonftances le demandent.

On comprendra par l'expofé que j'ai donné cideffus de la nature de cette maladie, que les circonftances ne permettent pas ici d'employer l'eau camphrée, ou tout autre collyre en liqueur, fous la forme de vapeurs, de fomentation, d'épithéme, de cataplafme ou de gouttes, pour en faire l'application à la partie fouffrante; mais qu'il eft néceffaire d'employer un certain degré de violence, qui cependant foit modérée, lorfque l'on veut parvenir à introduire ce collyre entre les paupieres & le globe de l'œil. Il n'eft rien de mieux pour cet effet, que de fe fervir d'une petite feringue d'ivoire ou d'étain, dont la canule fe termine en une pointe émouffée; on en infinue le bout entre les bords des paupieres, & la liqueur que l'on feringue ainfi fe diftribue fur toute la furface de l'œil. Par cette injection on réuſſit non feulement à faire fortir entiérement l'humeur purulente retenue entre le globe de l'œil & les paupieres, mais de plus, ce qui refte du collyre après l'injection interrompt & diminue l'excrétion trop abondante qui fe fait de cette matiere purulente.

La quantité de matiere qui s'amaſſe fous les paupieres, varie beaucoup chez différents malades fuivant la diverſité des circonftances. Dans les cas les plus fâcheux de ce genre, cet amas fe fait avec une promptitude étonnante. Il faut auſſi fe régler fur cette quantité, pour déterminer la force qu'il convient de donner au collyre & la fréquence de l'adminiftration de ce topique. La maladie eft-elle très-légere & ne fait-elle que commencer? alors il fuffit d'injecter le collyre une fois par jour, en fe fervant d'un peu moins d'une dragme d'eau camphrée de BATES, étendue dans deux onces d'eau. Mais lorſque cette maladie eft parvenue à fon plus haut degré de violence & de malignité, il devient néceſſaire de faire l'injection une ou deux fois toutes les heures, & d'augmenter dans la même proportion la qualité aftringente du collyre que l'on veut injecter. Lorſqu'enſuite on eft parvenu à dompter un peu la furie du mal, on peut infenfiblement rendre la liqueur moins forte, & l'injecter moins fréquemment.

Il eft certain qu'il y a des raifons très-prégnantes pour engager à réitérer fréquemment les injections dont je viens de parler, dans les cas où le mal eft menaçant. Tant que la conjonctive n'eft pas nettoyée jufqu'à un certain point, & que l'on n'a pas encore diminué la quantité de matiere qui en fluinte; il eft impoſſible de favoir dans quel état l'œil fe trouve, s'il eft plus ou moins en dommagé, ou s'il eſt entiérement perdu, ou enfin s'il eſt ſuſceptible de ſoulagement. La conſervation ou la perte de la vue dépend ſouvent ici de ce qui ſe paſſe dans l'intervalle de deux ou trois heures, & l'on ne peut point ſortir de la terrible incertitude où l'on eſt dans ces circonſtances, juſques-à-ce que la cornée ſoit redevenue viſible.

Les auteurs recommandent d'appliquer des cataplaſmes émolliens auſſi longtems que l'enflure des paupieres dure : c'eſt auſſi ce que l'on fait communément dans ce cas, quoique la propriété de ces cataplaſmes ſoit entiérement oppoſée à l'indication curative que nous avons dit plus haut qu'il faut ſuivre dans le traitement de cette maladie. Et il faut que je l'avoue, dans les cas de ce genre que j'ai eu occaſion de voir dans ma pratique, & où l'on avoit fait uſage de ces cataplaſmes, je n'ai pas remarqué qu'ils aient produit le moindre effet avantageux : je ſuis au contraire dans l'idée que dans ces cas-là, ces ſortes de topiques augmentent toujours le relâchement des parties, & que par cela même ils entretiennent & favoriſent l'affluence de l'humeur nuiſible.

Les cas de ce genre dans leſquels les parties internes de la paupiere ſe tournent en dehors, proviennent de l'extraordinaire relâchement & enflure de la conjonctive. Lorſque cette membrane eſt pouſſée en dehors par les cris de l'enfant ou par quelque autre cauſe, il arrive que les cartilages, ou les tarſes des paupieres, conſervant leur fermeté & leur élaſticité naturelle, agiſſent ainſi à la maniere d'un bandage ſerré, & empêchent que la conjonctive ne puiſſe ſe retourner & ſe remettre dans ſa ſituation naturelle. Maintenant donc lorſque l'on traite cette enflure & ce relâ-

chement de la conjonctive avec des applications
émollientes, fous quelque forme qu'on les employe ; on fuit une route directement oppofée à
celle que l'on devroit fuivre pour fe conformer
à une indication curative fondée en raifon.

Si l'on veut donc, dans les cas en queftion,
appliquer quelques médicamens à l'extérieur, ce
ne doit point être des cataplafmes émolliens ; mais
foit qu'on les employe fous la forme de cataplafmes ou fous celle de collyre, ils doivent avoir
une propriété tonique ou légérement aftringente.
Je recommande furtout en cette qualité un cataplafme qui fe prépare en mêlant enfemble parties
égales de caillot de lait que l'on a fait cailler avec
de l'alun, & d'onguent de fureau (e). J'ai trouvé ce cataplafme très-utile ; mais il faut l'appliquer froid & le renouveller fouvent, fans cependant négliger de faire ufage de l'injection. Quelquefois la matiere qui eft retenue entre les paupieres eft fort vifqueufe & ténace, enforte qu'elle
les colle fortement lorfqu'elles demeurent rap-

(e) Je crois devoir indiquer ici la compofition de cet
onguent en faveur de ceux de mes lecteurs qui pourroient
n'avoir pas la pharmacopée de Londres ou celle d'E-
dimbourg, car il fe trouve une recette de cet onguent
dans chacune de ces pharmacopées. Je commencerai
par celle de la pharmacopée de Londres qui eft probablement celle que l'auteur a fuivie.

 Prenez de fleurs de fureau bien épanouies quatre
  livres (poids de feize onces),
 Suif de mouton préparé trois livres,
 Huile d'olive une livre (poids de mefure).

Après avoir fondu le fuif avec l'huile, cuifez-y les
fleurs de fureaux jufques-à-ce qu'elles commencent à fe
crifper, puis coulez l'onguent en l'exprimant.

prochées pendant quelque tems. Dans ce cas-là, après avoir enlevé le cataplafme décrit ci-deffus, & avant que de faire ufage de l'injection, il faut détacher cette matiere vifqueufe & ténace, en la lavant avec du lait chaud dans lequel on ait fondu un peu de beurre non falé, ou avec quelque autre liqueur huileufe douce.

Le renverfement de la paupiere fait un effet fi défagréable à la vue, que cela inquiete beaucoup les perfonnes qui ne connoiffent pas la nature de ce mal, furtout lorfqu'il dure long-tems, comme cela arrive quelquefois. Si ce renverfement a lieu feulement lorfque l'enfant crie, & qu'il difparoiffe auffitôt qu'il ceffe de crier; alors on n'a pas befoin de faire autre chofe, que d'ufer des médicaments externes dont j'ai parlé plus haut, car ce fymptome s'amendera à mefure que l'enflure de la conjonctive fe diffipera. Mais ce renverfement a-t-il conftamment lieu? il faut dans ce cas réitérer plus fréquemment l'injection qu'il n'eft néceffaire de le faire dans les autres cas de ce genre: outre cela il faut qu'à l'inftant que l'injection eft faite, un aide remette la paupiere en place, & y applique auffitôt une compreffe trempée dans l'eau camphrée indiquée ci-deffus, en la tenant en

Voici la recette de la pharmacopée d'Edimbourg.
Prenez de la feconde écorce récente du fureau,
Des feuilles récentes du même arbriffeau, de chaque quatre onces:
Après les avoir bien broyées, cuifez-les avec deux livres (c'eft-à-dire trente onces) d'huile de lin, jufqu'à confomption de l'humidité. Coulez l'huile en l'exprimant, puis faites-y fondre fix onces de cire blanche pour en faire un onguent. *Addition de l'Editeur.*

regle avec les doigts ; ce qu'il eſt à propos de réitérer après chaque injection, afin que la paupiere ſe raccoutume inſenſiblement à ſe tenir dans ſa ſituation naturelle, & qu'elle puiſſe reprendre le ton convenable.

Dans des cas où l'enflure & l'inflammation étoient très-conſidérables, j'ai quelquefois tiré du ſang des tempes en y appliquant des ſangſues. Chez des enfans auſſi jeunes que le ſont pour l'ordinaire ceux qui ſont attaqués de la maladie que j'ai décrite ci-deſſus, il ſuffit le plus ſouvent d'appliquer une ſeule ſangſue à chaque tempe, après quoi auſſitôt après que la ſangſue eſt tombée, je fais, ſuivant ma coutume, appliquer un petit emplâtre véſicatoire ſur la plaie que la ſangſue a faite.

Cependant en faiſant uſage de ces remedes externes, il ne faut point négliger celui des médicaments internes, mais il eſt à propos d'uſer de ceux qui abſorbent les acides & des purgatifs doux, tels par exemple que la magnéſie, la rhubarbe, la manne, &c. A-t-on quelque raiſon de ſoupçonner une acrimonie particuliere des humeurs ? il faut alors combiner avec ces remedes des dépuratifs doux, tels que ſont l'éthiops fait avec le mercure, ou le mercure doux à petites doſes.

Chez les enfans qui étoient attaqués de cette maladie, & qui en même tems avoient la ſurface interne de la paupiere fort enflammée, j'ai fait de tems en tems dégoutter un peu de laudanum liquide dans l'œil, de la même maniere que j'ai indiquée précédemment en parlant de l'inflammation des yeux ; & j'ai toujours trouvé que ce collyre faiſoit de bons effets dans ces ſortes de cas.

VINGT-DEUXIEME CAS.

Un enfant fut tout-à-coup attaqué trois jours après fa naiſſance, d'une enflure aux paupieres des deux yeux, laquelle étoit accompagnée d'un écoulement abondant de matiere purulente qui ſortoit de ces parties. Cette indiſpoſition dura pendant un mois entier, ſans éprouver la plus petite diminution. Pendant long-tems on ne fit pas autre choſe que de laver la ſurface externe de la paupiere avec une éponge trempée dans de l'eau roſe où on avoit mis de la tutie. Mais comme cela ne réuſſiſſoit point, on m'apporta cet enfant. Je nettoyai auſſitôt la matiere retenue entre le globe de l'œil & la paupiere, au moyen de l'eau camphrée délayée convenablement, que je ſeringuai entre ces parties; ce que je fis réitérer toutes les heures.

Au bout de vingt-quatre heures, l'enflure & l'écoulement ſe trouverent conſidérablement diminués, & dans l'eſpace de trois ſemaines les yeux furent entiérement guéris, en continuant à faire uſage de l'injection, & en donnant de tems en tems à cet enfant un peu de rhubarbe mêlée avec de la magnéſie, afin de lui tenir le ventre libre.

VINGT-TROISIEME CAS.

Un enfant commença au neuvieme jour après fa naiſſance à avoir de l'enflure aux paupieres, & le dixieme jour il commença à s'en écouler beaucoup de matiere. On lui appliqua d'abord un fort véſicatoire ſur le dos, puis l'on fit uſage d'un collyre & d'un onguent. Le véſicatoire tira trèsbien; & pendant aſſez longtems l'enfant parut être

en très-bon état : cependant ce mieux être n'ayant
pas été de durée, on fe détermina à lui appliquer
deux autres véficatoires derriere les oreilles : mais
ceux-ci ne produifirent point non plus un effet
durable, enforte qu'au bout de cinq femaines le
mal n'avoit point diminué. Là-deffus on appella
Mr. WATHEN, qui injecta de l'eau camphrée
délayée, & qui fit réitérer cette injection d'heure
en heure. Le foir du même jour l'enfant ouvrit
les paupieres, ce qu'il n'avoit point pu faire depuis le commencement de la maladie : cependant
il fe paffa encore quelques jours avant que l'on
pût appercevoir les yeux mêmes, parce que cet
enfant fermoit toujours les paupieres pour éviter
l'impreffion de la lumiere qui l'incommodoit, &
parce que toutes les fois que l'on vouloit ouvrir
les paupieres avec les doigts, elles fe renverfoient
à l'inftant.

Enfin, l'on découvrit pourtant que dans les
deux yeux la cornée étoit tout-à-fait trouble, &
qu'il y avoit outre cela une petite tache blanche
fur chacun. On continua pendant quatre femaines entieres à faire ufage des remedes dont on
vient de parler, outre que tous les jours on introduifoit dans chaque œil une goutte de laudanum liquide. De cette maniere l'on parvint à faire
ceffer l'écoulement de la matiere, enforte que les
yeux recouvrerent leur tranfparence naturelle, &
que les taches fe diffipant infenfiblement ne firent
enfin plus aucun obftacle à cette tranfparence.

VINGT-QUATRIEME CAS.

Un enfant qui n'étoit âgé que d'une femaine,
fut comme le précédent, attaqué d'une enflure

aux paupieres , accompagnée d'un écoulement abondant de matiere purulente. Mais trois jours après, au lieu de cette matiere il fortit du fang tout pur. Pendant une femaine entiere on employa avec beaucoup de foins , par le confeil d'un apothicaire , des fomentations & des onguents : mais comme au bout de ce tems il ne s'enfuivit aucun changement avantageux , cet apothicaire penfa que l'œil étoit perdu , c'eft pourquoi on me demanda avec lui.

Je propofai auffitôt l'ufage de l'eau camphrée délayée, & j'en injectai d'abord. Cela ayant été réitéré toutes les heures , l'hémorrhagie ceffa le lendemain ; mais alors il s'enfuivit derechef un écoulement de matiere , qui continua enfuite toujours avec abondance. On ne ceffa point de réitérer réguliérement les injections ; on entretint continuellement la liberté du ventre au moyen de la magnéfie, & l'on entretint pareillement la fuppuration de deux grands véficatoires que l'on avoit appliqués derriere les oreilles, en faifant ufage de l'onguent épifpaftique.

Au bout de trois femaines l'écoulement ceffa, & les yeux parurent être parfaitement bien rétablis. Mais à l'occafion d'un nouveau refroidiffement ou de quelque autre caufe inconnue, le même mal reparut avec plus de violence que la premiere fois; ce qui m'obligea à continuer l'ufage des remedes précédens encore pendant quinze jours, au moyen de quoi les yeux furent enfin complettement guéris.

VINGT-CINQUIEME CAS.

Quatre jours après fa naiffance , il furvint chez

un enfant, aux paupieres de l'œil gauche, une enflure, qui augmenta en très-peu de tems jufqu'au point d'égaler une noix en groffeur. Cependant les paupieres de l'œil droit étoient auffi tant foit peu enflées, & le jour fuivant il fortit une grande quantité de matiere d'entre les paupieres des deux yeux. Ayant écarté les paupieres de l'œil gauche l'une de l'autre, cela faifoit le même effet que fi l'on avoit vu une plaie affez profonde remplie de pus. La fage-femme y fit appliquer du lard avec du perfil ; mais comme l'enfant fouffroit toujours beaucoup de douleur, on y fubftitua un cataplafme fait avec de la mie de pain & du lait. Là-deffus on baffina les yeux avec une décoction de têtes de pavots, & l'on appliqua un grand véficatoire fur le dos.

Malgré cela, la matiere ne laiffa pas que de continuer à s'écouler des deux yeux avec *la même* abondance ; & au bout de quinze jours, on remarqua que la paupiere fupérieure de l'œil gauche fe renverfoit toutes les fois que le malade crioit ; mais qu'auffi-tôt qu'il ceffoit de crier, elle fe remettoit dans fa fituation naturelle. Au commencement il n'y avoit qu'une petite partie de la paupiere qui fe renverfât, mais dans la fuite elle fe renverfa entiérement. La conjonctive qui revêt la furface interne de la paupiere étoit fort enflée & d'un rouge foncé. Peu de tems après, ce renverfement devint encore plus opiniâtre & de plus longue durée, enforte qu'alors il ne difcontinuoit plus de toute la journée, & qu'il avoit beaucoup de reffemblance avec la chûte du fondement.

Dans ces circonftances j'injectai de l'eau camphrée délayée, de la même maniere que j'avois fait pour le malade précédent, & je fis réitérer

cette

cette injection toutes les heures; en recommandant particuliérement que l'on eût bien soin de nettoyer complettement l'œil de toute la matiere qui s'y trouveroit, chaque fois que l'on feroit l'injection. Le soir on appliquoit toujours un cataplasme fait avec la partie caséeuse du lait caillé par le moyen de l'alun, & avec de la graisse de cochon; & on faisoit avaler au malade une cuillerée à soupe de sirop de tête de pavots, ce qui le tranquillisoit & le faisoit dormir pendant quelques heures. L'écoulement de la matiere ne tarda pas à diminuer; mais d'un autre côté le renversement de la paupiere étoit toujours le même: c'est pourquoi après l'avoir fait remettre en place avec les doigts, j'y fis appliquer des compresses graduées, trempées dans de l'eau camphrée délayée, de maniere qu'il en résultât une compression légere, mais constante.

Cependant cela ne produisit pas le bon effet que j'en attendois, & cela n'empêcha point que la paupiere ne se renversât encore souvent: je demandai donc qu'il y eût toujours une personne qui tînt le doigt continuellement sur l'œil, jusques-à-ce que la paupiere fût remise. Outre cela, on appliqua à chaque tempe une sangsue, puis un vésicatoire; on donna fréquemment à l'enfant des purgatifs doux, & on lui instilla tous les jours dans l'œil quelques gouttes de laudanum liquide. On tint le doigt sur l'œil presque continuellement durant une semaine, & l'on parvint effectivement par-là à empêcher que la paupiere ne restât pas constamment renversée, quoique cependant elle se renversât derechef toutes les fois que l'enfant pleuroit. On continua en même tems à faire régulierement usage de l'eau camphrée dé-

layée ; au moyen de quoi l'écoulement de matiere diminua de façon, qu'au bout de deux mois,
l'enflure, l'écoulement & le renverfement de la
paupiere furent entiérement guéris, & que les
yeux furent parfaitement fains & clairs.

CONCLUSION.

Je crois avoir fuffifamment démontré, par les
cas dont j'ai donné les rélations, l'utilité des remedes que je recommande dans ce mémoire. Cependant je dois auffi convenir en même tems,
que je n'ai pas toujours été auffi heureux : mais
ç'a toujours été dans des cas où l'on avoit négligé de demander du fecours à tems, enforte que
la maladie avoit fait des progrès trop confidérables. Cependant je fuis dans l'idée que fi dans ces
cas-là, on avoit fait plutôt ufage des remedes que
j'ai indiqués, ils auroient été tout auffi falutaires
qu'ils l'ont été dans les cas que j'ai rapportés. Au
refte, le manque de fuccès dans les cas malheureux dont je parle, ne prouve pas autre chofe,
fi ce n'eft qu'il y a, beaucoup de danger à négliger ces maladies.

Quoique les trois maladies dont j'ai parlé dans
ce mémoire foient différentes de leur nature, &
qu'elles doivent être décrites chacune en particulier, fi l'on veut apprendre à les bien connoître
& à les traiter fuivant la véritable méthode curative qui leur convient; cependant il n'en eft
pas moins vrai que fouvent elles font tellement
compliquées entr'elles, qu'au premier coup d'œil,
il n'eft pas poffible de diftinguer laquelle eft la
maladie primitive. Ainfi, par exemple, il arrive fouvent que l'inflammation des yeux reconnoît pour
caufe la pforophthalmie, mais qu'avant que l'on
ait appellé un médecin ou un chirurgien, l'in-

flammation des yeux est pour l'ordinaire devenue
si violente, que l'on ne peut point examiner l'é-
tat des glandes situées aux bords des paupieres,
& que par conséquent l'on ne peut pas non plus
reconnoître la présence de la psorophthalmie.

Cependant il n'importe pas extrèmement de s'en
assurer, parce que quand même l'ophthalmie n'est
pas la maladie primitive, on doit cependant la regarder dans ce cas comme étant la maladie principale, & celle qui demande que le médecin y fasse
immédiatement & particuliérement attention. Outre cela, lorsque l'on est parvenu à diminuer la
violence de l'ophthalmie, on peut mieux reconnoître la maladie des paupieres, laquelle exige alors un
traitement particulier & immédiat, parce que sans
cela il seroit très-difficile, ou même absolument
impossible de rétablir complettement le malade.

Il arrive souvent pareillement dans la suppuration de l'œil qui a lieu chez les enfans nouvellement nés, que l'inflammation est très-consi-
dérable, & qu'elle exige non seulement l'usage
des remedes que j'ai recommandés en parlant de
cette suppuration, mais que de plus il est aussi
nécessaire de combiner l'usage de ces remedes avec
celui des remedes que j'ai proposés pour l'inflammation des yeux. Je n'ai point d'autre but en disant cela que de recommander à mes lecteurs,
de réitérer de tems en tems l'usage du laudanum
liquide, des sangsues, des vésicatoires & des autres remedes dont j'ai parlé précédemment, dans
le traitement de ces maladies des yeux, auxquelles j'ai donné les noms de psorophthalmie & de
suppuration de l'œil (f).

_____

(f) *Purulent eye.*

R 2

OBSERVATION

*Sur une goutte sereine guérie par l'électricité,
par le même auteur (a).*

IL y a déja longtems que l'on s'eſt aviſé de
recourir à l'électricité pour la guériſon de certaines maladies opiniâtres ; cependant on ne peut
guere diſconvenir, que la plupart des perſonnes
qui ont eſſayé ce moyen de guériſon, étoient fort
peu inſtruites, ſoit de la ſtructure du corps humain,
ſoit de la nature des maladies auxquelles il eſt
ſujet, & même que la connoiſſance que ces perſonnes avoient de l'électricité, ne s'étendoit pas
fort au delà de ce qu'elles avoient pu en apprendre par quelques-unes des expériences les plus
communes. Or, il n'étoit pas naturel de s'attendre que ces perſonnes-là puſſent perfectionner
beaucoup l'uſage de l'électricité en médecine. Cependant les plus célebres médecins n'ont pas laiſſé
que de regarder conſtamment le feu électrique,
comme pouvant être d'une très-grande utilité dans
pluſieurs maladies, & cela à raiſon de ſa ſubtili-
té & de ſon activité ſingulieres.

Ces médecins ont principalement attribué beaucoup d'efficacité à l'électricité, dans les maladies
qui proviennent de l'obſtruction des vaiſſeaux &
de relâchement, & ils ont conjecturé que dans
le premier cas, elle devoit agir en qualité de ré-
ſolutif, & dans le ſecond en qualité de ſtimulant.

_____

(a) Page 129 & ſuivantes de l'original.

Je crois que les médecins & les chirurgiens qui font dans ces idées, font difposés à recevoir avec reconnoiffance toute efpece d'inftruction qui peut leur donner plus de jour, & étendre davantage leurs connoiffances fur cette matiere. C'eft auffi dans cette perfuafion, que je fais part à mes lecteurs de l'obfervation fuivante, dans laquelle on trouvera un exemple frappant de l'utilité de l'électricité pour la guérifon d'un commencement de goutte fereine.

Sufanne *Woody*, fervante, âgée d'environ dix-fept ans, fut attaquée le vingt-neuvieme de Janvier 1780, d'une douleur aux dents & à la mâchoire, qui au bout de deux jours lui occafionna au vifage une enflure confidérable. Cependant cette indifpofition ne tarda pas à fe diffiper; mais à peine cette fille en étoit-elle délivrée, qu'elle s'apperçut qu'elle ne pouvoit pas ouvrir l'œil gauche; & le jour fuivant, l'œil droit fe trouva dans le même cas. Un apothicaire qu'elle confulta, crut que cela venoit uniquement d'une matiere vifqueufe qui fe trouvoit entre les bords des paupieres; c'eft pourquoi il donna à la malade un onguent pour amollir cette matiere. Mais comme cet onguent ne produifoit point l'effet qu'il en avoit attendu, il fépara les paupieres avec les doigts, & trouva à fon grand étonnement, que la malade avoit perdu la vue des deux yeux.

Je fus appellé dans ces circonftances. On n'appercevoit du tout point d'inflammation dans l'œil, mais dans l'un & l'autre œil la prunelle étoit fort dilatée, & elle fe contractoit très-peu à l'approche de la lumiere. J'inftillai un peu de laudanum liquide dans les yeux, dans l'efpérance que l'irritation que ce remede y produiroit, comme il

R 3

le fait pour l'ordinaire, pourroit redonner de l'activité aux nerfs optiques, de maniere qu'ils reprendroient convenablement leur fonction.

Le jour suivant, Mr. WATHEN vit aussi la malade. Nous trouvâmes que l'état des yeux étoit encore précisément le même que le jour précédent. Mr. WATHEN conseilla de réitérer l'usage du laudanum liquide à l'extérieur, d'appliquer trois sangsues, puis un vésicatoire à la même place : mais à cause du froid on ne put point se procurer de sangsues. Ainsi au lieu des sangsues on appliqua des ventouses scarifiées aux deux tempes, & l'on en tira trois onces de sang. Après cela on appliqua un vésicatoire sur chaque tempe, & deux autres derriere les oreilles : mais tous ces reme- des parurent ne pas faire le moindre effet avan- tageux. La malade ne pouvoit toujours point ou- vrir les paupieres, & lorsqu'on les ouvroit en les écartant avec les doigts, elle ne voyoit absolu- ment point.

Le 17 Février, j'électrisai l'œil gauche durant un quart d'heure, du consentement de Mr. WA- THEN, & cela en faisant premiérement passer un torrent de feu électrique par l'œil, puis en tirant des étincelles de toutes les parties voisines. Ce soir là, la malade n'apperçut à la vérité aucun changement dans sa vue : mais le lendemain ma- tin elle put déja ouvrir la paupiere gauche, & reconnoître distinctement les objets placés autour d'elle. Cependant l'état de l'œil & de la paupiere du côté droit ne s'étoit point encore amélioré, c'est pourquoi j'électrisai pareillement cet œil aussi longtems & de la même maniere que j'avois élec- trisé l'œil gauche. Cela fit un si bon effet, que le jour suivant la malade put reconnoître avec cet œil les grands objets, quoiqu'elle ne pût pas les diftinguer auffi bien qu'avec l'œil gauche. La nuit fuivante elle fe plaignit d'une grande pefanteur de tête.

Le 9 Février, je fis paffer le torrent électrique par les deux yeux, & j'en tirai auffi des étincelles : outre cela, je donnai à la tête plufieurs petites commotions dans des directions différentes. Cette fois l'électrifation caufa plus de douleur à la malade que la précédente fois, mais le fuccès en fut des plus heureux ; car déja le lendemain la malade put ouvrir les deux yeux, & voir diftinctement tous les objets. Je jugeai donc qu'il n'étoit plus néceffaire de l'électrifer davantage, & je ne lui ordonnai point d'autre remede qu'une médecine purgative, laquelle emporta les douleurs de tête dont cette fille fe plaignoit encore.

Cette cure qui a été opérée uniquement en électrifant trois fois la malade, differe à plus d'un égard de celles dont Mr. HEY a donné le détail dans les *Obfervations des médecins de Londres* (b) : premiérement, en ce que chez la malade dont je parle, la goutte fereine étoit furvenue tout d'un coup : fecondement, en ce que l'aveuglement étoit plus confidérable, & que les paupieres fouffroient davantage, & enfin, en ce que nonobftant cela, la malade a néanmoins été plus promptement guérie.

(b) *Medical obfervations and inquiries by a fociety* &c. Vol. V.

R 4

DEUXIEME PARTIE.

EXTRAITS DE LIVRES NOUVEAUX.

I.

RECEPTEN UND KURARTEN, &c.
C'eft - à - dire :

Recettes & moyens curatifs, avec des remarques théoriques-pratiques, par Mr. ERNEST ANTOINE NICOLAI, *Docteur & Profeffeur en médecine, & Confeiller aulique à Jene, &c. A Jene, chez la veuve Cræcker 1780, 8°. de 1170 pages fans la préface & la table des matieres.*

Mr. NICOLAI eft connu très-avantageufement par divers bons ouvrages, fur-tout par la meilleure pathologie que l'on ait, & que cet habile médecin a commencé à publier en 1773; j'aurai occafion d'en parler en rendant compte de la feptieme partie de ce chef-d'œuvre, laquelle a paru en dernier lieu.

Il eft naturel après cela de s'attendre que le livre que j'annonce ici foit des meilleurs dans fon genre, puifque l'on n'eft jamais mieux en état de prefcrire avec fuccès des remedes & des moyens curatifs que lorfque l'on eft verfé dans la pathologie, & que l'on a les caufes des maladies bien préfentes à l'efprit. Auffi Mr. TODE donne-t-il de juftes éloges à ce recueil de recettes (*a*): cependant il fe plaint de quelques imperfections, mais qui regardent plutôt l'exécution que les chofes mêmes : ainfi en approuvant l'attention que Mr. NICOLAI a eue de renfermer fa matiere dans un feul volume, il lui reproche de l'avoir trop groffi, & par-là même renchéri, faute de l'avoir abrégé comme il auroit pu le faire, en fe refferrant davantage, en abrégeant les citations, &c. &c. Enfin Mr. TODE trouve que l'auteur auroit pu mettre plus d'ordre dans fon ouvrage, & ne pas raffembler des chofes très-différentes fous un même titre, & en féparer d'autres au contraire qui devoient fe trouver réunies.

Voici le fommaire des matieres traitées dans cet ouvrage. —— Premiere fection, des recettes en général. —— Seconde fection, des recettes en particulier. Des poudres, des pilules, des trochifques, des tablettes, des électuaires, des bolus, des loochs, des extraits, des fucs épaiffis, des robs, des conferves, des firops, des juleps, des élæofaccharums, de l'hydromel, de l'oxymel, du vinaigre, des décoctions, des infufions, des teintures, des effences, des élixirs, des mixtures, des émulfions, des baumes ; baumes de vie liquides, baumes huileux, & baumes qui ont la confiftance d'onguens, baumes improprement dits, & baumes vulnéraires. —— Des remedes externes : des bains ; bains de fumier, bains de terre, la douche ; bains de vapeurs, bains chauds & bains de marc. Utilité des bains froids ; traitement des

(*a*) Voyez fa *Bibliothéque de médecine & de chirurgie*, Tome VIII. 1781. page 300.

maladies catarrhales fuivant la méthode de **Mr.**
Moneta ; vertus de l'eau froide employée tant
à l'intérieur qu'à l'extérieur dans les fievres aiguës
& malignes ; utilité de l'eau froide dans les maux
de tète , dans la manie, &c. dans les foibleffes ,
pour les membres gelés , pour les bleffures de la
tète , dans l'apoplexie , pour la guérifon de l'éréfipele , & pour les affections goutteufes. Des clyf-
teres, des cataplafines & fomentations , des emplâtres , des onguens, des baumes , des fuppofi-
toires , des paiffaires.

Vient enfuite un article où l'auteur traite plus
en détail des poudres. Poudre émétique , tartre
émétique & fon utilité à titre d'évacuant dans les
maladies des enfans ; fes propriétés antifpafmodi-
ques , réfolutives , diurétiques , diaphorétiques ,
dans la toux, dans la difficulté de refpirer, dans
le catarrhe fuffoquant , dans la dentition difficile,
dans toutes fortes de fievres, dans la dyffenterie,
dans l'apoplexie , dans les maux de tète, dans les
vertiges, dans les affections foporeufes, dans les
inflammations particulieres , dans la petite-vérole,
dans l'hydropifie, dans la jauniffe, dans les affections goutteufes, & rhumatifmales, dans la goutte
fereine , dans la cécité , dans les hémorrhagies ,
dans les pertes des femmes, contre les vers, dans
le traitement des hernies, &c. &c.

Traitement par les émétiques mitigés : de l'ipécacuana & de fon utilité dans la dyffenterie, dans
les fievres, dans les affections fpafmodiques , dans
les hémorrhagies ; de l'ipécacuana combiné avec
l'opium ; poudre de **Dower** ; infufion d'ipécacuana ; mèlange de cet émétique avec la rhubarbe, avec le miel ; de la racine de violette ; du
cabaret ; du raifin de renard ; du vin émétique ;

du firop émétique de Vienne ; verre ciré d'antimoine, foufre doré d'antimoine, kermès minéral :
vertus du foufre doré d'antimoine ; poudre de
PLUMIER ; foufre doré d'antimoine en liqueur.

Poudres purgatives de différentes fortes : poudre
cornachine, rhubarbe, médicamens abforbans &
terreux, crème & cryftaux de tartre, cinabre,
nitre, poudre du duc de PORTLAND, poudre hyp-
notique, extrait d'aconit, coquelourde noirâtre,
dictame blanc, fleurs de zinc, cuivre ammonia-
cal, poudre digeftive, mufc, antimoine, myrrhe, foufre, mercure, fer, gomme de gayac,
fel ammoniac, quinquina, arfenic, mort aux
mouches, remedes contre le ver plat, valériane,
gui de chène, poudre de quaffie, fquille, nitre
antimonié, fel admirable de GLAUBER, poudre
ftomachique, poudres externes.

Electuaires, bolus, pilules ; gomme gutte ; pilules balfamiques de JUNCKER & de HOFFMANN;
ciguë ; pilules de ftramonium, de belle-dame ; caf-
toréum ; fafran, affa fétida, opium ; pilules toni-
ques impériales, & de BACHER. Trochifques, tablettes : potions émétiques, purgatives ; fébrifuges ;
maltz ; décoction blanche de SYDENHAM. Feuilles d'oranger ; fleurs de buglofe ; mouffe d'Islande ;
glands ; coquelourde noirâtre ; colchique ; flam-
mule ; quinquina : folutions mercurielles de VAN
SWIETEN & de PLENCK ; pilules mercurielles
D'HOFFMANN.

On voit par ce fommaire, qu'il eft peu de remedes nouveaux, & de ceux qui ont de la réputation, dont l'auteur n'ait parlé, & qu'il a indiqué à-peu-près tous les cas dans lefquels ces remedes font regardés comme ayant le plus d'efficace. En envifageant fon ouvrage fous ce point

de vue, on peut le regarder comme la matiere médicinale la plus complette que l'on ait jufqu'à préfent, auffi Mr. Tode l'auroit-il recommandé avec le plus grand empreffement à tous les jeunes praticiens, fi l'auteur n'eût pas rendu fon livre fi volumineux & fi cher, s'il y eût mis plus d'ordre, & s'il avoit plus fouvent décidé d'après fa propre expérience.

Cet ouvrage eft trop étendu pour donner l'analyfe de chacune de fes fections.

I I.

ÉLÉMENTS OF THE PRACTICE OF PHYSIC, &c.

C'eft - à - dire :

Élémens de médecine pratique à l'ufage des gens de qualité qui s'occupent de cette fcience : ouvrage lu à l'hôpital de Guy, par Mr. WILL. SAUNDERS, Docteur médecin, membre du collège royal de médecine, & médecin de l'hôpital de Guy. A Londres 1780, 8°. de 136 pages, petit caractere.

C E livre dit Mr. TODE (*a*) eft beaucoup trop abrégé, en ne l'envifageant même que comme un livre de préleçons. La partie qui traite des caufes des maladies eft très-incomplette. Quant à la partie théorétique (*b*), on y trouve l'effentiel de la

(*a*) Ibid. page 305.
(*b*) Je crois que Mr. TODE a voulu dire la partie *pratique.*

pratique la plus moderne des médecins de Lon-
dre ; mais elle eſt traitée de maniere qu'il faut être
diſciple de l'auteur, ou avoir beaucoup de lecture
& d'expérience, pour le comprendre, ou pour
pouvoir profiter de ſes inſtructions.

Voici une ſection entiere de cet abrégé, d'après
laquelle nos lecteurs pourront s'en faire une idée.

DE LA COLIQUE.

On peut donner ce nom à une douleur aiguë
des inteſtins, laquelle eſt accompagnée de conſtipation.

On peut la diviſer en colique venteuſe, & en
colique ſpaſmodique, en aiguë & chronique, en
colique accompagnée de fievre & en colique ſans
fievre.

Les cauſes éloignées de cette maladie ſont de
bien des ſortes:

1°. Une irritabilité des inteſtins apportée en
naiſſant.

2°. L'excrétion d'une trop grande quantité de
bile âcre, jointe à un obſtacle qui empêche qu'elle
ne puiſſe s'écouler librement dans les inteſtins.

3°. Tous les corps étrangers qui ſe rencon-
trent dans les entrailles, ſoit que ce ſoient des
alimens indigeſts, ou des concrétions indiſſolu-
bles, ou d'autres obſtacles pareils.

4°. Une métaſtaſe d'humeur goutteuſe, ou de
quelque autre humeur âcre, provenant du froid
extérieur ou de quelqu'autre cauſe.

5°. Les mauvais effets du plomb, tels que ceux
qni ont lieu chez les artiſans qui font uſage de
ce métal, comme auſſi chez ceux qui boivent des
liqueurs ſpiritueuſes falſifiées avec du plomb.

6°. Les poisons tirés des autres minéraux ou d'autres substances vénéneuses.

7°. Un usage inconsidéré des remedes astringens dans la dyssenterie & dans la diarrhée.

L'ouverture des cadavres nous apprend que le danger de cette maladie vient de l'inflammation qui s'y joint.

Voici en général quels en sont les symptomes. Une douleur aiguë dans le bas-ventre, l'ardeur d'estomac & un vomissement bilieux, la constipation, des rots fréquents, la tension du bas-ventre, la soif, le hoquet, l'évanouissement, un pouls irrégulier & foible, avec des sueurs froides & d'autres symptomes qui sont occasionnés par la gangrene des intestins.

La colique se termine quelquefois par la paralysie, c'est ce qui arrive surtout dans la colique de plomb ; & elle est accompagnée de douleurs rhumatismales qui affectent diverses parties du corps.

Le pronostic en est sur-tout favorable, lorsque la douleur diminue & change de place, & lorsque d'un petit espace où elle étoit bornée, elle vient à en occuper un beaucoup plus grand. L'assoupissement, le hoquet, les rèveries, la langue séche, les défaillances, les sueurs froides, sont d'un très-mauvais augure.

Voici quelles sont les indications curatives :

1°. De remédier aux spasmes.

2°. De procurer des évacuations.

On remédie principalement aux spasmes & à la tension par le moyen des saignées, des fomentations, des emplâtres chauds, & même dans certains cas en appliquant des vésicatoires ; puis en employant des lavemens, & des préparations d'opium entremêlées de purgatifs.

Ce qui réuffit le mieux à titre d'évacuans, ce font les fels purgatifs avec de l'eau de menthe poivrée, l'huile de ricin, & dans certains cas l'extrait cathartique, comme auffi les lavemens préparés avec quelque fel neutre; les lavemens de tabac & d'autres femblables.

Prenez extrait cathartique vingt grains.
——— thébaïque un grain.
Huile de canelle un grain.
Mêlez ces ingrédiens & faites en quatre pilules, que le malade prendra d'abord.

Prenez fel cathartique amer deux onces.
Eau de menthe poivrée fimple une livre.
Diffolvez le fel dans cette eau, dont vous donnerez une cuillerée toutes les demi-heures jufqu'à ce qu'elle opere.

Prenez huile de ricin une once.
Eau de menthe poivrée fimple demi-once.
Sirop balfamique deux dragmes.
Mêlez pour en faire une potion à prendre en une fois auffi fouvent qu'il fera néceffaire.

Prenez de la décoction commune pour les lavemens, douze onces.
Sel cathartique amer demi-once.
Affa fétida une dragme & demie.
Mêlez pour un lavement.

Dans les cas où la colique eft caufée par un poifon métallique, il n'y a rien de mieux, que d'ufer d'huile avec des fels neutres dans beaucoup de boiffon.

Souvent chez les femmes fujettes à l'affection hyftérique, la colique dépend tellement d'un état fpafmodique & d'irritabilité fimple, que les préparations d'opium, ou l'opium feulement mêlé avec quelque aromate, comme le Philonium de

Londres, font ce qui remédie le mieux à de pareilles coliques.

L'auteur traite fort en abrégé la pathologie des maladies fuivantes. Les fievres inflammatoires, les fievres nerveufes, les fievres malignes, les intermittentes. L'inflammation en général ; l'inflammation du cerveau, celles des yeux, de la gorge, celle de la poitrine (à laquelle il rapporte la phthifie); celles de l'eftomac, des inteftins, du foie, des reins; la ftrangurie, le rhumatifme, la goutte, l'éréfipéle; la petite vérole, la rougeole ; la dyffenterie, le *cholera morbus*, les hémorrhagies ; le fcorbut, l'hydropifie, l'afthme, l'indigeftion, les hémorrhoïdes, la jauniffe, l'incontinence d'urine, la pierre, la colique, l'apoplexie, la paralyfie, l'épilepfie, le tétanos, la catalepfie, la paffion hyftérique, la paffion hypochoñdriaque, la manie, & les maladies vénériennes.

III.

EXERCIT. MEDIC. PATHOL. DE INFLAMATIONE, &c.

C'eft-à-dire :

Differtation de médecine & de pathologie fur l'inflammation, & principalement fur l'inflammation veineufe, foutenue fous la préfidence de Mr. EBERHARD ROSENBLAD, *par Mr.* JEAN PIERRE ŒSTMAN, *à Lund dans la Scanie, le* 10 *Juin* 1780, 4°. *de* 32 *pages.*

L'Auteur s'efforce de prouver dans cette differtation, qui d'ailleurs eft bien travaillée, que l'inflaml'inflammation a auffi quelquefois fon fiege dans les veines, ce dont perfonne ne doutoit. Mais, dit Mr. TODE (a) cet ouvrage n'eft pas auffi utile, & ne fait pas autant d'honneur à fon auteur qu'il lui en auroit fait, s'il avoit lû, mis à profit & cité, comme il auroit dû & pû le faire, les bons traités que l'on a fur l'inflammation. Auffi ce favant journalifte n'a-t-il pas trouvé cette differtation affez utile pour que cela l'engageât à en donner un extrait.

I V.

HUNGERBYHLER

Conftantienfis Med. Doct. de oleo Ricini, &c.

C'eft-à-dire :

De l'huile de Ricin, excellent remede purgatif & vermifuge, par Mr. HUNGERBYHLER de Conftance, Docteur médecin. A Fribourg en Brifgaw, chez les WAGNER, 1780, 8°. de 45 pages, avec une planche qui repréfente le Ricin.

L'Auteur débute par faire les éloges de l'huile de ricin à titre de vermifuge & de purgatif : il dit qu'il eft approprié à toutes les circonftances de l'âge &c., qu'on peut toujours l'employer avec fûreté & fans inconvénient, & qu'il eft plus efficace & opere plus promptement qu'aucun autre remede de ce genre.

(a) Ibid. page 350.

Tome I. S

La mauvaife réputation que cette huile a eue
pendant fi long-tems, d'avoir beaucoup d'âcreté,
venoit de ce qu'on la tiroit de ce fruit que l'on
appelle proprement *pignons d'Inde*, au lieu de l'exprimer des amandes du ricin. Ces premiers font
les fruits de la plante que Mr. DE LINNÉ appelle *jatropha cureas*, qui étoit le *ricinus ameri-
canus major* BAUHINI (*a*). Les négres d'Amérique fe fervent de ces pignons pour fe purger, fur-
tout de ceux que porte l'arbriffeau appellé *jatropha multifida* LINN. *Avellana purgatrix* BAUHINI
(*b*). C'eft ce qui a été caufe que l'on a confon-
du ces fruits, foit à raifon de l'âcreté qui leur
eft commune à tous, quoique à des degrés différens; foit à raifon des noms femblables qu'on
leur a donnés; & parce que l'on a défigné indifféremment par les noms de *ricinus*, *ricinoïdes*, *cro-
ton* & *jatropha*, des plantes qui à la vérité étoient
de la même famille, mais non pas du même genre.

DIOSCORIDE, GALIEN & les autres auteurs
anciens, n'ont point diftingué ces plantes d'une
maniere fatisfaifante, ils n'ont point connu l'huile
de ricin, & encore moins la maniere de fe la
procurer, ce qui eft cependant une des chofes les
plus effentielles pour la vertu du remede.

HERMANN eft le premier qui ait écrit de ce
remede & dont les inftructions ayent été mifes
à profit par ceux qui l'ont fuivi. Le pere LABAT
a traité en détail de la culture & des utilités du

(*a*) On les appelle auffi en François *grains de Tilli*,
ou *graines du Ricin Indien*. Note de l'Editeur.
(*b*) Et en François le *Médicinier d'Efpagne*. Note de
l'Editeur.

ricin. En 1759, FRASER, chirurgien Anglois, a le premier fait connoître les propriétés de l'huile que l'on en tire; & en 1769, Mr. CANVANE a écrit le premier mémoire qui ait paru au sujet de ce remede qu'il vante en outre pour la guérison de la colique de plomb, de toutes sortes de fievres & même des fievres bilieuses, des aphtes chroniques, de la gonorrhée, des fleurs blanches; du tétanos &c. &c. Mr. HAMART DE LA CHAPELLE a traduit ce mémoire en françois en 1778: L'auteur qui l'a suivi de plus près a été Mr. ODIER (c) de Geneve, qui a publié ses observations dans le *Journal de médecine* d'Avril & Mai 1778; & qui aura vraisemblablement tiré parti à cette occasion de ce que Mr. DUNANT avoit déja écrit sur le même sujet, au mois de Janvier de la même année. Il paroit, ajoûte Mr. TODE, que ce que Mr. BERGIUS a publié sur cette matiere n'est pas venu non plus à la connoissance de Mr. HUNGERBYHLER.

Vient ensuite ce qui a trait à l'histoire naturelle de cette plante. C'est le *ricin ordinaire, dont les feuilles sont en rondache souspalmées & dentées en maniere de scie*, de LINNÉ (d); le *ricin vulgaire* de BAUHIN; & le *ricin blanc* de RUMPHIUS. —— Le *ricin Africain très-grand à tige genouillée rougeâtre*, & le *grand ricin à tige verdâtre* de TOUR-

_____

(c) Mr. TODE ibid. page 453. observe que depuis le mémoire de M. CANVANE, MM. BANCROFT, PERCIVAL, GOOCH & CLARK ont écrit sur le même sujet, & cela avant que Mr. ODIER eût publié ses observations; ce que Mr. HUNGERBYHLER a sans doute ignoré.

(d) *Ricinus communis, foliis peltatis, subpalmatis, serratis:*

S 2

NEFORT font des variétés du ricin ordinaire. (On l'appelle encore en François *palme de chrift*) ; fon nom allemand eft *gemeiner wunderbaum* ; les Anglois l'appellent *caftor plant* & *negro oilbush*. Il croît dans les deux Indes , en Afrique & dans les contrées méridionales de l'Europe. Mr. DUNANT l'a vu croître en France avec tant de facilité, qu'on pouvoit à peine le détruire dans les jardins où il s'étoit établi : Mr. MEDERER a vu la même chofe en Hongrie. On trouve dans le livre intitulé *Onomatologia botanica* la maniere de cultiver ce ricin dans les jardins.

Au refte , il faut obferver qu'on ne doit pas prendre pour les amandes de cet arbriffeau les fruits que les apothicaires vendent fous le nom de *femences de grande & de petite épurge* (e). Les premieres font fouvent mêlées avec les pignons d'Inde ; les dernieres font les fruits de l'épurge, qui eft une efpece de *tithymale* (f).

De la préparation de l'huile de ricin , laquelle fe fait par expreffion. Pour cela on prend les amandes, après avoir eu grand foin de les dépouiller de leurs enveloppes dures & tachetées, on les pile groffiérement dans un mortier de marbre, & on en exprime l'huile à froid.——On fe procure auffi cette huile de la maniere fuivante : on enveloppe ces mêmes amandes dans un linge groffier , & on les cuit avec huit fois leur poids d'eau ; alors on enleve l'huile qui furnage. De cette derniere maniere, on obtient une plus grande quantité d'huile , mais qui n'eft pas auffi bonne. Cependant l'huile exprimée fe rancit auffi par la

(e) *Semina cataputia majora & minora.*
(f) C'eft *l'Euphorbia Lathyris* LINN.

chaleur ou à la longue. On en reconnoît la bonne qualité, non feulement à ce qu'elle eſt un peu
trouble, à ce qu'elle n'eſt ni âcre, ni d'un jaune
de faffran, mais encore & principalement à ſes
effets.

Pour empêcher qu'elle ne ſe gâte, Mr. RENAU-
DOT la mêle avec de l'eau & la ſecoue bien, afin
que l'huile la plus pure vienne au-deſſus de l'eau
& y furnage. On peut auſſi la rendre agréable
en broyant les amandes, avant que d'en exprimer
l'huile, avec de l'eau roſe, juſqu'à ce que cela
forme une bouillie. Mr. TODE eſt d'avis qu'il
vaudroit mieux employer pour cela de l'eau de
citron.

La doſe la plus convenable pour purger un
adulte, eſt de deux onces ; trois onces purgent
très-fort, quoique ſans irritation.

*De l'utilité de cette huile en général en l'em-
ployant à titre de purgatif :* Mr. ODIER l'a adminiſtrée avec ſuccès dans la conſtipation, & à
des perſonnes qui avoient conſtamment des ſelles
liquides. Mr. CANVANE n'employoit point d'autre purgatif dans ſa famille. Mr. MEDERER en a
pris un jour ſix onces entieres à la fois, qui l'ont
purgé très-copieuſement, mais ſans lui cauſer la
moindre douleur. Notre auteur la vante auſſi d'a-
près ſes propres obſervations, pour le traitement
de toutes ſortes de maladies fébriles & ſpaſmodi-
ques, pour les hernies accompagnées d'étrangle-
ment, pour les hémorrhagies, pour les femmes
groſſes, pour les femmes en couche, & pour les
approches des criſes.

Mr. ODIER l'a adminiſtrée une fois avec ſuccès à quelqu'un qui avoit avalé de l'arſenic, &
qu'aucun autre remede ne ſoulageoit. Il en donna

douze onces entieres dans l'efpace de 48 heures, ce qui fit cesser les vomissemens & les douleurs, & procura plusieurs selles sans tranchées.

Les médecins ont conseillé des méthodes très-différentes pour le traitement de la colique de plomb, & dont l'auteur rend compte dans cet endroit. Il parle de deux obfervations de Mr. le professeur GEBHARD, qui confirment la théorie de Mr. STRACK, savoir, que cette maladie est l'effet d'une humeur goutteuse. Cependant MM. CANVANE & LA ROCHE ont donné avec succès de l'huile de ricin dans cette colique.

Mr. ODIER a trouvé qu'elle réussissoit beaucoup mieux contre les vers, que le remede de la veuve NOUFFER. —— Les lecteurs trouveront dans les extraits du quarante-neuvieme tome du *Journal de médecine* un précis de toutes les obfervations que les deux médecins de Geneve ont faites sur cette huile.

L'auteur rapporte encore ce qui suit d'après l'ouvrage de Mr. CANVANE. —— Les Negres de l'Amérique se guériffent de la gonorrhée & des autres maladies vénériennes par le moyen de cette huile. —— Un planteur, sujet à la goutte & à la pierre, accommode fa falade avec l'huile de ricin, & il s'en trouve considérablement foulagé. L'ufage de la même huile a procuré un accès de goutte bien décidé à une personne qui avoit un mal de gorge provenant vraisemblablement d'une anomalie de l'humeur goutteuse. —— Les feuilles du ricin appliquées à l'extérieur produifent toutes fortes de bons effets, mais dont nous ne parlerons pas plus au long.

Mr. TODE trouve que l'auteur n'est pas fort méthodique, & qu'il rapporte les obfervations qu'il a empruntées d'ailleurs, de maniere qu'on feroit tenté de croire qu'elles font de lui.

V.

UEBER DIE GLAUBWÜRDIGKEIT DER MEDICINALBERICHTE, &c.

C'eft-à-dire :

De la crédibilité des rapports faits par les médecins dans les procès criminels. A Berlin, chez HAUDE & SPENER 1780, in-8°. de 172 pages.

CEtte brochure eft dédiée au célebre miniftre d'état le baron DE ZEDLIZ. L'auteur, dans un avant-propos, nous donne l'efpérance flatteufe de publier un ouvrage plus complet fur cette partie de la médecine, que l'on a encore fi peu cultivée, quoiqu'elle foit fi importante. Nous le fouhaitons bien fincérement, dit Mr. TODE (*a*); l'auteur nous paroiffant avoir les talens néceffaires pour un pareil ouvrage, quoique l'on ne dût guere s'y attendre dans un fiecle où tout fe traite fi légérement. L'échantillon qu'il nous donne ici de fon favoir-faire, nous en eft un fûr garant. Il ne fe nomme point : mais il fe contente de dire, qu'il s'eft déja occupé une fois d'un objet qui tendoit à faire voir l'utilité de la médecine du barreau. Je ne me fouviens pas d'avoir vu ce livre : au refte, cela ne doit influer en rien fur le ju-

_____

(*a*) Ibid. page 427.

gement que l'on doit porter de la brochure dont il s'agit ici.

Elle eſt partagée en dix ſections. Dans la premiere, il s'agit de la crédibilité, de la certitude, de la vérité & de la probabilité en général; l'auteur traite dans la ſeconde, de la probabilité en phyſique & en médecine. Il eſt vrai que ces deux ſections ſont traitées un peu trop philoſophiquement; du moins eſt-il ſûr qu'elles ne ſont pas éclaircies par aſſez d'exemples : cependant, ces préliminaires ſont plus intelligibles que ne le ſont ordinairement les principes que l'on a ſur cette matiere, parce que l'auteur poſſede le rare talent de s'exprimer tout enſemble avec netteté, avec élégance, & d'une maniere intéreſſante. Par exemple, que peut-on dire de plus ſolide que cette concluſion qui termine la ſeconde ſection?

" La relation du médecin (en tant qu'il eſt l'hiſ-
„ toriographe de la nature) mérite donc créance,
„ lorſque ſa véracité, ſes ſoins aſſidus, & ſa mé-
„ thode ſont tels qu'ils le mettent à l'abri de tout
„ ſoupçon; lorſque des circonſtances iſolées ou
„ réunies, au cas qu'il y ait lieu d'en rapprocher
„ pluſieurs, certifient un fait, & qu'elles ne ſouf-
„ frent aucune contradiction; lorſque la relation
„ n'annonce rien qui ne ſoit abſolument fondé
„ ſur le témoignage des ſens, & que l'on n'y ap-
„ perçoit rien qui indique quelque erreur dans
„ l'examen, ou quelque défaut dans les moyens;
„ lorſque les membres de la concluſion que l'on
„ en déduit ſont exactement conformes à la lo-
„ gique, ſoit qu'on les prenne ſéparément ou qu'on
„ les examine dans leur enſemble; & lorſqu'en-
„ fin le réſultat de tout cela eſt d'accord, tant à
„ raiſon des circonſtances eſſentielles, qu'à raiſon

» des acceſſoires, avec les obſervations des autres
» médecins ".

Tout cela eſt inconteſtable, dit Mr. TODE,
mais auſſi il ne l'eſt pas moins, malheureuſement,
que pluſieurs mille relations de médecins ſe trou-
veroient avoir bien peu de poids, ſi on vouloit
les peſer à une pareille balance. Cependant, il
feroit de la plus grande importance que l'on pût,
par le moyen d'un examen critique, peſer, comme à une balance, des mémoires qui doivent décider de tout ce qu'il y a de plus précieux pour
l'humanité. Mais parce que les imperfections qui
ſe trouvent dans les relations d'un ſi grand nombre de médecins ne ſont pas ſuffiſantes pour cela,
s'enſuit-il que le magiſtrat doive rejetter les relations de médecins qui lui ſont préſentées ? C'eſt
aux juges à ſavoir s'addreſſer à des médecins capables de lui donner une relation conforme à la
vérité : mais s'il ſe trouve quelque part un ſeul
médecin qui ait cette capacité, on doit croire
qu'il peut s'en trouver encore d'autres ; tout
dépend à cet égard des encouragemens convenables, &c. &c.

L'auteur fait voir dans la troiſieme ſection,
que l'ouverture & l'inſpection d'un cadavre, comme auſſi l'examen des mœurs, ſont abſolument
néceſſaires, pour mettre le juge en état de prononcer, ainſi qu'il eſt de ſon devoir, avec toute
la certitude moralement poſſible, ſur le degré de
criminalité du coupable. Cette ſection eſt travaillée dans la derniere perfection & avec la plus
grande ſolidité. Il n'eſt pas poſſible de rendre
compte ici de tout ce qu'elle renferme d'inſtruc-
tif ; un pareil extrait n'eſt même pas néceſſaire,
parce qu'un médecin qui eſt, ou qui pourroit être

dans le cas d'en faire ufage doit étudier le livre même où ces inftructions fe trouvent.

L'auteur examine un peu plus loin les fophif-mes que le célebre jurifconfulte POLYCARPE LEY-SER a avancés contre l'ouverture des cadavres, & la difcuffion qu'il en fait eft en partie d'après lui-même, en partie d'après un homme de loi. Peût-être, dit Mr. TODE, qu'il auroit été à propos à cette occafion de faire mention de l'utilité morale & technique de ces diffections. L'appareil & la folemnité qui les accompagnent font qu'elles pro-duifent une forte impreffion fur l'efprit du peu-ple. Il y a apparence que tel qui feroit porté à entreprendre quelque mauvaife action en feroit détourné, en voyant la vigilance & l'activité avec lefquelles les juges travaillent à éclaircir un fait, comme auffi en voyant la fagacité avec laquelle les médecins parviennent à mettre en évidence les circonftances les plus cachées : d'un autre côté, les peines que les juges & les médecins fe don-nent pour découvrir tout ce qui peut fauver l'in-nocence, ne pourroient manquer de leur attirer l'amour & la confiance du peuple. De fréquentes ouvertures de cadavres font de plus utiles au mé-decin, en ce que par-là il acquiert toujours plus de pratique dans l'exercice d'une fonction fi im-portante, & fi propre à faire reconnoître fa ca-pacité ou fon incapacité. C'eft pourquoi les jeu-nes médecins & les étudians devroient affifter auffi affidument à ces diffections qu'à celles qui fe font dans les hôpitaux. —— Bien plus, on apprend tou-jours mieux à connoître la ftructure des parties internes du corps en vifitant les cadavres des per-fonnes mortes d'une mort violente, qu'en exami-nant ceux des perfonnes qu'une maladie interne

a tuées. —— Enfin, l'art retire un avantage essentiel des diverses ouvertures de cadavres, c'est
qu'elles répandent toujours plus de jour sur les
différens genres de mort, par exemple, sur la nature des suffocations, &c. &c. avantage qui n'a
pas échappé à la sagacité de notre auteur.

La quatrieme section fait beaucoup d'honneur
à la maniere de penser de cet écrivain. Il seroit
fort à souhaiter que tous les tribunaux de justice
du vaste empire d'Allemagne se conformassent
exactement aux principes qu'il établit dans cette
partie de son ouvrage : ces principes tendent à
faire voir, combien il importe d'avoir égard à l'*é-
tat moral du coupable* ; comment tel qui paroît
coupable, pourroit se trouver dans le cas de ne
devoir éprouver aucune punition, ou du moins
de mériter une sentence moins rigoureuse, si on
l'examinoit sous ce point de vue moral, c'est-à-
dire relativement à la volonté de nuire ; enfin
l'auteur fait voir que l'avocat de l'accusé devroit
faire usage de ces principes beaucoup plus souvent que l'on ne le fait d'ordinaire. Il rapporte
pour exemple un mémoire justificatif de main de
maître fait en faveur d'une infanticide. —— En général, dit Mr. TODE, l'auteur est tout-à-fait fondé en raison : il y a tel meurtrier qui, au moment
où il se rend coupable d'homicide, se trouve dans
une situation d'esprit, qui le rend beaucoup moins
coupable. En Dannemark on a beaucoup égard à
cette maniere de juger d'un délit. Cependant si
nous voulons rendre hommage à la vérité, nous
devons convenir, qu'indépendamment de cette
considération, & dans les pays où la torture n'est
plus en usage, il y a beaucoup d'autres choses
qui sont en faveur d'un malfaiteur ; & que les ré-

lations des médecins, en suppofant qu'elles font
faites en bonne confcience, contiennent affez fouvent des chofes qui peuvent faire envifager comme graciable, le délit d'un malfaiteur qui n'y a
pas été porté par un caractere décidé de méchan-
ceté & de fcéleratefle.

Suivant cela, & s'il étoit permis d'envifager la
difpofition d'efprit d'un malfaiteur, comme n'étant
abfolument que l'effet d'une forte de délire, ou
même feulement d'un manque de réflexion, il
s'enfuivroit qu'il n'y auroit plus aucun délit qui
fût complettement criminel : on pourroit tous les
attribuer ou à l'imbécillité, ou au délire, à la ftu-
pidité, ou à l'étourderie. Et l'on peut bien dire
que toute paffion eft un délire paffager.... Non,
un médecin ne doit point trop chercher à faire
adoucir la punition d'un crime ; il ne doit pas
pouffer la compaffion envers un malfaiteur jufqu'au point de mettre en danger la fûreté de fes
concitoyens. Il n'eft point de pays, continue Mr.
Tode, où l'on exécute moins d'infanticides qu'en
Dannemark, & cependant, fuivant nos loix, toute
femme qui accouche en fecret eft condamnée à
perdre la vie. Mais auffi il s'en faut bien qu'une
fimple groffeffe y foit punie avec févérité ; un accouchement n'y eft pas auffi déshonorant pour une
fille, qu'il l'eft chez d'autres peuples ; on y prend
de fi bonnes mefures pour prévenir les accouchemens clandeftins & illicites ; & en général les Danois font de leur naturel fi peu portés à l'infen-
fibilité & à la cruauté, qu'il faut qu'une femme
foit réellement d'une férocité finguliere, ou qu'elle foit étrangere dans fa patrie, pour qu'elle mette fon enfant à mort. Dans l'année derniere le

nombre des bâtards a été à celui des enfans légi-
times, comme 1 est à 21.

Puisque notre auteur, dit encore le savant jour-
naliste de Copenhague, se fait un plaisir de rappeller à ce sujet que le roi de Suéde a enlevé la peine
de mort décernée contre les infanticides ; il sera
sans doute bien aise aussi d'apprendre ce que le
roi de Dannemarck a fait à cet égard, & le ser-
vice qu'il a rendu par-là non seulement à la patrie & à l'humanité, mais encore à la religion &
à la raison, sans cependant donner la moindre
atteinte à la justice. Ce prince a ordonné qu'une
personne qui auroit mis à mort un enfant ou toute autre personne, ne seroit point condamnée à
perdre la vie, mais que dans la vue de lui donner le tems de se préparer par une instruction re-
ligieuse à mourir chrétiennement, la peine de
mort seroit commuée en prison perpétuelle dans
une maison de force, & que chaque année le coupable seroit bien fouëtté publiquement, le même
jour, & autant que cela se pourroit, au même
endroit où le meurtre auroit été commis. On ne
sauroit dire combien le meurtre est devenu rare
dans ce pays, depuis la publication de cette sage
ordonnance.

L'auteur indique dans la cinquieme section,
quelles sont les qualités que doivent avoir un
médecin pensionné (*physicus*), & un médecin aux
rapports. L'auteur commence par mettre sous les
yeux de ses lecteurs quatre narrés différens, sur
le même cas, tels que pourroient les donner un
dogmatiseur hardi, un empirique grossier, un
praticien très-exercé, & un véritable médecin aux
rapports. Ces quatre personnages s'y trouvent assurément dépeints d'après nature. Il n'y a, comme

l'on peut s'y attendre, que la rélation du dernier qui foit jufte & ,appropriée au cas , c'eft celle-là que le juge doit fur-tout confulter pour être en état de prononcer. —— L'auteur fait voir enfuite combien il importe qu'un médecin une fois appellé à donner des relations en matiere criminelle, travaille particuliérement à acquérir les qualités néceffaires pour cela, & qu'il donne publiquement des preuves de fa capacité dans cette branche de fon art, comme cela eft ordonné en Pruffe aux médecins de diftricts. On trouve ici un expofé très-bien conçu des connoiffances qui font les plus néceffaires relativement à cet objet.

On trouve dans la fixieme fection quels font les caracteres que doit avoir le rapport du médecin pour être digne de foi. Je ne puis , dit Mr. TODE , m'empêcher de tranfcrire ici le tableau fuivant, qui eft un morceau de main de maitre.

A. Pour que la rélation d'un médecin au fujet de l'ouverture d'un cadavre foit digne de foi, elle doit avoir les caracteres fuivans :

I. Eû égard aux formalités, favoir ;

a. quant aux perfonnes ;

    a. le médecin qui a été requis de faire l'ouverture du cadavre devant être un médecin affermenté judiciairement, ou un médecin de diftrict.

    b. on doit y mentionner cette réquifition, & dire au nom de qui elle a été faite :

    c. l'ouverture doit avoir été faite par un chirurgien affermenté ;

    d. & en préfence d'un membre de la juftice affermenté :

    e. enfin les conclufions que le médecin & le chirurgien donnent dans cette rélation

doivent ètre telles, qu'elles foient conformes à ce qu'ils peuvent favoir de mieux
& aux fentimens de la confcience la plus
délicate, comme auffi aux principes de la
médecine & de la chirurgie ; de plus il
faut pour qu'on puiffe la regarder comme
authentique, qu'elle foit fignée de leur
main, & fcellée du fceau du magiftrat, ou
de quelqu'autre fceau ufité en pareil cas.

b. Quant aux circonftances : ainfi on doit dire
clairement & précifément,

   a. à quel jour, & à quelle heure le délit a
été commis ;

   b. fi les manœuvres du malfaiteur ont été
fans interruption ;

   c. fi au contraire il n'a pas pris toutes les
mefures poffibles pour réuffir dans fon
deffein, & s'il n'y a pas travaillé de fon
plein gré & fans empèchement ;

   d. de quelle maniere & par quels moyens ce
malfaiteur a exécuté fon deffein.

II. Eû égard aux conditions effentielles ; telles font ;

 a. une enquête préliminaire, par laquelle il
confte ;

   a. que le cadavre étoit fufceptible d'examen ;

   b. dans quelles circonftances on l'a trouvé ;

   c. quels ont été, autant qu'on a pu le favoir,
l'âge, le genre de vie & les occupations
de la perfonne mife à mort ;

   d. quel étoit fon fexe, quel âge elle paroiffoit avoir, & au cas que ce fût un enfant
nouveau-né, s'il étoit exactement venu à
terme.

 b. la vifite du cadavre même dans laquelle on
a dû fe conformer abfolument & exacte-

ment à l'inftruction royale de 1777 (*b*).

c. le jugement qui eft porté en conféquence,
& qui eft,

   a. ou conditionnel, feulement (*judicium fuf-
penfum*) en tant que l'on eft obligé de trouver les raifons qui rendent la décifion dou-
teufe, & qui peuvent dépendre foit de l'é-
tat du cadavre, foit de quelques circonftances qui ont été ömifes.

   b. ou décifif (*judicium pofitivum*). Celui-ci
doit avoir les caracteres fuivans;

1°. il doit préfenter en raccourci l'enfemble
dès indices que l'on s'eft procurés par le
témoignage des fens, & cela de maniere
que l'on ne puiffe pas s'y méprendre.

2°. Les conclufions doivent découler immédiatement de cet expofé.

3°. Ce jugement doit être confirmé par l'autorité de trois médecins d'une capacité re-
connue, & autant que cela fe pourra par
celle de BOERHAAVE, de BUTTNER & de
HAEN.

B. Les rélations de médecins touchant des perfonnes vivantes peuvent avoir pour objet,

I. un bleffé, un malade, ou une femme en couche. Dans ces cas-là elle doit avoir les
caracteres fuivans:

                          1°. Eu

(*b*) On y recommande une vifite exacte de toute la
furface du corps, de la langue, du gofier, des gros
vaiffeaux dans les trois cavités du corps &c. & cela
quand même on auroit découvert d'ailleurs une caufe
fuffifante de la mort de la perfonne dont on vifixe le
cadavre. *Note de Mr.* TODE.

1^6. Eu égard aux formalités;

a. on doit y indiquer le nom des principales personnes qui ont été chargées de faire la visite; ces personnes doivent être des médecins de district, ou des médecins choisis par le magistrat : on doit y nommer aussi les autres personnes qui ont assisté à cette visite, parce que dans les cas dont il s'agit ici, il n'est pas absolument nécessaire de l'assistance d'un membre de la justice ou d'un chirurgien.

b. La rélation doit avoir les mêmes conditions que celles indiquées plus haut. I. a. d.

c. Relativement aux circonstances,

a. on doit sur-tout indiquer si le délinquant a été à même d'exécuter son entreprise avec la liberté nécessaire & sans empêchement.

b. de quelle maniere, quand, où, comment, à quelle occasion & pourquoi il a formé cette entreprise.

2°. Eu égard aux circonstances essentielles, la rélation doit désigner,

a. en général,

a. le nom, le sexe, l'âge, le genre de vie; les maladies; l'état actuel; la constitution du corps, le tempérament; & si c'est une femme, dans quel état sont ses regles.

b. l'habitude actuelle du corps; le teint; l'état de vigueur ou de débilité; si les yeux sont brillans ou ternis; en quel état est le pouls.

b. en particulier,

a. s'il s'agit d'une personne blessée;

b. ou malade; on doit dans ces deux cas

faire fon hiftoire & donner une defcription anatomique, phyfiologique & patho-
logique de fa maladie ou de fa bleffure.

e. s'il s'agit d'une femme en couche, on doit
indiquer dans quel état fe trouvent ;

1. le vagin ;
2. la matrice ;
3. les feins, &c.
4. combien il s'eft écoulé de tems depuis la
plainte portée.

e. La décifion doit être claire & précife, &
être fondée non fur des principes proba-
bles, mais fur des principes démontrés
comme certains ; enfin, elle doit être confirmée par les fentimens de trois écrivains
qui foient d'accord fur le cas en queftion.

II. Ou bien la rélation du médecin peut avoir
pour objet une perfonne qui a l'efprit
aliéné : en ce cas elle doit être revêtue,

1°. des mêmes formalités prefcrites pour la
vifite d'un bleffé.

2°. mais par rapport aux circonftances effentielles, elle doit être dreffée de la maniere fuivante :

a. on doit y préfenter un narré duement cer-
tifié du fait attribué à l'accufé, & de la
maniere dont il s'eft comporté enfuite ;

b. on doit y indiquer fon fexe, fon âge, quelle
a été fon éducation, fa maniere de vivre,
quelle étoit l'opinion publique à fon fujet,
quelles maladies il a eues ;

e. quel eft fon tempérament, quel eft l'état actuel de fa fanté, quel eft fon teint, comment va fon pouls ; furtout on doit y décrire exactement l'état de fes yeux ;

d. on doit y rendre compte de son appétit, de son sommeil, de sa nourriture & de sa boisson, comme aussi de ses sécrétions & excrétions,

e. rapporter diverses questions que l'on aura faites au délinquant suivant la portée de son esprit, avec ses réponses:

f. rendre compte de plusieurs visites qu'on lui aura faites dans l'espace de quelques semaines ou de quelques mois.

g. tout cela doit être suivi d'une décision précise, & fondée sur les moyens que l'on a avancés, non point d'après des circonstances isolées, mais d'après des circonstances essentielles & réunies : enfin, cette décision doit être établie sur des principes solides, & confirmée par l'autorité unanime de trois célebres médecins.

L'auteur met ensuite sous les yeux de ses lecteurs un rapport qui paroissoit mériter créance, mais que l'on a refusé de recevoir comme tel, parce que le médecin avoit trop compté sur la relation d'une sage femme; refus, dit Mr. Tode, qui étoit tout-à-fait fondé en raison. Il étoit question d'un accouchement supposé clandestin. Il me paroît un peu étrange aussi, reprend Mr. Tode, que dans un examen physique tel que devoit être cette relation, on se soit occupé de suppositions morales. Le juge peut tout aussi bien que le médecin former des conjectures sur la crainte que témoigne l'accusée, & en tirer des conséquences; le médecin ne doit absolument chercher à démêler dans sa relation, que ce dont le juge n'auroit point pu s'éclaircir avec certitude sans le secours de cette relation & de la décision qui l'ac-

compagne : en un mot , dans une relation de l'efpece dont il s'agit ici , un médecin ne doit point
faire de raifonnemens mêlés de phyfique & de
morale.

On trouve dans la huitieme fection l'exemple
d'un rapport , qui avec tout l'air de la vérité , ne
s'eft pourtant pas trouvé avoir affez de folidité en
l'examinant à la rigueur.

La neuvieme fection débute par un tableau
très-fuccinct des loix & des ordonnances que S.
M. Pruffienne a publiées relativement à la matiere dont il s'agit ici. Il eft fuivi d'un extrait de
deux lettres circulaires adreffées par le college fu-
prème des médecins de Berlin , aux médecins pen-
fionnés (*phyfici*) , concernant les fceaux , les af-
franchiffemens de lettres , & le ferment ; comme
auffi un extrait de l'inftruction publiée *en der-*
nier lieu pour les mèmes médecins , relativement
à ce qu'ils doivent principalement obferver dans
l'ouverture d'un cadavre ; c'eft ce que l'on trouvera auffi , ajoûte Mr. TODE , dans tous les bons
livres qui traitent de la médecine du barreau.
Viennent enfuite des réflexions du médecin de
Stargard fur une nouvelle efpece de torture appellée *martertrog.* Cette fection eft terminée par
une notice des auteurs qui méritent le plus d'ètre
confultés dans la médecine légale : cependant il
n'y eft point fait mention du célebre ALBERTI.

L'auteur fait dans la dixieme fection diverfes
propofitions. 1°. On devroit , dit-il , confier l'ouverture d'un cadavre aux médecins de diftricts
plutôt qu'aux autres. C'eft , dit Mr. TODE , une
chofe que l'on ne met pas feulement en queftion
en Dannemark. 2°. Les médecins dèvroient faire
des recherches tant fur l'état de l'efprit que fur

l'état du corps d'un malfaiteur foit avant, pendant, ou après le délit. Il eft des cas, dit Mr. TODE, où cela feroit affurément très-néceffaire, mais le plus fouvent cette précaution feroit auffi fuperflue qu'impraticable & coûteufe. 3°. Un médecin appellé à faire un rapport en matiere criminelle, ne devroit pas trop compter fur fon art, mais plutôt abandonner une décifion de laquelle peut dépendre la vie d'un homme, à un college fupérieur, & fe contenter de lui envoyer fon *parere*. En matiere criminelle, il devroit y avoir inftance par devant les médecins : ceci eft très-bien penfé, dit Mr. TODE. En quatrieme lieu, l'auteur propofe, ou plutôt il témoigne le defir louable qu'il auroit, que l'on fit un code de médecine concernant la mortalité des bleffures & des contufions. Ce morceau, dit le favant journalifte Danois, mérite d'être rapporté prefque en entier.

" C'eft en effet quelque chofe de fingulier &
» de frappant de voir que certaines plaies qui ,
» fuivant l'avis de la plupart des auteurs, font dé-
» clarées abfolument mortelles, ne laiffent pour-
» tant pas que de fe guérir, comme l'expérience
» l'a fait voir dans quelques cas ; & que par con-
» féquent elles ne font pas infailliblement mor-
» telles. On pourroit donc trouver qu'on eft de-
» venu les meurtriers de certaines perfonnes con-
» damnées à mort, d'après les avis réunis de plu-
» fieurs médecins, puifque les plaies que ces
» perfonnes ont faites, n'étoient pas telles qu'el-
» les autorifaffent une fentence de mort, ni mor-
» telles de leur nature, attendu qu'elles ont pu
» fe guérir dans certaines circonftances. Il pa-
» roît effectivement que nous avons fait réelle-
» ment d'affez grands progrès dans notre art, pour

T 3

» qu'une grande partie des cas regardés jufqu'à
» préfent comme incurables de leur nature, ne
» doivent plus être envifagés que comme des cas
» trop difficiles à traiter pour nous ou pour le
» plus grand nombre d'entre nous ; & que par
» conféquent on pourroit dire qu'au fond, un
» malade qui nous meurt n'auroit pas dû mourir,
» mais que nous n'avons pas pu le fauver.——
» Mais qu'eft-ce qui doit décider ici ? à mon avis
» ce n'eft affurément pas la pluralité, mais l'una-
» nimité des fuffrages ».

Quelle obligation n'a-t-on pas, s'écrie ici Mr.
TODE, à l'honnête anonyme, au fage médecin
auteur de cette brochure, d'avoir fait un pas fi
avantageux pour l'avancement & l'honneur de
notre art, ainfi que pour la confervation de la
vie de plufieurs milliers d'hommes, & de ce qu'il
a démontré publiquement la vérité de cette opinion dont on vient de lire l'expofé! J'ai auffi traité
cette matiere, continue le même journalifte, dans
mes leçons fur la médecine du barreau. J'ai donné
plus d'une fois l'avis que l'on va lire.

Plufieurs écrivains qui ont traité de la médecine
légale, continue notre journalifte, difent expref-
fément, que la mortalité de telle ou telle plaie
ne doit pas être réputée moindre, parce qu'il fera
arrivé une fois qu'une femblable plaie n'aura pas
été mortelle dans tel ou tel lieu, mais que l'on
doit fe régler fur ce que l'on a obfervé à l'ordinaire & dans le plus grand nombre des cas. Ces
écrivains ont affurément raifon, dans la fuppofition que l'hiftoire de la guérifon des plaies en
queftion préfente quelque chofe de fufpect ou
d'extraordinaire, ou une certaine combinaifon de
circonftances favorables, telle que l'on ne pour-

roit point l'imiter dans la pratique, ou aussi entant que cette histoire contrediroit absolument les
principes d'une saine théorie: mais cela n'arrive
pas toujours ainsi. La chirurgie se perfectionnant
de jour en jour, le nombre des plaies réputées
mortelles diminue toujours plus; & il y a telles
plaies qui se guérissent dans des lieux où il y a
d'habiles chirurgiens, qui seroient devenues mortelles dans d'autres lieux où l'on n'a pas d'aussi
bons secours.

Maintenant on demande s'il est juste & raisonnable d'envisager toujours telle ou telle plaie comme mortelle, par la raison que ces plaies sont réputées mortelles en these générale; savoir entre
les mains du plus grand nombre des gens de l'art,
qui malheureusement ne se trouve composé que
de chirurgiens médiocres ou même très-ignorans?
Faut-il qu'un nombre infini d'hommes soient con-
damnés à mort, parce que tous les chirurgiens
ne savent pas tout ce qu'ils devroient avoir appris? Faut-il que tant de personnes perdent la vie,
parce qu'il en est si peu qui possedent bien l'art
qu'elles professent? Dès le moment qu'une bles-
sure, qu'une plaie de tète, &c. auroit pu se guérir, ne fût-ce qu'une seule fois, par le secours
d'un habile homme qui l'auroit traitée selon les
regles de l'art, & en suivant une méthode sus-
ceptible d'être imitée; cette plaie ou cette bles-
sure, &c. ne devroit plus être réputée mortelle
qu'*accidentellement*. Car dans cette supposition,
la mortalité n'est plus une suite nécessaire de la
nature de la plaie, mais de ce qu'il est arrivé malheureusement que le blessé est tombé entre les
mains d'un homme qui n'avoit pas un degré d'ha-
bileté suffisant. Mais le délinquant en peut-il da-

T 4

vantage ?.... Le magiſtrat ſeul en eſt reſponſable, puiſqu'il tolere un médecin ou un chirurgien trop ignorant pour opérer une guériſon que d'autres auroient opérée.

Cependant, il faut convenir que les juges pour-roient avoir égard à cette *mortalité locale* des plaies, & à la connoiſſance que peut en avoir un mal-faiteur. Ainſi un duel qui ſe feroit donné dans le voiſinage d'un habile chirurgien, ou même dans le lieu où il ſe trouve, ne mériteroit pas une punition auſſi ſévere, eu égard au danger de mort auquel ce duel expoſoit en le conſidérant ſous ce point de vue, que celle qu'il auroit mé-ritée dans le cas contraire. Il ſuit de là qu'il ne faut pas penſer à un code qui décide de la mor-talité en theſe générale.

D'un autre côté, s'il arrivoit que quelqu'un eût bleſſé une perſonne qui ſe trouvât d'ailleurs dans un état à rendre une plaie plus dangereuſe, par exemple, une femme avancée dans ſa groſ-ſeſſe, une femme en couche, une perſonne ma-lade, ou convaleſcente, ou ivre; une pareille circonſtance ne devroit du tout point faire paroî-tre le malfaiteur moins coupable; elle aggraveroit bien plutôt ſon cas, dans la ſuppoſition que cette circonſtance lui étoit connue. Car à moins qu'un homme ne ſoit une bête brute, il doit ſavoir que les plaies que l'on fait dans de ſemblables cir-conſtances, ſont ſujettes à devenir plus dange-reuſes qu'elles ne l'auroient été ſans cela.

Mais (c'eſt encore Mr. TODE qui parle) je m'éloigne trop des bornes d'un journal. Je n'ai plus qu'une remarque à faire, c'eſt que, ſans par-ler de quelques autres difficultés, il ne ſeroit guere praticable d'admettre un code de médecine

tel que celui que notre auteur propofe en dernier lieu, & cela à raifon des progrès continuels
de nos connoiffances.

Si l'on vouloit critiquer notre auteur, il y
auroit bien certains paffages à reformer : par exemple, une perte de fang mortelle chez un enfant
nouvellement né, ne peut guere s'attribuer à l'hémorrhagie du cordon ombilical. Par rapport à ce
que l'on dit, qu'il eft vraifemblable que la fubftance corticale du cerveau eft plutôt glanduleufe
que vafculeufe, ce feroit encore une chofe à démontrer, dans la fuppofition du moins que l'auteur lui-même foit de cet avis.... Mais qu'eft-ce
que des défauts auffi légers que ceux-là en comparaifon des excellentes chofes dont on ne peut
difconvenir que cet ouvrage foit rempli?

Au refte, il faut que je le répete, c'eft avec
la plus grande fatisfaction que j'ai lu cette brochure, & je me fais un fenfible plaifir d'en recommander la lecture à tous les médecins qui ne
la connoiffent point encore, comme étant une
piece extrèmement intéreffante, & un chef-d'œuvre dans fon genre. La lecture en eft en même
tems agréable & inftructive ; l'auteur y paroît
rempli de la fenfibilité la plus noble envers l'humanité ; fon ftyle n'eft point dans le ton de cette
fenfibilité affectée de certains caftrats de nos jours,
c'eft un ftyle mâle & grave.

V I.

BETRACHTUNGEN ÜBER DIE RUHR &c.

C'eft - à - dire :

Obfervations fur la dyffenterie, avec un appen-
dice fur les fievres putrides, par Mr. Chré-
tien Louis Mursinna, *chirurgien du ré-*
giment de Petersdorf. A Berlin, chez Him-
bourg 1780, 8°, *de 140 pages petit caractere.*

L'auteur parle d'abord d'une dyffenterie qui a
régné à Herford en Weftphalie en 1779, à ce
qu'il paroit. Il y a apparence qu'elle avoit commencé à fe manifefter dans cette ville un peu avant
la fin du mois de Juillet ; cependant il n'en étoit
mort perfonne avant le 26 de ce mois. Elle commença à faire des progrès dès l'entrée du mois
d'Augufte, mais feulement parmi les gens du peuple, les pauvres & les gens mal-propres. Au milieu d'Augufte, & malgré toutes les bonnes précautions qu'on avoit prifes pour s'en garantir,
elle attaqua auffi les gens aifés & les perfonnes
de diftinction ; & environ le commencement de
Septembre, tems auquel cette maladie régnoit
avec le plus de fureur, il y avoit dans la ville 340
perfonnes qui en étoient atteintes, fans compter
les malades des environs (a). Pendant le mois
de Septembre elle commença à diminuer en mê-

_____

(*a*) Mr. Busching dit dans fa géographie que cette
ville a 807 maifons. *Note de l'Editeur.*

me tems que les grandes chaleurs, & à la fin de
ce mois elle cessa entiérement, en sorte qu'il n'y
eut plus que de simples diarrhées, qui à la vérité
étoient communes, & quelques rechûtes de dyssenterie, comme cela arrive d'ordinaire.

Dans le même tems cette épidémie commença
aussi à régner à Bielefeld, cependant avec moins
de violence qu'à Herford : elle ne devenoit non
plus mortelle que faute d'attention & de soins,
quoiqu'elle fût le plus souvent maligne & putride. De quarante-six soldats qui en étoient attaqués, Mr. MURSINNA n'en a pas perdu un seul :
mais il lui est mort quelques femmes & quelques
enfans qui ne s'étoient pas conduits avec la prudence nécessaire.

Dans la vue de faire choix des moyens les plus
efficaces pour prévenir les progrès de cette épidémie, il se forma une assemblée composée d'un
des capitaines de la garnison, de toute la magistrature, du clergé & de tous les médecins d'Herford. Le même jour & le lendemain matin, on
fit enterrer tous les morts hors de la ville avec la
plus grande diligence, par des gens arrêtés pour
cela. La ville fut partagée en seize quartiers, dont
chacun fut confié aux soins de deux honnêtes
bourgeois qui étoient chargés de visiter les malades, de veiller à ce qu'ils fissent usage des secours
des médecins, de faire régner la propreté chez
ceux qui étoient en santé, & de procurer l'assistance nécessaire aux pauvres ; le tout aux fraix de
la chambre des finances. Il n'est pas nécessaire de
rendre compte ici de la distribution des médecins
& des chirurgiens, de leurs rapports, de leurs
listes, &c. Nous remarquerons seulement que les
chirurgiens de la garnison se trouvoient aussi à

la conférence qui se tenoit tous les jours l'après-midi, qu'ils y donnoient leurs rapports touchant les malades qu'ils soignoient, & qu'ils étoient obligés de prendre part aux propositions qui s'y faisoient publiquement. Il étoit permis à tous les habitans d'indiquer leurs besoins.

L'ordonnance que le college supérieur des médecins avoit faite concernant la maniere dont il falloit se conduire dans cette dyssenterie fut imprimée, & chaque maison devoit en avoir un exemplaire. On enterroit toutes les dépouilles des morts, on aëroit & on parfumoit les maisons. On balayoit toutes les ordures pendant la nuit, & on lâchoit ensuite l'eau de toutes les fontaines, afin de laver les rues. Il étoit recommandé aux personnes qui étoient en santé de sortir après le coucher du soleil, de s'éloigner des malades, & d'observer un régime exact. Les prédicateurs concouroient en chaire par leurs exhortations à faire suivre les ordonnances du magistrat. Tout cela eut un heureux succès, autant du moins qu'on s'y conforma ; car on refusa de le faire dans une partie de la ville qui étoit indépendante de la magistrature. De 3000 bourgeois qui habitoient dans la ville, il y en eut 660 qui furent attaqués de la dyssenterie dans l'espace de deux mois, & il en mourut 178. On en enterra deux fois plus de ceux de la campagne.

Causes de la maladie.

L'été avoit été extraordinairement chaud : les habitans d'Herford travaillent beaucoup aux champs, mangent beaucoup de viande fumée & salée, & sont très-mal-propres : la ville est située dans un terrein fort bas, & eft environnée de marais. On peut encore mettre au nombre des caufes de cette épidémie les remedes domeftiques, la négligence, &c. Elle attaqua d'abord les gens du commun, puis ceux de l'ordre moyen, & à la fin les gens de diftinction. Cependant, les gens aifés en furent tous quittes pour avoir des dyffenteries légeres ou de fimples diarrhées. Perfonne ne s'en tiroit mieux que ceux qui diffipoient leurs craintes, & réfiftoient à la contagion en buvant du vin. Cette épidémie n'étoit pas de celles dont l'infection fe communique par un miafme fubtil; il n'y a point eu de médecin, de chirurgien, d'eccléfiaftique, ni de fage-femme qui en ait été atteint. Cependant le venin s'en propageoit par l'exceffive puanteur des cadavres: outre cela, les enterremens qui fe faifoient tous les jours, & le bruit des cloches répandoient la crainte & la confternation. La diarrhée étoit auffi épidémique à la vérité, mais elle ne dégénéroit en dyffenterie que chez ceux qui s'expofoient à des vapeurs empeftées, qui avoient des humeurs mal-faines, ou qui fe conduifoient négligemment.

Symptomes de la maladie.

Le plus grand nombre en étoient attaqués tout-à-coup; cependant il en étoit quelques-uns chez qui elle ne fe déclaroit qu'après divers avant-coureurs, tels que des friffons, des douleurs dans le dos, & chez qui elle étoit accompagnée de tranchées violentes & de felles extrèmement fréquentes. Ces felles étoient le plus fouvent mèlées de fang, & prefque toujours fort glaireufes. Plufieurs avoient encore de l'appétit les premiers

jours de la maladie. D'autres avoient des indices de matieres impures dans l'eſtomac. Plus les
ſymptomes fâcheux tardoient à ſe manifeſter, &
plus la maladie étoit longue & dangereuſe : quelques perſonnes en perdoient les cheveux. Il arrivoit rarement que le pouls fût changé au commencement ; mais dans la ſuite il devenoit fébrile ; & quelquefois extraordinairement fréquent.
Les glaires qui s'évacuoient en abondance entraî-
noient avec elles comme des raclures de boyaux
blanches, qui quelquefois avoient juſqu'à un pied
de longueur : on y reconnoiſſoit les plis de l'inteſtin, & lorſque cette raclure avoit été macérée, on
pouvoit la ſéparer en pluſieurs membranes ; miſe
ſur les charbons, elle s'y fronçoit ſans donner aucun indice de graiſſe. Tous ces caracteres l'ont fait
regarder par notre auteur, comme étant la membrane interne des inteſtins, qui s'étoit épaiſſie.
Lorſqu'elle ſe détache, il faut ſans doute employer les remedes les plus adouciſſans.

Remedes.

L'auteur donnoit d'abord un émétique ; mais
il obſerve qu'en cette qualité l'ipécacuana ne réuſſiſſoit pas auſſi bien que le tartre émétique, qui
opere plus promptement, plus efficacément &
ſans exciter beaucoup de nauſées ni d'efforts, outre qu'il reſiſte mieux à la putridité, qu'il eſt
plus pénétrant, qu'il nettoye les inteſtins & provoque la ſueur. Mr. M. en ordonnoit dix-huit
grains dans ſix onces d'eau, ou trois grains dans
une once de ce liquide, avec du ſirop de chicorée compoſé, à la doſe d'une cuillerée à ſoupe
toutes les demi-heures, juſqu'à ce qu'il opérât

Deux doses suffisoient pour l'ordinaire : il faisoit boire par dessus de l'infusion de graine de lin & de fleurs de camomille. Les matieres que le malade avoit vomies & l'état où il se trouvoit après cette évacuation, donnoient à connoître, s'il étoit nécessaire de continuer l'usage de ce remede. Chez plusieurs malades, il n'en falloit pas plus de six doses pour dissiper tous les symptomes à la fois. On se trouvoit bien de le réitérer, lorsque dans la suite l'estomac se trouvoit de nouveau chargé d'impuretés. Dans la dyssenterie maligne même, ce remede procuroit du soulagement, provoquoit la sueur & calmoit les symptomes.

Après cela, Mr. M. faisoit prendre à ses malades des bouillons à l'orge avec de la crême d'avoine, & de la crême de tartre sur le soir : le lendemain matin il leur faisoit prendre deux onces de pulpe de tamarins, & demi-once de sel de Glauber dans neuf onces d'eau avec une once de sirop de chicorée, à la dose d'une tasse de deux en deux heures. Si tout cela ne soulageoit pas encore suffisamment le malade, on lui donnoit un lavement composé de camomilles, de graine de lin & d'huile de lin, & on lui faisoit boire dans la journée une dissolution d'une once de gomme arabique. Cependant on ne laissoit pas de réitérer la potion de pulpe de tamarins, qu'il étoit rare qu'on fût obligé de prendre plus de deux fois.

Lorsque les douleurs étoient violentes, on employoit des fomentations émollientes, ou ce qui soulageoit encore mieux, on appliquoit des cataplasmes, ou bien on faisoit usage d'un liniment composé d'huile de lin, de camphre & d'opium. Mais rien ne réussissoit mieux dans ce cas qu'une bonne saignée, lorsque la foiblesse n'étoit pas exceffive. On fe trouvoit très-bien auffi de faire appliquer un grand véficatoire fur le ventre, ou aux gras de jambes. On peut ôter l'emplâtre auffi-tôt que la douleur a diminué & avant qu'il ait fait lever des cloches. Un pareil emplâtre appliqué fur la région du pubis eft finguliérement utile dans le cas d'une ftrangurie fymptomatique, laquelle il feroit plutôt nuifible qu'avantageux de traiter avec de l'opium : cependant il n'eft rien de mieux dans ce dernier cas, que des laxatifs doux & légérement acides, & d'ufer abondamment de quelque boiffon délayante. Au refte, les violentes douleurs de ventre étoient rares, & n'avoient lieu que chez les malades qui avoient négligé de prendre l'émétique.

Lorfque les fymptomes diminuoient, que le fommeil, la bonne humeur & l'appétit revenoient, il fuffifoit d'obferver une diete convenable, ou de faire ufage de quelque extrait amer.

En voilà affez je penfe, pour faire voir combien ce livre eft rempli de préceptes véritablement pratiques. J'aurois bien fouhaité pouvoir donner auffi un extrait de ce que l'auteur dit au fujet des autres remedes de la dyffenterie, ainfi que de la dyffenterie qui régna au camp du prince HENRI, & des fievres putrides. Mais tout cela n'eft point fufceptible d'extrait ; car l'auteur parle toujours d'après fa propre expérience ; il ne s'amufe à parler ni philofophie, ni théorie, ni littérature, ni à faire le bel-efprit ; il a l'heureux talent d'être court & de dire beaucoup de chofes en peu de mots. Je ne puis donc faire mieux que de recommander ce livre à tous ceux qui ne le connoiffent pas encore, comme un ouvrage de l'utilité la plus marquée. Tous les chirurgiens d'armée

doivent

doivent le regarder comme un livre claffique & indifpenfable. Quant à l'auteur de cet excellent ouvrage, je prends la liberté de lui repréfenter qu'après s'ètre fait connoître auffi avantageufement comme médecin & comme écrivain, il manqueroit à fa vocation & à fon devoir, s'il ne continuoit pas à faire part au public de fes obfervations. Il eft du petit nombre de ceux qui font nés pour la perfection de leur art.

VII.

AN ACCOUNT

Of the fcarlet fever and the fore throat, &c.

C'eft-à-dire:

Relation de la fievre fcarlatine & du mal de gorge, ou de la fcarlatine angineufe; & particuliérement de celle qui a régné à Birmingham l'année 1778, par Mr. WILLIAM WITHERING, Docteur médecin. A Londres, chez CADELL & d'autres libraires 1779, 8°. de 132 pages: prix 18 fols (a).

CEtte maladie commença à fe manifefter au milieu du mois de mai. Elle fut précédée dans divers endroits d'un mal de gorge ulcéreux, & elle fut accompagnée pendant l'été, de coqueluches, de rougeole, de petite-vérole, & d'une véritable efquinancie. Au mois d'Octobre l'air s'é-

---

(a) TODE ibid. page 1.
Tome I. V

tant refroidi, les fymptomes changerent en même
tems. Elle devint rare depuis le commencement
de Novembre jufqu'au milieu du même mois,
qui fut froid ; mais l'air s'étant radouci pendant
le refte de ce mois, elle redevint plus fréquente
& fe montra avec les mêmes fymptomes que pendant l'été.

Elle attaquoit ordinairement plutôt les enfans
que les adultes : cependant il n'y en avoit prefque point des premiers qui ne fût au deffus de
l'âge de deux ans ; & la plupart des feconds étoient
au-deffous de l'âge de cinquante. Chez les enfans
elle attaquoit indifféremment l'un & l'autre fexe ;
mais parmi les adultes il y avoit plus de femmes
que d'hommes malades, & cela vraifemblablement parce que les femmes, à raifon de leurs foins,
étoient plus expofées à l'infection.

Les premiers fymptomes étoient une *laffitude*
extraordinaire, une humeur chagrine, une certaine douleur, ou plutôt une roideur dans le cou,
une fenfation de ferrement dans les mufcles de la
nuque & des épaules. Peu d'heures après, il furvenoit un petit friffon, qui alternoit avec une chaleur paffagere, laquelle à la fin devenoit continuelle, & qui étoit accompagnée d'un léger mal
de tête, & d'accès de mal de cœur. Les malades
étoient inquiets pendant la nuit, mais moins à
caufe des douleurs que parce qu'ils ne pouvoient
pas dormir. Le jour fuivant le cou étoit plus
douloureux, & la déglutition fe faifoit avec difficulté, fans cependant être fort douloureufe, ni
qu'elle parut être l'effet d'un retréciffement particulier du gofier ; mais cette difficulté venoit de
l'impuiffance où étoient les mufcles de fe mouvoir.
Les malades n'avoient abfolument plus d'appétit,

& le mal de cœur alloit jusqu'à être suivi du vomiſſement. La reſpiration étoit fréquente, & ſouvent en même tems accompagnée de ſoupirs: la peau étoit fort chaude, ſéche, & cependant molle, & les malades y reſſentoient ſouvent des picotemens. Vers le ſoir, la chaleur & l'inquiétude étoient plus grandes, la reſpiration étoit fort chaude, & les malades avoient ſoif; mais le mal de cœur & la difficulté d'avaler ne leur permettoient pas de boire beaucoup. La nuit ſuivante ils étoient encore plus inquiets qu'ils ne l'avoient été la précédente.

Le lendemain matin il ſurvenoit une rougeur extraordinaire au viſage, au cou & à la poitrine, laquelle dans peu d'heures s'étendoit par tout le corps, enſorte que les parties ſur leſquelles elle s'étoit répandue avoient une rougeur pareille à celle d'un homard cuit, & qu'elles étoient viſiblement enflées. Cette rougeur diſparoiſſoit en peſant deſſus avec le doigt, mais elle réparoiſſoit auſſitôt après. On n'appercevoit pas à la peau le plus petit bouton ni la moindre élévation. Les yeux & les narines participoient à cette rougeur générale, & plus les yeux étoient rouges, plus il y avoit de rêveries.

Cet état duroit encore pendant deux ou trois jours; alors la rougeur dégénéroit en mal de gorge, la peau devenoit comme cotonneuſe & tomboit par écailles furfuracées, l'enflure ſe diſſipoit; l'appétit & les forces commençoient à revenir.

Durant la maladie le pouls étoit conſtamment fréquent, petit & extraordinairement foible; les ſelles étoient régulieres, l'urine étoit en petite quantité, mais du reſte elle reſſembloit preſque entiérement à celle des perſonnes ſaines; les glandes fous-maxillaires étoient pour l'ordinaire enflées & fenfibles. La langue étoit un peu féche, mais feulement au milieu, & elle étoit enduite dans cet endroit d'une matiere gluante & un peu jaune. Le palais, les amygdales, la luette & le pharynx participoient à la rougeur & à l'enflure. Il n'y avoit point de véritable exulcération, mais bien une pituite épaiffe & tenace, fur-tout à la partie poftérieure du gofier, laquelle étoit femblable aux croutes qui fe forment fur les parties ulcérées, mais qu'il étoit facile d'enlever au moyen d'un gargarifme. ——

Il n'étoit pas rare qu'après la fievre il fe manifeftât des abcès fous une oreille ou fous toutes les deux; mais ils perçoient facilement & fe guériffoient dans peu de jours. —— Telle étoit la marche ordinaire de cette maladie.

Il n'arrivoit que trop fouvent qu'elle *étoit beaucoup plus dangereufe.* Chez quelques enfans, il furvenoit déja au bout de quelques heures des rèveries, avec une grande chaleur; puis la fcarlatine fe manifeftoit le premier ou le fecond jour, & ils mouroient le troifieme. Chez d'autres, quoique la rougeur commençât à fe diffiper, le pouls continuoit à être foible & fréquent, la peau étoit féche & rude, les levres étoient noires & en même tems comme brûlées, la langue étoit deffechée & âpre, d'un brun foncé, les yeux étoient pefants & entr'ouverts: les malades avoient de l'averfion pour toutes fortes d'aliments; tout mouvement ou tout déplacement les peinoit extrèmement; rien ne les foulageoit. Au bout de quelques jours, il s'écouloit par le nez ou par les oreilles, ou même par l'une & l'autre de ces voies en même tems, une quantité de matiere jaune & claire, & qui quelquefois reſſembloit à de la pituite mêlée de pus. Les malades ſe guériſſoient fort lentement. Pour l'ordinaire ils étoient alités pendant quatre ou ſix ſemaines, au bout deſquelles ils mouroient dans un état de foibleſſe extrême.

Les adultes vivoient ſouvent à peine au de-là du troiſieme ou du quatrieme jour, ſur-tout lorſqu'il ſurvenoit une diarrhée. Quelques-uns vivoient juſqu'au huitieme ou juſqu'à l'onzieme, & alors le cou ſouffroit peu : mais d'un autre côté, on voyoit dans les yeux une rougeur uniforme & brillante, comme celle que l'on voit aux yeux des brochets, ſans cependant que la lumiere les incommodât. ——

Outre l'éruption ſcarlatine, on appercevoit ſouvent de petites taches rondes & livides à la poitrine, aux coudes & aux genoux. Les malades étoient fort inquiets & altérés : cependant la boiſſon leur reſſortoit bientôt de la bouche, ou bien ils la rejettoient.

Dans ces cas-là la ſcarlatine ne tardoit pas à paroître, mais c'étoit d'une maniere irréguliere, & ſeulement ſous la forme de grandes taches rouges, ou rouges & blanches, qui changeoient ſouvent de place. Alors, dès le commencement le pouls étoit extrèmement fréquent, irrégulier & foible. La plupart des malades mouroient, peu en réchappoient ; la ſeule foibleſſe les rendoit preſque imbécilles : cependant cette imbécillité ſe diſſipoit avec le tems, & en prenant des nourritures fortifiantes.

Il ſurvint chez un homme qui avoit cette maladie, un ſpaſme de la mâchoire que rien ne put ſoulager ; il mourut le cinquieme jour. —— Mr.

V 3

WITHERING vit chez un de ſes malades qu'à meſure que la rougeur ſe diſſipoit, il ſe formoit de petites veſſies blanches, vuides & ſeches. Cependant de pareilles veſſies ſe trouverent chez un autre remplies d'une eau claire ; dans ce dernier cas la rougeur avoit pris, au bout de 24 heures, un œil plombé.

Chez trois malades, la deſquamation totale de la peau fut accompagnée de la chûte des ongles.

Le froid ayant commencé à ſe faire ſentir, la ſcarlatine devint plus rare & de plus courte durée. Souvent cette éruption manquoit abſolument; quelquefois on appercevoit ſeulement dans les endroits les plus délicats de la peau, de très-petits boutons qui avoient à leur pointe de petites veſſies blanches & tranſparentes. Le cou étoit fort enflé en dedans, douloureux, d'un faux rouge, quelquefois livide. Chez quelques-uns le mal paroiſſoit deſcendre juſques à l'eſtomac ; car il s'y joignoit des envies de vomir douloureuſes : quelquefois il affectoit les canaux de la reſpiration, comme l'on pouvoit en juger par les ſymptomes de péripneumonie qui avoient lieu : d'autres éprouvoient à l'oreille une douleur aiguë qui indiquoit que la trompe d'Euſtache étoit attaquée. Les yeux n'étoient pas extrèmement rouges, mais ils étoient brillans, & ne pouvoient ſupporter la lumiere comme il arrive dans la rougeole. Il ſe joignoit aſſez ſouvent à ces ſymptomes des douleurs générales, ou tout au moins des douleurs déchirantes & vives dans les jointures des membres, & cela quelquefois avec de l'enflure.

Le pouls battoit le plus ſouvent juſqu'à 140 fois par minute, & quelquefois, quoique très-petit, il étoit ſi dur, qu'on étoit obligé de tirer

du fang ; ce fang étoit ordinairement épais &
couenneux. Les malades crachoient & mouchoient
beaucoup de pituite ténace qui fortoit du gofier &
du nez : il en fortoit auffi quelquefois de cette maniere comme une couenne (*b*) blanche, qui d'autres fois étoit grife, mais dont on n'appercevoit
cependant aucun veftige dans le gofier. Cependant chez plufieurs malades, les amygdales étoient
fur-tout couvertes d'une pareille couenne, & auffi-
tôt qu'elle en étoit féparée, ces parties paroiffoient être ulcérées. ——

La fievre fe terminoit ordinairement d'une maniere avantageufe le cinquieme, le huitieme ou
le onzieme jour : cependant chez divers malades
elle étoit entretenue fort longtems par de gros
abcès douloureux. Il n'étoit pas rare qu'il furvint
à la langue des abcès & même des ulceres douloureux, qui rendoient la déglutition infupportable.

Des fuites de la maladie.

Dix ou quinze jours après que la fievre avoit
ceffé, il furvenoit une grande foibleffe & beaucoup de roideur dans les membres : en même
tems le pouls étoit très-fréquent, le fommeil étoit
inquiet, l'appétit & l'urine diminuoient. Il fe manifeftoit bientôt une hydropifie anafarque ou af-
cite, ou même des fymptomes qui décéloient un
épanchement dans le cerveau ou dans la poitrine.
La fievre étoit irréguliere. L'urine avoit une couleur de bois d'acajou (*c*) foncée ; elle étoit en

---

(*b*) *Sloughs.*
(*c*) *Mahogany* eft le nom anglois qui défigne ce
bois qui eft d'un rouge femblable à celui du bois de Bré-
fil. *Note de l'Editeur.*

V 4

petite quantité , & dépofoit un fédiment d'une couleur encore plus foncée fous la forme d'une poudre. La langue étoit feche & brune , & la peau rude. Ces fuites menaçantes de la fievre fcarlatine fe diffipoient prefque toujours heureufement.

Je paffe fous filence , dit Mr. TODE, ce que l'auteur rapporte ici d'après SYDENHAM , DOVER , DE GORTER , MORTON , SENNERT , & d'après ce qu'en dit Mr. SCHULZE (*d*) dans le premier volume des *Mémoires de médecine de Berlin* (*e*), & Mr. NAVIER dans les *Mémoires de médecine de Leipfick* (*f*) , & enfin d'après MM. DE SAUVAGES & PLENCIZ (*g*). Le dernier de ces auteurs a remarqué que le fecond période , favoir celui de l'hydropifie , étoit le plus dangereux: mais Mr. WITHERING a trouvé (comme Mr. TODE l'a auffi obfervé à Copenhague en 1777) que c'étoit dans le premier période , que le danger étoit le plus grand.

Caractéres qui différencient la fievre fcarlatine d'avec le pourpre , la miliaire , la rougeole & l'éréfipele , caractéres fur lefquels il y auroit encore certaines chofes à dire fuivant Mr. TODE.

Cette maladie a la plus grande reffemblance

(*d*) *Mifcellan. Natura Curiof.* Ann. VI. Obf. 145.
(*e*) *Act. medic. Berolin.*
(*f*) *Commentar. de rebus in hift. nat. & medic. geftis* , Vol IV.
(*g*) Il ne me paroît pas que cette maladie differe effentiellement de celle que Huxham a décrite fort au long fous le nom d'*angina maligna :* Voyez la Collection de fes Œuvres , publiées en latin par Mr. REICHEL Tome III: page 92 , & fur-tout p. 105. & fuiv. *Note de l'Editeur.*

avec l'efquinancie gangréneufe ou ulcéreufe (*b*).
Notre auteur compare les caracteres de la fievre
fcarlatine avec ceux que Mr. FOTHERGILL a donnés du mal de gorge ulcéreux. Il paroît clairement, d'après cette comparaifon, que la premiere
de ces maladies eft du genre des fievres inflammatoires, & que la feconde eft de celui des fievres putrides. Ceci, dit Mr. TODE, ne peut convenir qu'à de certaines épidémies particulieres,
& doit même être reftreint à certains malades;
car la fievre fcarlatine qui a régné en dernier lieu
à Coppenhague a rarement eu les caracteres d'u-
ne fievre vraiment inflammatoire. D'ailleurs Mr.
WITHERING auroit dû diftinguer l'inflammation
de la gorge qui dégénere par un manque d'attention en gangrene ou en abcès, d'avec le mal de
gorge épidémique ulcéré ou gangréneux. Suivant
l'auteur, il y a encore une différence effentielle
entre ces deux maladies, en ce que le mal de
gorge ulcéreux eft fort fujet aux rechûtes, au
lieu que la fievre fcarlatine ne revient point une
feconde fois chez le même malade. Au refte, Mr.
WITHERING a vu une famille avoir au mois de
Mai le mal de gorge ulcéreux, & être attaquée au
mois d'Augufte fuivant de la fievre fcarlatine.

Caufes de cette fievre.

L'hiver précédent avoit été des plus doux; le
printems avoit été fec & froid, l'été chaud &
fec; le mois d'Octobre avoit été extraordinairement froid; celui de Novembre avoit d'abord été

(*h*) Mais, dit le même Journalifte, ces deux efquinancies ne font-elles qu'une feule & même maladie?

humide & froid, puis humide & chaud. —— L'é-
pidémie régnoit principalement dans les lieux
élevés, secs & pierreux; elle n'avoit point lieu,
ou du moins elle étoit très-légere, dans les endroits bas & humides. Cette année avoit été plus
humide que nombre d'autres.

Diverses opinions sur les causes immédiates de cette épidémie.

Le venin de cette maladie est certainement con-
tagieux, & cela peut-être à un aussi haut degré
que le font la petite-vérole & la rougeole. Il arrive ordinairement que l'on tombe malade le troisieme ou le quatrieme jour après que l'on a été
exposé à la contagion. La matiere morbifique se
fixe en premier lieu sur la membrane pituiteuse,
& s'étend aussi loin qu'elle jusques à l'estomac,
aux poumons, aux oreilles, au nez, aux yeux
& au cerveau; aussi cette matiere ressemble-t-elle
par sa nature à la pituite. Elle agit à la maniere
des poisons narcotiques & relâchans, mais de
telle sorte que la réaction qui en résulte donne
lieu à la fievre, &c. La rougeur qu'elle excite
peut être un effet analogue à la rougeur qui survient quelquefois à la peau du visage & du corps
lorsque l'on a mangé des moules, des harengs
& d'autres alimens de cette nature. Notre auteur
a vu survenir au bout de quelques minutes, une
éruption scarlatine par tout le corps, avec enflure, chez une personne qui venoit de manger
une très-petite quantité de gruau d'avoine; il a
vu un effet semblable de l'usage des amandes douces. La bierre & le moût de divers fruits produisent de pareilles rougeurs. Elles ont, de même

que celle qui a lieu dans la fievre scarlatine, plus
d'intensité pendant les tems chauds.

Traitement prophylactique.

On a eu recours à toutes sortes de préservatifs.
Il est aussi peu de médicaments que l'on puisse
employer à titre d'antidotes contre ce venin, qu'il
en est de propres à détruire le venin de la petite-vérole. Cependant l'auteur se flatte de pouvoir
détruire l'effet de la contagion en faisant sur le
champ usage d'un émétique ; après quoi le malade doit se mettre au lit & prendre du petit-lait
fait avec le vin pour se faire suer, puis se gar-
gariser fréquemment avec une eau de savon très-
délayée, & user d'une poudre à éternuer.

Traitement curatif.

En été le pouls ne demandoit jamais la saignée.
Aussi long-tems que l'éruption se soutient avec
vigueur, la saignée ne sert qu'à évacuer les gros
vaisseaux, & à augmenter ainsi la foiblesse, parce
que le sang s'accumule dans les petits vaisseaux
en vertu du mouvement qui leur est propre, plutôt que par l'action du cœur (assertion bien hazar-
dée). Lorsque la rougeur est répandue par-tout,
il seroit inutile de faire une saignée locale. Les
sangsues n'ont même été d'aucune utilité, chez
des malades qui avoient les yeux fort rouges &
beaucoup de délire. Dans des cas où il y avoit
des indices d'inflammation à l'estomac, on a pratiqué deux fois la saignée, malgré que le pouls
fût foible : le sang s'est trouvé couenneux ; mais
cette évacuation n'a procuré que peu de soulage-

ment. —— On a même vu qu'au printems, dans des cas où l'inflammation de la gorge, le danger d'une fuffocation, une douleur de tête violente, ou même une inflammation de poitrine, fembloient indiquer la faignée ; cette évacuation faifoit beaucoup moins de bien que l'émétique, & cela quoique le pouls ne fût pas fi foible. (Dans l'épidémie qui a régné en dernier lieu à Copenhague, la faignée a été généralement plutôt nuifible qu'utile).

Il paroît que c'eft des émétiques qu'il faut attendre les meilleurs effets, & l'auteur affure d'après l'expérience que ces évacuans contribuent pour la plus grande partie à la guérifon de cette maladie. Ils l'emportent dans fon commencement, ou ils en arrêtent les progrès ; tout au moins procurent-ils du foulagement, lors même que la déglutition ne fe fait qu'avec la plus grande difficulté, & que le malade eft très-vifiblement en danger d'être fuffoqué. Mais ces émétiques doivent être affez forts, & fe réitérer, toutes les 48, toutes les 24, quelquefois même toutes les douze heures. Mr. WITHERING fait ufage du tartre émétique combiné avec l'ipécacuana.

Pareillement dans les véritables efquinancies inflammatoires, il donne ordinairement un émétique, fans pratiquer aucunement la faignée. Les purgatifs font plutôt nuifibles qu'utiles ; auffi voit-on que les diarrhées qui furviennent tout d'un coup font fujettes à devenir mortelles dans cette maladie.

Les médicaments fudorifiques & les cordiaux, font auffi plutôt préjudiciables qu'avantageux. Cependant la racine de contrayerve & le julep camphré produifent une fenfation agréable à la gorge.

Ce font les diurétiques joints aux émétiques qui ont principalement opéré la guérifon. De tous les diurétiques que Mr. WITHERING a mis en ufage, il n'en a point trouvé qui fût fujet à moins d'inconvéniens que l'alcali fixe - végétal, donné à la dofe d'une ou de deux dragmes dans l'efpace de vingt-quatre heures. Les malades ne peuvent pas avaler l'alcali volatil à affez grandes dofes.

Le quinquina paroiffoit ètre des plus néceffaires, parce que les malades éprouvoient nombre de ces fymptomes que l'on attribue ordinairement à la putridité. Mais à cet égard notre auteur eft d'un avis différent : il regarde mème les taches livides, comme étant fimplement l'effet d'un de ces épanchemens qu'il n'eft pas rare de voir arriver à la fuite d'une violente inflammation ; & il n'envifage les croûtes qui fe forment dans la gorge, que comme un indice que l'on a négligé de nettoyer les premieres voies. Auffi le quinquina a-t-il été plutôt nuifible que falutaire, & fi l'on n'en a point vu de mauvais effets, on en eft redevable à la bénignité de la maladie.

L'air fixe ne faifoit ni bien ni mal. Les acides dulcifiés & donnés à dofes affez fortes caufoient de l'échauffement : la biere légere & le vin de pommes augmentoient l'inquiétude. L'opium pareillement nuifoit vifiblement aux malades.

Les véficatoires appliqués en été faifoient beaucoup empirer le mal : en automne ils n'étoient pas auffi préjudiciables, lorfque l'inflammation avoit un peu diminué. Enfin, lors mème que l'inflammation de la gorge étoit abfolument locale, cette application opéroit moins bien qu'autrement.

Dans ce dernier cas, des gargarifmes ou des injections acidulées foulageoient beaucoup les malades. Les cataplafmes & les bains de jambes chauds n'étoient pas d'une utilité bien fenfible : cependant ces derniers paroiffoient faire du bien aux malades qui avoient les jambes froides.

Pendant les chaleurs il fuffifoit de donner de l'air frais aux malades & de les faire fortir fouvent du lit pour leur procurer un foulagement marqué : ils fe fentoient finguliérement ranimés en buvant une bonne quantité d'eau fraîche. Du refte, on ne leur faifoit pas obferver une diete des plus rigoureufes.

· Lorfque la fievre étoit paffée, Mr. WITHE-RING donnoit le foir à fes malades une couple de grains de calomel, & le matin fuivant une légere purgation. Si malgré cela ils avoient de l'inquiétude pendant la nuit, il avoit recours à quelque préparation d'opium. Lorfque la foibleffe étoit confidérable, il leur permettoit l'ufage du vin. Cependant rien ne leur faifoit plus de bien dans cette circonftance, qu'un véficatoire.

L'hydropifie n'a eu lieu chez aucun des malades qui ont été traités par cette méthode. L'auteur confeille pour remédier à cet état fâcheux, d'ufer de calomel & de rhubarbe à petites dofes, de quelque diffolution affoiblie d'alcali fixe, de fquille &c. &c., mais il paroît qu'il propofe ces médicaments plutôt par conjecture que d'après l'expérience.

V I I I.

JOACHIM FRIEDERICH BOLTEN,

Der Artzneygel. Doct. und Hamburgifche phyfici, ausführliche befchriebene krankenge-
fchichte der Jungfer Mariana Brandon.

C'eft - à - dire :

*Hiftoire détaillée de la maladie de Mademoi-
felle Marianne Brandon, par Mr. JOACH.
FRÉDERIC BOLTEN, Docteur, médecin pen-
fionné de Hambourg. A Hambourg, chez
Hérold. 1779, in-4°. grand format, de quatre
feuilles.*

LA maladie qui fait le fujet de cette hiftoire,
avoit donné lieu ci-devant à faire des recherches
avec l'aiman. Mr. BOLTEN publia auffitôt l'hiftoire de ces recherches : mais j'ai négligé dans
le tems, dit Mr. TODE (*a*), d'en faire mention,
parce qu'en général il m'a paru que ce que l'on
débite des cures magnétiques fentoit trop les tours
de paffe-paffe ou les fictions d'une imagination en
délire. Cependant, comme je vois qu'il eft plu-

(*a*) *Ibid.* p. 16.
Les lecteurs s'attendent peut-être après ce début de
Mr. TODE, qu'il dira en effet fon avis fur les cures magnétiques, en rendant compte de la brochure de Mr. BOL-
TEN : mais non, il n'en dit pas un mot, & il ne paroît
pas que Mr. BOLTEN ait fait ufage de l'aimant dans la
maladie dont il eft queftion. *Note de l'Editeur.*

fieurs perfonnes de mérite qui envifagent ces cures fous un tout autre point de vue, cette confidération me détermine à dire mon avis là-deffus pendant qu'il en eft encore tems.

La malade de qui on raconte ici tant de chofes étoit, fi je ne me trompe fort, hyftérique : elle l'étoit fans doute à un haut degré, fans pourtant l'être au point jufqu'où cette maladie peut aller. J'ai eu entre les mains plus d'une malade dont les fymptomes avoient une reffemblance prefque parfaite avec ceux dont il eft ici queftion, & cependant aucune d'elles n'a été en proie à ce mal pendant des années entieres. On a donné *inutilement* l'*affa fetida* à Mlle. Brandon ; cependant ce remede a les fuccès les plus marqués entre les mains de nos médecins : mais Mr. BOLTEN ne dit pas *à quelle dofe*, ni *pendant combien de tems* on l'a employé : à la vérité on a fait ufage des bains froids au commencement, mais il paroit qu'on ne l'a pas continué, & que l'on n'a pas cherché à en tirer tout le parti poffible. Cependant je ne veux pas paffer en revue tous les moyens que l'on auroit pu mettre en ufage pour la guérifon de la malade, ni m'arrêter à faire voir combien on auroit dû être plus exact que l'on ne l'a été, à déterminer quels ont été les fecours employés inutilement ; conditions que l'on auroit pourtant dû remplir dans une defcription *détaillée* de cette maladie, & pour être en droit de propofer avec quelque fondement l'ufage d'un remede tout-à-fait extraordinaire & équivoque. Paffons aux médicaments que l'on a adminiftrés à Mlle. Brandon.

Dans la vue de remédier à des obftructions invétérées, on lui donna une fois une purgation

dans

dans laquelle il entroit du mercure doux; mais elle la rendit bientôt après par le vomissement: ayant ensuite mangé là-dessus de la salade aux concombres, il survint un vomissement excessif & d'autres symptomes violents, qui furent cependant suivis d'une couple de selles qui soulagerent beaucoup la malade.

Dans la suite, on lui redonna à plusieurs reprises du mercure doux que l'on eut toujours soin d'aiguiser en faisant boire du jus de citron pardessus. Cette méthode, dit Mr. TODE, n'est pas absolument nouvelle, mais elle est toujours extrèmement dangereuse, lorsqu'il s'agit de malades chez qui les premieres voies & le syltême nerveux sont aussi sensiblement affoiblis qu'ils l'étoient ici. Ce remede étoit chaque fois suivi de symptomes allarmans, mais il s'ensuivoit des selles qui soulageoient la malade. Ayant, après cela, fait usage de purgatifs plus doux, ils produisirent leur effet.

Pendant que l'état de la malade s'amendoit, & qu'elle faisoit usage du quinquina, elle fut attaquée d'une fievre putride qui fit craindre pour sa vie, & qui cependant au quatorzieme jour, céda aux *remedes convenables*. Mr. BOLTEN dit qu'il a été lui-même étonné de cet heureux succès chez une personne si fort affoiblie : mais nous sommes étonnés qu'il n'ait pas trouvé nécessaire de faire voir que cette fievre étoit véritablement une *fievre putride*, & de ce qu'il ne nous a pas indiqué d'une maniere plus positive, quels ont été les remedes par le moyen desquels il a opéré une si belle cure.

Au reste, l'auteur est un médecin habile & expérimenté, & son écrit mérite d'être lu; il le termine par quelques questions. Il répond lui-même

Tome I. X

à quelques-unes de ces queftions ; pour les autres il n'y a pas apparence que l'on puiffe jamais les éclaircir. Nous trouvons diverfes chofes un peu douteufes parmi les particularités les plus remarquables que l'auteur rappelle en dernier lieu. Le foufre doré d'antimoine pourroit-il réellement avoir occafionné une falivation de huit jours ? Cette évacuation n'eft-elle pas affez familiere chez les perfonnes qui font fujettes aux maladies nerveufes, & à qui elle procure du foulagement ? —— La rotule pourroit-elle réellement avoir été conglutinée avec le genou, comme le dit Mr. BOLTEN ? Une pareille conglutination ne peut fe faire qu'au moyen de la fynovie, & fi une fois cette conglutination eft réellement établie (ce qui demande beaucoup de tems), il n'eft plus poffible d'en obtenir la réfolution. —— Comment feroit-il poffible de démontrer la rigidité paffagere des capfules articulaires ? Les mufcles n'auroient-ils réellement eu aucune part à de femblables contractures des membres ? Il n'eft pas facile d'expliquer comment une perfonne a pu, fans s'en trouver mal, fupporter une hémorrhagie, tandis qu'elle ne prenoit prefque point de nourriture : cependant le fait n'eft pas abfolument rare. Il n'eft point fans exemple non plus qu'un malade qui fe trouve en pareil cas rende des matieres dures par les felles : les humeurs féparées dans les boyaux peuvent former de femblables matieres ; il fuffit pour cela qu'elles aient eu le tems de s'épaiffir. Toutes les perfonnes qui gardent le lit ne font pas fujettes à l'ulcération du bas des reins ; une femblable ulcération n'arrive qu'à celles qui demeurent toujours couchées fur la même partie. On voit fréquemment des femmes qui éprouvent

impunément des vomiffemens de fang réitérés:
Nous ne penfons pas que dans une affection fpafmodique, il faille fe hâter de prémunir un malade contre l'hydropifie, parce qu'il a les feins
enflés, que le ventre lui groffit dans très-peu de
tems; & qu'il s'y joint une rétention d'urine.

I X.

A D N O T A T A

Medico practica. —— Præfide J. C. TODE, &c.
C'eft-à-dire:

*Remarques de médecine pratique, foutenues en
forme de thefes* pro gradu *fous la préfidence
de Mr.* J. CLÉMENT TODE, *par Mr.* HI-
LAIRE SALHOLT *de Coppenhague. A Coppenhague, le* 19 *Augufte* 1779, *in*-8°. *de trois
feuilles* (a).

L'Habile auteur de cet écrit académique y fuit
l'exemple que lui avoit tracé Mr. le Docteur KA-
NÖE. Il donne comme lui un commentaire fur les
douleurs, telles qu'elles font décrites dans la *No-
fologie* de Mr. DE SAUVAGES.

Mr. SALHOLT a auffi réuffi à fouhait dans le
traitement de plufieurs perfonnes fujettes à des
affections arthritiques, en leur adminiftrant la réfine de gayac en émulfion, ou avec du *rum*. Ce
remede a modéré les accès, les a retardés, ou

(a) TODE Ibid. p. 67.

X 2

même les a fait difparoître entiérement. Cependant d'autres malades n'ont point pu fupporter cette réfine, parce qu'elle les échauffoit, ou qu'elle leur donnoit de l'oppreffion ou la diarrhée. Elle a communément fait faliver ceux à qui elle a fait du bien. Ce médicament a auffi été utile dans la goutte rhumatifmale, quoique dans ces cas il ait paru que la teinture d'antimoine de HUXHAM faifoit plus d'effet.

La teinture de coloquinte (*b*) a diffipé en peu

(*b*) Je penfe que mes lecteurs ne feront pas fâchés de trouver ici la recette de cette teinture qui, à ce que je penfe, n'eft pas encore auffi connue qu'elle mérite de l'être :

    Prenez de pulpe de coloquinte une once & demie,
    D'anis étoilé une dragme,
    D'eau de vie de France vingt onces.
    Faites-en une teinture felon l'art.

Cette teinture propofée d'abord par Mr. FABRE dans fon *traité des maladies vénériennes* T. II. p. 368, comme un excellent remede dans la gonorrhée, même dans celle qui eft fupprimée, a été fimplifiée par Mr. DAHLBERG, célebre médecin de S. M. Suédoife, & qui en a communiqué la recette que l'on vient de voir à Mr. J. A. MURRAY, favant profeffeur de Göttingue. (Voyez l'excellente matiere médicale que cet habile praticien a publiée fous ce titre : *Apparatus medicaminum* &c. T. I. page 409 & 410). Mr. DAHLBERG appelle cette teinture un remede incomparable pour les douleurs invétérées qui affectent principalement la tête & les parties voifines. Il prefcrit d'en prendre de quinze à dix-huit gouttes trois ou quatre fois par jour, en augmentant cette dofe d'une goutte par jour jufques à-ce qu'elle lâche le ventre. Elle m'a en effet réuffi dans plus d'une cephalée qui avoit réfifté aux remedes ordinaires, & même dans la furdité, qu'elle a guéri complettement chez quelques perfonnes. Au refte, j'y ai fait quelques chande jours un mal de tète extrêmement opiniâtre, en la donnant à la dofe de quinze gouttes matin & foir. L'écorce du bois-gentil appliquée au bras, a foulagé un goutteux.

Les barbiers Chinois de Canton ont une méthode fort commode de nettoyer les oreilles des matelots Européens de la cire qui y eft amaffée : mais à leur retour ces gens-là font plus fujets que d'autres aux douleurs d'oreilles, & à avoir l'ouïe dure.

Il arrive de tems en tems à un certain cavalier, d'éprouver une telle contraction fpafmodique dans le gofier, qu'il ne peut abfolument rien avaler : cependant il fe délivre fur le champ de cette incommodité en buvant un trait d'eau bien fraiche.

Les dangereufes hémitritées qui ont régné au

---

gemens qui m'ont paru convenables. Ainfi au lieu de prendre la pulpe de coloquinte feule, j'y ai joint les pepins bien écrafés, & comme ils font beaucoup moins purgatifs que la pulpe. (Voyez MURRAY ibid. page 411.) & en même tems plus pefans, je prends, à proportion de la liqueur, une quantité un peu plus grande de la pomme de coloquinte avec fes pepins: ainfi j'en prends trois dragmes pour fept onces d'eau de vie de France, ou d'un mélange de parties égales d'eau de fontaine & d'efprit de vin à l'épreuve : j'y ajoute deux dragmes d'anis étoilé concaffé, quantité qui eft environ huit fois plus grande à proportion des autres ingrédiens, que celle qui eft indiquée dans la recette, parce qu'il m'a paru que celle de cette recette était bien petite relativement à la quantité de coloquinte, & que le figne de la dragme pourroit bien avoir été mis à la place de celui de l'once. Enfin, j'y mêle deux dragmes de tartre foluble à titre de correctif des parties refineufes de la coloquinte. De cette maniere, ma compofition fe rapproche de celle de Mr. FABRE, & il en réfulte, fi je ne me trompe, un remede un peu moins défagréable & moins violent.

X 3

printems de 1779, étoient souvent accompagnées de violentes douleurs à l'estomac: mais ces douleurs cédoient, ainsi que la fievre, à l'usage du quinquina.

Plusieurs officiers de marine ayant été attaqués d'une sorte de colique inflammatoire, ils se sont très-bien trouvés de l'usage du sel purgatif amer, administré suivant la méthode de Mr. PRINGLE, en y joignant celui des remedes usités en pareil cas. Mr. TODE demande ici si cette colique étoit réellement une colique inflammatoire?

L'auteur fait ensuite mention d'un accouchement laborieux, provenant de ce que l'enfant étoit beaucoup trop gros; il pesoit environ treize livres.

Chez une fille qui n'avoit pas ses regles, il survenoit chaque fois, au lieu de cette évacuation, un abcès à la cuisse. S'étant ensuite mariée, elle a eu des enfans, & ses regles ont coulé convenablement: mais après la mort de son mari, elles ont été de nouveau remplacées par de pareils abcès.

L'ipécacuana donné à très-petites doses a arrêté un crachement de sang opiniâtre (c).

Dans une violente dyssenterie qui régna en 1776 à bord d'un vaisseau qui étoit à la rade de Canton, on vit d'excellens effets de l'huile de ricin donnée toutes les heures à la dose d'une demi-

---

(c) Le même remede m'a réussi à souhait dans diverses hémorrhagies, & même dans des hémorrhagies de matrice fort opiniâtres. Je ne l'ai guere donné à plus d'un quart de grain par dose, de 3 en 3 heures; ce qui n'a pas empêché qu'il n'ait opéré souvent à la premiere ou à la seconde dose: rarement ai-je été obligé d'en donner jusqu'à six. *Note de l'Editeur.*

once, jufques à ce qu'elle purgeât. Ce remede appaifoit merveilleufement tous les fymptomes. Il n'étoit befoin d'aucune préparation, excepté dans quelques cas, où il falloit commencer par prendre un émétique.

Cette huile a eu tout le fuccès que l'on pouvoit defirer dans le miferéré, dans le *cholera-morbus*, &c. &c.

Mr. SALHOLT eft né à Coppenhague en 1750. Il a fait de très-bonnes études en médecine, & a cultivé en mème tems réguliérement la chirurgie dans l'hôpital royal de Fréderic : enfin, il a rendu de bons fervices en qualité de chirurgien-major fur les vaiffeaux du roi, auffi bien que fur ceux de la compagnie des Indes orientales.

X.

PRACTICAL OBSERVATIONS

On amputation and the aftertreatment, &c,
C'eft - à - dire :

Obfervations pratiques fur l'amputation & fur le traitement qui fuit cette opération, par EDOUARD ALANSON, *chirurgien de l'infirmerie de Liverpool. A Londres, chez* RIVINGTON 1779, *in-*4°. (*a*)

L'Auteur s'écarte à trois égards différents de la méthode que l'on fuit ordinairement dans l'amputation.

(*a*) TODE ibid. p. 191.

X 4

En premier lieu, il rejette les ligatures que l'on fait en deſſus ou en deſſous de l'endroit où l'on veut faire l'amputation, leſquelles on fait pour l'ordinaire paſſer circulairement autour du membre, ſoit qu'elles doivent ſimplement ſervir à diriger le couteau, ſoit que l'on veuille en même tems par leur moyen reſſerrer mieux les chairs; auquel dernier cas on les ſerre aſſez fort & partout également. Ici, dit Mr. TODE, on eſt dans l'uſage de diriger le couteau entre deux pareilles ligatures.

Mr. ALANSON regarde comme perdu le tems que l'on employe à faire ces ligatures, & dit qu'en attendant on fait ſouffrir le malade ſans néceſſité. D'abord après l'application du tourniquet, il ordonne à un aide de prendre le membre avec les deux mains, & de tirer en haut autant qu'il eſt poſſible la peau & les chairs : après cela il prend bien ſes dimenſions à vue d'œil, & fait l'inciſion, qu'il acheve beaucoup plus promptement de cette maniere, parce qu'il ne ſe met point en peine de la régler ſur une ligature : or, continue-t-il, comme l'inciſion de la peau eſt la partie la plus douloureuſe de l'opération, on rend un ſervice eſſentiel au malade en faiſant cette inciſion auſſi promptement que poſſible. Mais, dit fort bien Mr. TODE, à moins que d'avoir la main & l'œil exercés juſqu'à un certain point à cette opération, il pourroit facilement arriver que le couteau en donnant le tour fit un peu le pas de vis. Le lecteur verra bientôt quelle eſt la véritable raiſon pour laquelle Mr. ALANSON néglige la ligature qui ſert à diriger l'inſtrument tranchant : car ce qu'il gagne de tems d'un côté en omettant cette ligature, il le reperd de l'autre par une feconde incifion. —— D'ailleurs, continue notre favant journalifte, ne pourroit-on pas en tout cas, avant l'opération, tracer fur la peau une ligne circulaire au moyen d'un fil paffé dans quelque couleur, afin de diriger au moins un peu l'incifion?

L'auteur fe perfuade avec confiance que par la compreffion que l'aide fait en tirant la peau & les chairs, il fe ménage plus de ces parties molles, que l'on ne peut le faire par le moyen de la ligature.

Après avoir donc de cette maniere coupé circulairement la peau & le tiffu cellulaire, on fépare ces enveloppes d'avec les mufcles, tandis que l'aide continue à tenir le membre : on fépare ainfi précifément autant de cette peau qu'il en faut pour couvrir complettement le moignon. En fe ménageant de cette maniere une plus grande portion d'enveloppes, en tant qu'on les détache d'avec les chairs avec lefquelles elles font liées, on fe procure, fuivant l'auteur, un fecond avantage qu'il regarde comme effentiel.

Mais on gagne encore plus en faifant la feconde incifion. On eft communément dans l'ufage, lorfque l'on fait la premiere incifion avec le couteau courbe, de couper en même tems les chairs jufqu'à l'os ; puis on acheve de couper entiérement avec un autre couteau le refte de ces chairs, fur-tout celles qui font près de l'os. Mais notre auteur s'y prend différemment.

La féparation des enveloppes & des mufcles étant faite comme on vient de le dire, Mr. ALANSON introduit un couteau pointu fous le bord de la peau qu'il a coupée & retrouffée ; il en dirige la pointe en-haut & intérieurement, puis il

acheve l'incifion en ligne circulaire, auffi promptement qu'il eft poffible ; opération que l'aide peut
faciliter confidérablement, en tenant la partie ferme & dans une fituation commode. De cette maniere l'incifion va jufqu'à l'os, à deux, trois ou
quatre travers de doigts au delà de celle qu'il a
faite en coupant les enveloppes, fuivant la longueur que la partie doit avoir : ainfi le moignon
en eft raccourci d'autant, & la peau peut par-là
même d'autant mieux le couvrir. L'auteur fe fert
pour faire l'amputation de l'os de la courroye in-
ventée par M. GOOCH. Lorfque l'on a ramené en
devant les parties molles, le vide qu'a fait l'incifion forme une forte de conoïde, dont le fommet
eft tourné en dehors : il en réfulte que dans la
fuite le moignon eft d'autant moins expofé à
prendre la forme d'un pain de fucre, & qu'au
contraire les enveloppes peuvent s'étendre affez
pour couvrir l'os, & qu'elles fe rejoignent en affez peu de tems pour prévenir toute exfoliation,
& pour procurer la réunion que l'on fe propofoit
fuivant la premiere indication.

Outre cela lorfqu'on fait la ligature des arteres, il faut qu'elles foient auffi à découvert que
poffible ; c'eft pourquoi il eft à propos de les tirer en dehors avec des pinces. Cette méthode fe
pratique depuis plufieurs années dans l'hôpital de
Liverpool, où l'expérience a fait voir qu'elle eft
parfaitement fûre, & qu'elle eft très-utile pour
rendre moins confidérable l'inflammation qui furvient à la fuite de l'opération. L'auteur avoue
dans une apoftille, qu'il a appris, que chez un
malade opéré de cette maniere, il eft furvenu
une hémorrhagie, mais que le fang s'écouloit de
toute la furface du moignon. Il dit outre cela

avoir vu lui-même un cas femblable. Mais il ajoute que dans l'un & l'autre de ces cas l'hémorrhagie avoit fans doute été occafionnée par le mauvais état des humeurs ou des parties folides.

Mr. ALANSON paffe enfuite au traitement qui fuit l'amputation. Il fait voir d'après les meilleurs auteurs Anglois qui ont traité de la chirurgie, que l'on n'eft point encore d'accord pour favoir fi le bandage circulaire doit fe mettre d'abord après l'amputation, ou feulement après que l'inflammation a diminué. Il lui eft arrivé à lui-même de ne point parvenir à fon but, quoiqu'il eût pratiqué l'incifion mentionnée en dernier lieu, & cela pour avoir trop tardé à appliquer ce bandage. Après l'inflammation, le tiffu cellulaire ne fe laiffe plus tirer en devant avec la même facilité qu'auparavant, fur-tout à caufe de la nouvelle liaifon ou concrétion qu'il a contractée, & qui eft une fuite ordinaire de l'inflammation : cela eft caufe qu'alors on ne peut pas tirer la peau fans que le tiffu cellulaire obéiffe en même tems à cette action, enforte que ce tiraillement violent fait fouffrir le malade fans néceffité.

L'auteur parle enfuite des avantages que procure ordinairement un bandage contentif de flanelle pour les fractures des côtes, en ce que la flanelle prète ou fe refferre fuivant que le jeu de la refpiration le demande. Il a fait l'effai d'un pareil bandage d'abord après l'opération de l'amputation, & il a trouvé qu'en ne le ferrant pas bien fort, il contenoit très-bien les parties dans la fituation convenable (b).

_____

(b) Il y a longtems que j'ai fait une obfervation femblable pour les petits bandages que l'on fait aux doigts,

Mais Mr. ALANSON a vu chez le même malade
les fâcheufes fuites d'une autre méthode, qui eft
cependant fort accréditée. La charpie qui avoit
été appliquée toute féche fur le moignon dont
elle avoit bu le fang, y étoit fi fortement attachée, qu'on ne pouvoit l'ôter fans exciter de
violentes douleurs.

Afin d'éviter cet inconvénient, l'auteur renon-
ça à la charpie, il tira les enveloppes & les appliqua immédiatement fur l'os, puis il couvrit le
trou qui reftoit avec un plumaffeau enduit d'onguent digeftif. Ayant levé l'appareil le quatrieme
jour après l'opération, il trouva que tout alloit
très-bien : le pus étoit en petite quantité ; la peau
s'étoit déja réunie ; la tenfion étoit très-fupporta-
ble ; & par le moyen d'un ufage continuel du
bandage de flanelle ferré légérement, le moignon
fe trouva complettement guéri le vingtieme jour ;
la cicatrice avoit à peine la circonférence d'un
fchelling d'Angleterre, & comme la fuppuration
avoit été fi modérée, le moignon étoit fi arron-
di & fi plein, qu'il reffembloit à un couffin des
mieux rembourrés.

Depuis ce tems-là, Mr. ALANSON de même
que fes collégues ne font plus confifter l'appareil
qu'à un plumaffeau enduit d'onguent digeftif, &
à un bandage de flanelle. Lorfqu'il furvient une
hémorrhagie à quelques vaiffeaux qui ne demandent pas la ligature, il arrête le fang, en y ap-

en cas de coupure de panaris &c. ; c'eft qu'en les affujettiffant avec un fil de laine, le bandage eft fuffifamment tenu en regle, fans qu'il foit à craindre qu'en
gênant la circulation il n'augmente l'inflammation. *Note
de l'Editeur.*

pliquant de la charpie trempée dans un mèlange
de parties égales d'huile de terebenthine & d'huile d'olives; cette charpie ne s'attachant pas auffi
fortement que la charpie féche.

Le morceau de toile dont Mr. BROMFIELD
conseille de faire usage est sujet à comprimer &
à irriter beaucoup, sur-tout lorsque outre cela on
remplit le vide de la plaie avec de la charpie ou
même avec de la farine : mais un défaut essentiel
de ces corps étrangers, c'est qu'ils empèchent la
prompte réunion des parties. Ils agiffent à la maniere d'une éponge, enforte qu'en fe gonflant,
ils dilatent en même tems la furface de la plaie;
ils y occasionnent ainfi une violente inflammation, excitent une fecrétion abondante de pus
féreux, & irritent les nerfs & les petits vaiffeaux;
ils ne peuvent pas fe détacher de la plaie fans
une abondante fuppuration, & ce qui en refte,
augmente par fon âcreté l'irritation, la corruption, la fievre &c. &c. Tous ces mauvais effets
de la dilatation deviennent d'autant plus douloureux & dangereux, que la compreffion extérieure eft plus forte.

L'auteur rappelle ici en entier la méthode que
l'on fuit dans fon hôpital pour l'amputation de
l'os de la cuiffe, & il la propofe pour modele.
Nous nous contenterons d'en rapporter ce qui fuit.

Après avoir fait la ligature des arteres, on lave
le moignon avec de l'eau chaude, puis on tire
doucement en avant les enveloppes avec les
chairs; on affujettit le bandage de flanelle au
moyen de deux tours que l'on fait autour du bas-
ventre (il s'agit ici de la partie fupérieure du fémur) : on defcend enfuite en faifant pareillement
autour de la cuiffe des tours circulaires & ferrés

par le haut, jufques-à-ce que l'on foit arrivé à l'extrèmité du moignon, où l'on fixe le bandage à la maniere ordinaire. Alors on tire en même tems les chairs & la peau de maniere qu'il en refte comme un lambeau un peu long & oblique. En effet, la fuppuration eft fi peu confidérable qu'elle ne met point dans l'obligation de donner à ce lambeau une forme droite. Lorfqu'il s'agit de l'amputation de l'avant-bras ou de la jambe, on diftribue les fils deftinés à la ligature, de maniere qu'il y en ait une moitié qui pende en dehors à chaque angle du lambeau; mais fi c'eft l'humérus ou le fémur que l'on a amputé, tous les fils doivent pendre à l'angle intérieur.

On n'a du tout point à craindre de ces ligatures, qu'elles ne tiennent pas affez exactement ni qu'elles s'attachent fortement à la partie, ou qu'elles y caufent trop d'irritation. L'expérience fait tomber toutes ces objections.

On affujettit les parties ainfi réunies par le moyen d'un emplâtre agglutinatif que l'on applique fur les bords du lambeau. On met par-deffus un plumaffeau enduit d'onguent digeftif, puis on tient le tout à l'aide d'une compreffe & d'un bandage ferré légérement.

La cuiffe amputée ne doit fans doute pas être tenue dans une fituation trop haute; il fuffit qu'elle foit élevée de la largeur de la main plus haut que le lit. Il feroit à-propos, qu'autant que fes forces le lui permettroient, le malade fortît du lit tous les jours, & même d'abord après qu'on auroit levé le premier appareil; ce feroit un moyen de prévenir très-efficacement la fievre lente, l'affoibliffement &c. &c. Dans la fuite, il fuffit de changer rarement l'appareil. Souvent, après l'am-

putation de la cuiffe, le moignon a été confoli-
dé parfaitement au bout de dix-neuf jours; la
confolidation a lieu au bout de quatorze jours
après l'amputation de l'avant-bras.

Rien ne prévient mieux les fpafmes que la
précaution d'exclure de la ligature des artères toutes les fibres charnues. Une autre chofe qui contribue auffi beaucoup à prévenir ces fymptomes,
c'eft que l'appareil n'ait rien qui puiffe caufer de
l'irritation. —— La même précaution fert à éviter
l'hémorrhagie, accident qui, comme Mr. ALAN-
SON l'a vu très-fouvent, arrive lorfque l'on a
farci la plaie de charpie ou de farine. Depuis neuf
ans qu'il ne fait plus ufage de femblables moyens,
fes malades n'ont point eu d'hémorrhagie de cette
efpece.

L'hémorrhagie arrive ou dans l'efpace des vingt-
quatre heures après l'opération, & provient de la
dilatation caufée par l'appareil; ou bien elle furvient dans la fuite lors de l'apparition des bour-
geons de chair. L'auteur a vu arriver une pareille hémorrhagie un mois entier après l'amputation.

L'exfoliation eft le plus fouvent l'effet de l'irritation produite par la charpie ou par d'autres
chofes de cette nature dont on a rempli la plaie,
entant que cela occafionne une fecrétion abondante de pus ácre. Une fois Mr. ALANSON a vu
fe détacher du fémur, un fragment long de quatre pouces & prefque auffi épais que l'os même.

De l'amputation de l'humérus dans l'articulation de l'épaule.

Mr. BROMFIELD paffe au fentiment de notre
auteur, pour être le premier bon écrivain qui

ait parlé de cette opération ; erreur , dit M. TODE ;
que l'on peut bien excufer de la part d'un chirurgien de Liverpool. Mr. ALANSON s'écarte un
peu de fa méthode (de celle de Mr. BROMFIELD).

Un homme avoit eu le bras emporté par un
coup d'arme à feu , précifément à l'infertion du
mufcle deltoïde : l'os & les chairs étoient tellement fracaffés , qu'il fallut néceffairement faire
l'amputation dans l'article. La peau dans cet endroit n'étoit pas endommagée , mais la tête de l'os
avoit beaucoup fouffert , & le malade éprouvoit
de l'engourdiffement.

On l'étendit fur une table , on mit le membre dans la fituation convenable , & on ferra les
arteres contre l'os : après cela , Mr. ALANSON fit
une incifion circulaire au deffous de l'acromion ,
mais fans pénétrer au-delà de la peau & du tiffu
cellulaire. Il fit enfuite une incifion oblique qu'il
dirigea en - haut au travers du mufcle deltoïde
& des mufcles poftérieurs , jufques à la capfule ,
puis il coupa d'outre en outre les tendons du
mufcle biceps , & la capfule elle-même antérieu-
rement & poftérieurement. Là-deffus il s'enfuivit
une hémorrhagie confidérable par une des arteres ; on la tira dehors & on en fit la ligature.
Enfin , notre auteur coupa les tendons du grand
mufcle pectoral , il acheva de couper entiérement
la capfule & les autres parties qui reftoient , jufques aux gros vaiffeaux , aux nerfs & au tiffu
cellulaire voifins , exclufivement. Il réunit enfemble dans une même ligature ces dernieres parties , qu'il coupa au deffous de cette ligature. Enfuite il tira en dehors les arteres & les veines ,
& les lia enfemble , après quoi il défit la ligature précédente.

Alors

Alors Mr. ARKNSON débarrassa autant qu'il put la quantité de sang caillé qui se trouvoit dans les interstices des muscles, puis il rabattit la peau sur la plaie à la réserve d'une maniere de bande oblique. Il laissa pendre les fils du côté de la poitrine. Le reste du pansement se fit de la maniere qui a été dite ci-dessus. Tout alloit bien. Cependant une trop grande abstinence à laquelle le malade n'étoit pas accoutumé, ou peut-être aussi le mauvais air de la maison, donnerent lieu à une dégénération dangereuse. Mais on y remédia bientôt en lui faisant changer d'air, & en lui procurant de la viande & de la bierre. Quatre semaines après l'opération, la plaie fut fermée, à la réserve d'un petit trou qui communiquoit avec l'articulation, & pour la consolidation duquel il fallut quatre autres semaines.

L'auteur n'a pas trouvé à propos de faire l'incision depuis l'acromion droit en bas, par le muscle deltoïde, ce qui facilite pourtant beaucoup l'opération, & cela dans la vue de donner d'autant moins d'accès à l'air, & de prévenir par-là l'exfoliation du cartilage : aussi l'a-t-il évitée par ce moyen, comme aussi par l'omission de la charpie.

X I.

FOREIGN MEDICAL REVIEW,

Containing an account with extracts of the new books published on natural hiftory, &c.

C'eft - à - dire :

Journal étranger de médecine , contenant des notices & extraits des livres publiés nouvel- lement dans toutes les parties du continent de l'Europe fur l'hiftoire naturelle , la botani- que , la matiere médicale , la chymie , l'ana- tomie , la chirurgie , l'art des accouchemens , & la médecine pratique , avec les annonces des découvertes nouvelles & intéreffantes , Tome I. Partie I. A Londres , chez Mur- ray 1779 , in-8°. de 156 pages.

Voici une lifte des livres dont on rend compte dans le premier cahier de ce journal. 1. *Phar- macopœa fuecica.* 2. Collin *de ufu florum & ra- dicis arnicæ.* 3. Tode *vom tripper* (de la go- norrhée). 4. Leberi *prælectiones anatomicæ.* 5 & 6. Steins *theoretifche und practifche anweifung zur geburtshülfe,* c'eft-à-dire : Inftruction théorétique & pratique fur les accouchemens. 7. Gruneri *femiotica.* 8 & 9. Halleri *bibliotheca chirurgica,* & *Bibliotheca medicinæ practicæ.* 10. Thedens *fendfchreiben vom biegfamen catheter ,* c'eft-à-dire : Lettre fur la fonde élaftique.

On voit fans peine , dit Mr. Tode (*a*), que

_____

(*a*) Ibid. p. 207.

pour les extraits & les jugemens, l'auteur a pris pour guides la *Bibliotheque de chirurgie* de Mr. RICHTER, celle de *médecine & de physique* de Mr. WASSERBERG, & ma *bibliotheque de médecine & de chirurgie*, jusques-là même qu'il m'a suivi dans de petites méprises qui m'ont échappé, comme lorsque j'ai dit que Mr. RETZ étoit l'inventeur de la préparation du sel essentiel de tartre. Si quelqu'un doute de ce que j'avance, il n'a qu'à comparer le journal anglois avec les trois bibliotheques que je viens de nommer. Au reste, l'auteur de ce journal y a répandu beaucoup d'additions & de notes intéressantes, & il fait voir par-là qu'il a lu & parcouru lui-même avec attention les livres dont il rend compte. Je vais donner quelques échantillons de ses observations, en commençant par celles qu'il a faites sur la *Pharmacopée Suédoise*.

La distillation de l'esprit acide de tartre est décrite d'une maniere beaucoup trop superficielle.

L'auteur ne voit point quelle différence il y a entre la pierre à chaux & les écailles d'huitre, pour la préparation de l'eau de chaux.

On auroit bien pu omettre la crème de saturne.

L'auteur vante beaucoup, d'après sa propre expérience, l'électuaire dentifrice de Mr. EHRENREICH.

L'émulsion antiscorbutique ne mérite point ce nom.

L'extrait des fleurs d'arnica vaut mieux que celui de l'herbe de cette plante.

L'addition d'eau de canelle ne fait que de rendre encore plus désagréable au goût la dissolution de sublimé de VAN-SWIETEN.

Il y a la moitié trop d'huiles.

Y 2

En parlant de l'huile de ricin, on a oublié d'obferver qu'il eft néceffaire de dépouiller les amandes de leur peau avant que d'exprimer l'huile. Sans cette précaution, l'huile de ricin purge violemment par le haut & par le bas.

Voici une explication très-utile que l'auteur donne au fujet du fel effentiel de tartre. La crème de tartre eft compofée d'un fel alcali fixe végétal, & de l'acide du tartre, qui s'y trouve en beaucoup plus grande quantité. Dans le procédé dont on parle, cet acide furabondant eft faturé par la craie: la portion de cet acide qui refte combinée avec l'alcali fixe forme le tartre tartarifé dont il eft queftion. L'eau diffout très-facilement ce dernier fel, mais elle a peu de prife fur la félénite ; voilà pourquoi le tartre tartarifé demeure feul diffous dans la diffolution.

L'auteur confeille de faire la liqueur minérale anodyne d'HOFFMAN ou l'acide vitriolique dulcifié, par la méthode fuivante, qui ne paroît pas être la meilleure, dit Mr. TODE. On fait dégoutter à fil & fans interruption, une livre d'huile de vitriol dans trois livres d'alcohol: on laiffe repofer ce mèlange pendant une couple d'heures, puis on en diftille environ deux livres.

On n'a pas averti en parlant du vin d'antimoine, qu'après un long féjour ce métal fe précipite au fond de la diffolution.

Avant que de rendre compte du mémoire de Mr. COLLIN fur l'arnica, notre auteur dit deux mots contre ceux qui, fans aucune exception, refufent d'ajouter foi aux découvertes des médecins de Vienne.

Il dit qu'il ne fauroit être du fentiment du célebre Mr. STEIN, lorfqu'il prétend que l'on retourne le fétus pendant la groffeffe.

Il penfe auffi qu'on doit laiffer une femme qui eft en travail d'enfant, maîtreffe de choifir elle-même la pofture qui lui eft la plus commode.

Souvent il arrive que les inftrumens font non feulement inutiles, mais même nuifibles. Les accouchemens contre-nature ne font point en général auffi fréquens que Mr. LEVRET & fes éleves le prétendent. Depuis que l'on a introduit l'ufage des forceps & d'autres inftrumens femblables, il y a eu beaucoup plus d'accouchemens malheureux qu'auparavant. Mr. STEIN recommande le forceps dans un fi grand nombre de cas qu'il n'en excepte guere que les accouchemens qui fe font beaucoup trop promptement, pour que l'on ait le tems de faire ufage de cet inftrument. L'auteur a vu affez fouvent, à Paris & à Vienne, les jeunes accoucheurs fe hâter d'employer leur forceps, fans avoir fait aucune recherche préalable.

Il ne trouve pas que la trop grande étroitefle du paffage rende néceffaire l'opération céfarienne. Cette opération ne devroit pas fe faire fur des perfonnes vivantes. Cependant l'auteur convient que Mr. STEIN lui-même a pratiqué une fois cette opération avec le plus grand fucès.

Vient enfuite une defcription complette de la réfine élaftique que les Anglois appellent *India rubbers*, & les Américains *Cahutchouc* (*b*).

_____

(*b*) Je rendrai compte dans le volume qui va s'imprimer fous le titre de *Bibliothéque de phyfique & d'hiftoire naturelle*, d'une excellente differtation qui traite fort amplement de cette refine fi utile. *Note de l'Edit.*

Y 3

XII.

HERRN ALBRECHT VON HALLERS
Sammlung akademifcher ftreitfchriften die ge-
fchichte und heilung der krankheiten betref-
fend, &c.

C'eft - à - dire :

*Collection de differtations académiques qui ont
trait à l'hiftoire & au traitement des maladies, & qui ont été recueillies par Mr. AL-
BERT DE HALLER : abrégée en forme d'extrait complet, & enrichie d'annotations, par
Mr. LAURENT CRELL, Docteur & profeffeur en médecine à Helmftadt, Tome premier.
A Helmftadt, chez KÜHNLIN 1779, in-8°. de
596 pages (a).*

J'Avois formé le fouhait (b) qu'un médecin
qui auroit eu la capacité néceffaire pour cela, fe
chargeât de rendre plus utile la collection des
differtations de médecine & de chirurgie mife au
jour par Mr. HALLER, en l'abrégeant & la pu-
bliant en allemand ; travail fort avantageux pour
les médecins, quoiqu'à la vérité fort ingrat pour
celui qui l'entreprend.

Je ne fais pourquoi le favant que j'avois défigné au nom de l'art pour cette entreprife, n'a
pas trouvé à propos de remplir mon attente. Heu-

(a) TOME *ibid.* p. 284.
(b) *Ibid.* Tome II. Part. II. page 133.

reufement que l'idée en eft venue à un autre médecin connu avantageufement par fon affiduité,
& par les bons fervices qu'il a rendus à notre
fcience même, en cultivant des branches différentes de celle dont il s'agit ici (c). A juger de fon
travail par ce premier volume, nous gagnons beaucoup à l'exécution de fon deffein. Mr. le profeff-
feur CRELL paroît non feulement être très en
état de s'acquitter d'une pareille tâche; mais
outre cela il s'annonce comme un homme qui
poffède le rare talent & l'intelligence néceffaires
pour faire fructifier au double les productions
d'autrui en y ajoutant du fien. Il a fi bien fçu
concilier la plénitude des chofes avec l'exacte
reforme que demandoit un choix, & la clarté
avec la briéveté du ftyle, qu'en lifant fes extraits,
on feroit quelquefois tenté de croire qu'on lit
une traduction. Cependant une preuve qu'il n'a
pas fimplement traduit l'original, c'eft qu'entre
fes mains un in-4°. refpectable s'eft réduit au
format d'un in-8°. médiocre; réduction qui auroit
encore pu être plus confidérable, fi le libraire
ayant, comme il auroit convenu, plus d'égard à
la valeur intrinféque du livre, eût fait imprimer
cet ouvrage en caracteres plus petits & nets.

Les additions de l'auteur font furtout très-in-
téreffantes. Il en a raffemblé les matériaux analogues au texte, dans les écrits des auteurs les plus
modernes, & il les difcute d'une maniere folide.
On peut donc envifager la plûpart des differtations

(c) C'eft fans doute principalement du *Journal de
chymie* de Mr. CRELL, que veut parler Mr. TODE: c'eft
le même dont je me propofe de faire ufage, comme je
l'ai annoncé dans ma préface.

que renferme cette collection, comme des traités de
pratique complets. C'est pourquoi il est fort à
fouhaiter que Mr. GRELL ait des motifs d'encou-
ragement qui l'engagent à continuer un ouvrage
auffi précieux pour la plûpart des gens de l'art.

On trouve dans ce volume plufieurs fupplé-
mens très-utiles, il y en a même de très-précieux
fur l'apoplexie, fur la paralyfie, l'électricité, l'épilepfie, le rachitis, la manie, la noftalgie, l'hy-
drocéphale, la plique, les maladies des yeux &
de la vue, les maladies du nez, la falivation &
les remedes mercuriels, fur les calculs falivaires,
les maladies du cou & fur l'hydrophobie.

Notre auteur fait voir dans fes additions &
fes éclairciffemens, non feulement qu'il eft très-
verfé dans la lecture des auteurs modernes les
plus diftingués, mais que de plus il a dans la
façon de penfer cette franchife qui caractérife le
vrai médecin.

Entr'autres il s'efforce de démontrer la poffi-
bilité d'une extravafation de fang, & de la réforp-
tion de ce même fang extravafé, dans l'apoplexie;
puis il cite, comme témoin de l'utilité des fomentations froides dans la même maladie, Mr. THE-
DEN, chirurgien général en Pruffe, lequel affure
que, dans differens cas, ces fomentations ont pré-
venu des attaques dont on étoit menacé.

XIII.

PHILOSOPHICAL

Transactions of the royal society of London &c,

C'est-à-dire :

Transactions philosophiques de la société royale de Londres, Tome LXVIII, pour l'année 1778, premiere & seconde partie. A Londres, chez LOCKYER DAVIS 1779, in-4°. La premiere partie est de 600 pages, & la seconde de 1099, l'une & l'autre avec figures.

Voici ce que nous avons trouvé de remarquable dans la premiere partie, dit Mr. TODE (a). *De la chaleur des animaux & des plantes, par Mr.* JEAN HUNTER. L'auteur s'est servi pour faire ses recherches, d'un thermometre qui étoit assez petit pour pouvoir s'introduire dans le canal de l'urethre. Nous nous contenterons d'en rapporter un résultat ou plutôt une assertion que l'auteur déduit de ces recherches. —— Les animaux dont l'organisation est la plus parfaite, possedent éminemment la faculté de conserver un certain degré de chaleur, lequel degré souffre moins de changements chez ces animaux que chez ceux qui sont moins parfaits. Cependant ce degré de chaleur que l'on pourroit nommer la chaleur ré-

(a) *Medicinisch-chirurgische bibliothek.* Tom. VIII. page 332. Coppenhag. 1781. 8°.

glée (*b*), n'eſt pas conſtamment le même, mais il éprouve des changemens, ſoit de la part des corps extérieurs, ſoit par quelque maladie, quoique dans ces cas-là ce ſoit plutôt en diminuant qu'en augmentant, & cela parce que les animaux les plus parfaits ont la faculté de réſiſter à la chaleur plus efficacément qu'au froid. Mr. HUNTER a ſouvent rechauffé ſes mains dans de l'eau de puits fraichement pompée ; preuve qu'elles étoient plus fraîches que cette eau. L'augmentation ou la diminution de la chaleur doit produire un changement dans la conſtitution ou la ſituation de la partie.

Les animaux ſont auſſi bien affectés de la chaleur des corps externes, que le ſont les corps inanimés : c'eſt auſſi par cette raiſon que les parties ſaillantes de notre corps ſe refroidiſſent d'autant plus facilement, qu'elles ſont plus éloignées de la maſſe commune à laquelle elles appartiennent. Pareillement le paſſage de la chaleur au froid ſe fait à-peu-près auſſi promptement chez les animaux que dans les corps inanimés. Cependant l'habitude peut produire des différences dans la ſenſation que ce paſſage occaſionne. Les changements qui arrivent dans les parties ſaillantes ou dans les membres, n'ont point la même influence ſur le corps entier de l'animal, que celle qui auroit lieu dans un corps ſans vie. La glace n'excite pas à beaucoup près le même froid dans la bouche que dans la main. L'urethre tout près du corps a cinq degrés de chaleur de plus que

___

(*b*) *Standard heat :* on pourroit auſſi dire *chaleur déterminée, chaleur qui ſert de terme de comparaiſon.* Note de l'Editeur.

le gland. La progreſſion du refroidiſſement d'un membre viril chez un homme vivant a été preſque la même que dans celui que l'on avoit coupé à un cadavre. ——

La chaleur du même membre chez un homme vivant n'eſt montée qu'à 100 & demi degrés, dans de l'eau dont la chaleur étoit de 113 degrés (c). La chaleur de l'eau ayant été augmentée juſqu'à 118 degrés, celle de la verge du cadavre eſt allée au 114e, tandis que celle de l'homme vivant n'eſt montée qu'au 102 $\frac{1}{4}$. Cet homme ayant laiſſé pendre cette partie ſans mouvement durant une minute dans la même eau, il n'en ſentit plus la chaleur ; mais auſſi-tôt qu'il la remuoit dans cette eau, il pouvoit à peine la ſupporter. Mr. HUNTER penſe que l'on pourroit faire cette expérience dans un bain (comme ſi cela n'étoit pas connu depuis long-tems). Le gland de la même verge rendit l'eau dans laquelle il étoit, de quatre dégrés plus froid, ce que ne fit point celui de la verge du cadavre.——L'inteſtin rectum avoit une chaleur de 98 & $\frac{1}{4}$ degrés : elle n'augmenta point après un bon ſouper & après avoir bu une bouteille de vin, ce qui avoit augmenté la viteſſe du pouls de 73 à 87 battements.

Les expériences ſuivantes ont été faites ſur toutes ſortes d'animaux d'une organiſation imparfaite : il en réſulte que le froid agit ſur ces animaux à la manière d'un ſtupéfiant, en ſorte que quoiqu'à la vérité leurs facultés vitales continuent à s'exercer, leurs facultés animales, ou celles qui dépendent de la volonté, diſcontinuent ;

(c) Il s'agit ſans doute ici des degrés de la graduation de FAHRENHEIT. *Note de l'Editeur.*

que vraifemblablement chaque ordre de ces animaux éprouve cette fufpenfion des mouvements
volontaires à un certain degré de froid qui lui eft
particulier ; qu'un froid qui va au delà de ce degré
agit en qualité d'irritant , & ranime par-là les facultés vitales , de maniere à rappeller la chaleur ;
qu'il y a une différence remarquable entre l'inertie & le fommeil : que le renouvellement de la
chaleur diminue à mefure que les forces vitales
font épuifées ; que la chaleur des parties d'où dépend la vie eft plus grande que celle des autres ;
que cependant chez les quadrupedes , la chaleur
du cœur n'eft pas montée au delà de 101 degrés ;
mais qu'en général , chez les oifeaux elle eft allée
à quatre degrés de plus , furcroit qui paroît leur
avoir été donné pour le tems où ils couvent. Les
amphibies & les poiffons périffent lorfque le froid
defcend au deffous de 31 degrés. Outre cela on ne
peut point chez ces animaux porter la chaleur au-
delà d'un certain degré. Les œufs frais ont même
jufqu'à un certain point la faculté de réfifter au
froid , à la chaleur & à la putréfaction.

L'auteur conclut de toutes ces expériences , que
puifque la chaleur des animaux imparfaits augmente ou diminue fi facilement, il faut que généralement la chaleur ne leur foit pas auffi néceffaire
pour les maintenir en vie , qu'elle l'eft aux animaux plus parfaits. —— Nous fommes obligés pour
le préfent de paffer fous filence ce qu'il y a encore de très-intéreffant dans le refte de ce mémoire : nous pourrons y revenir dans un tome fuivant.

*Obfervation fur une nouvelle efpece de ftrabifme
—————— par Mr. ASTLE.*

Un enfant voyoit chaque objet d'un œil feulement, & cela de l'œil gauche fi l'objet étoit à droite, & réciproquement. Il tournoit la prunelle de l'autre œil, de maniere que l'image devoit tomber fur l'infertion du nerf óptique. Lorfque l'objet étoit droit devant lui, il tournoit la tète un peu de côté, & le voyoit de l'œil qui en étoit le plus éloigné, tandis qu'en mème tems il tournoit l'autre œil de la maniere qu'on vient de dire. Quand le premier œil étoit fatigué, l'enfant tournoit la tète de l'autre côté & en ufoit de la mème maniere. Jamais il ne dirigeoit en mème tems les deux axes de fes yeux vers un mème objet. Au refte, il voyoit auffi bien avec l'un de fes yeux qu'avec l'autre, & la contraction de l'iris paroiffoit s'y faire également.

Ce vice venoit uniquement d'une mauvaife habitude, ou peut-être auffi de ce que cet enfant portoit un bonnet qui avançoit beaucoup trop d'un côté, ou d'autres circonftances femblables. Mr. ASTLE fit affujettir entre les deux yeux une équerre (d) de papier, qui faifoit la figure d'un fecond nez; depuis lors cet enfant ne vit plus les objets qu'avec l'œil qui en étoit le plus près. Après cela, Mr. ASTLE fit faire une pareille équerre de fer-blanc paffé en couleur noire & la fit porter à l'enfant à un pouce & demi au deffus du nez. Ce moyen réuffit encore mieux. Mais afin de faire prendre aux deux yeux l'habitude de fe diriger vers un mème objet en mème tems, on attacha fouvent aux côtés de l'équerre, mais non pas vers la pointe, deux petites baguettes noires, de la groffeur d'un tuyau de plume, & blanches au bout : on les éloigna enfuite un peu plus,

(d) Gnomon.

& enfin on les plaça l'une derriere l'autre ; pratique qui ayant été réitérée plusieurs fois, produisit enfin l'effet que l'on desiroit.

Chez toutes les autres personnes louches que l'auteur a vues, un des yeux, savoir l'œil louche, étoit plus foible que l'autre. On devroit chez ces personnes-là, mettre un bandeau de tems-en-tems sur l'œil qui voit le mieux, & l'y laisser durant des heures entieres, parce qu'en obligeant ainsi l'œil foible à servir, on lui donneroit la direction convenable, & on le rendroit en même tems plus fort. Pareillement les personnes qui ont les yeux foibles ne devroient pas s'abstenir d'en faire usage : l'œil, aussi bien que toute autre partie du corps, acquiert plus de force par l'exercice de ses fonctions lorsqu'il n'est pas poussé trop loin. La plupart des enfans louches contractent ce vice par un effet de la mauvaise coutume que l'on a de leur couvrir trop un œil lorsqu'il vient à être malade, avant qu'ils soient entiérement habitués à regarder un objet avec les deux yeux à la fois.

La facilité avec laquelle l'image d'un objet placé de côté paroissoit se peindre sur la partie insensible de la rétine, engagea notre auteur à faire des recherches sur la grandeur de cette place insensible, & sur la cause de cette insensibilité. Quelques-uns ont cru qu'elle venoit de ce qu'à l'endroit de l'insertion du nerf optique la tunique choroïde manque ; mais l'observation suivante démontre la fausseté de cette opinion. Le diametre du nerf optique à son insertion, est d'un sixieme de pouce ; par conséquent tel est aussi celui du trou de la choroïde. Or il s'ensuit, qu'à la distance de neuf pouces de l'œil, la tache noire que l'on apperçoit sur les objets placés directement vis-à-vis du centre du nerf optique, devroit être cinquante-quatre fois plus grande que le trou en queftion, & avoir par conféquent neuf pouces de diametre. Cependant un petit morceau de papier dont le diametre eft d'un pouce, ne devient pas abfolument invifible à cette diftance. M. LE CAT a auffi trouvé que cette place infenfible de la rétine avoit feulement une trentieme ou une quarantieme de pouce de diametre.

Conféquemment la choroïde n'eft point l'organe de la vue, puifque ce fens a lieu là-même où il n'y a point de choroïde. Dans un œil de veau la place infenfible paroiffoit devoir s'attribuer à un filet blanc, long d'une dixieme de pouce, & qui du centre du nerf optique fe dirigeoit droit en haut dans l'humeur vitrée. Il fe peut que dans la fuite ce vaiffeau difparoît, & qu'après cela cette place redevient fenfible. Il s'eft trouvé un homme chez qui on n'a pu venir à bout par aucune recherche, d'exciter la fenfation de cette tache noire que d'autres apperçoivent fur les objets.

Mr. ASTLE convient dans un appendice, que le ftrabifme de cet enfant, lequel il a décrit plus haut, pourroit bien être provenu originairement d'une différence dans le degré de fenfibilité de la rétine. Il a fait faire l'expérience fuivante à cinq perfonnes de différents âges. Il a fait attacher à la paroi deux morceaux de papier coupés en rond & du diametre de quatre pouces, de maniere que leurs centres fuffent exactement à la diftance de huit pouces. Si alors on fermoit un œil en fixant de l'autre le milieu du papier le plus éloigné de ce dernier œil, & qu'enfuite on fe reculât à la diftance de vingt-fix pouces, l'autre papier devenoit invifible. L'enfant dont on a parlé éprouvoit ces effet, en se reculant seulement à la distance de treize pouces (e).

Une femme avoit un torticolis qui lui faisoit tenir la tête sur l'épaule, de maniere qu'elle ne pouvoit point voir ses pieds : le muscle sterno-mastoïdien étoit tout-à-fait roidi & contracté, & les enveloppes qui étoient distendues étoient fort endolories, sur-tout lorsqu'il survenoit du changement de tems. Mr. PARRINGTON a guéri cette maladie par l'électrisation de la partie qui éprouvoit cette contraction spasmodique. Ce qui soulageoit le mieux la malade, c'étoit de faire sur cette partie des décharges de grosses étincelles.

Mr. HAYGARTH fait voir dans un mémoire suivant combien le séjour de la ville de Chester est sain. Cette salubrité vient de sa situation élevée ; de ce que le sol en étant peu compacte, l'eau s'y filtre promptement ; de ce que les caves que l'on y a creusées sont séches ; de ce que les rues y sont bordées de portiques par où elles se communiquent & où l'on est à couvert & au frais en été, tandis qu'on y a moins froid en hyver, outre que le trottoir de ce portique étant élevé & muré, on s'y promene au sec ; de ce que la ville est traversée & entourée d'une riviere qui fait une chûte assez considérable, comme aussi du flux & reflux qui s'y fait ; de ce que l'air de cette ville est ordinairement sain ; & enfin de ce que les habitans vivent avec aisance, sans cependant donner trop dans le luxe.

Les

(e) J'ai réitéré sur moi-même cette expérience à plusieurs reprises, mais sans voir disparoître ce second papier. *Note de l'Editeur.*

Les liftes dont on rend compte ici ont été faites avec toute l'exactitude poffible. On a fait le dénombrement de chacun des quartiers de la ville ; attention qui eft néceffaire en général , pour être en état de découvrir la caufe de la plus ou moins grande falubrité d'un lieu. Il meurt moins de monde dans la partie intérieure de la ville, que dans la partie extérieure, parce que dans celle-là il y a moins d'enfans, parce que les fauxbourgs font plus expofés aux exhalaifons des impuretés qui s'y raffemblent, & parce que les habitants de ces fauxbourgs font pour la plûpart des pauvres gens, qui vivent chétivement, qui font environnés de vapeurs mal faines, & qui lorfqu'ils font malades communiquent ordinairement leur infection aux autres.

A cette occafion Mr. HAYGARTH fait une queftion qui n'a guere befoin de réponfe ; favoir, s'il ne feroit pas convenable d'établir indépendamment de l'hôpital ordinaire, un autre hôpital fpacieux, deftiné à recevoir les malades attaqués de ces fortes de fievres que caufe une femblable infection ? ——

Environ la fin d'Augufte il fe manifefta une fievre maligne, épidémique, qui de dix malades en emportoit un , & dans laquelle ni les préparations d'antimoine, ni le quinquina n'avoient des fuccès foutenus, tandis qu'au contraire les fangfues & les véficatoires faifoient les meilleurs effets. Elle épargnoit généralement toutes les perfonnes d'un rang diftingué, & reftoit confinée dans les lieux où régnoient la malpropreté & un air corrompu. ——

Sur quatorze perfonnes il y en avoit une , ou fur 14713 il y en avoit 1060, qui n'avoient ja-

Tome I. Z

mais eu la petite-vérole. Cette maladie ayant commencé à regner en 1774, il mourut 202 personnes, tandis qu'il ne mourut que 344 personnes par d'autres causes. Elle n'emporta pas un seul enfant au dessous d'un mois, mais parmi les enfants au dessous d'un an, elle fit périr 22 garçons & 29 filles. ——

Hors de là il meurt plus d'hommes que de personnes du beau sexe (les femmes de Chester méritent en effet d'être qualifiées ainsi) : on compte que le nombre de celles - ci est d'un cinquieme plus grand. Il y a près d'un tiers des habitans qui font mariés ; si l'on y ajoûte les veufs & les veuves, cela peut aller à quatre septiemes. On ne peut compter que quatre personnes & un tiers pour chaque famille. Il y en a plus d'un tiers au dessous de quinze ans. En 1774 la petite verole fut cause que le nombre des morts fut d'un à vingt-sept. Dans d'autres tems il n'en meurt qu'un sur quarante, & dans l'enceinte des murs seulement un sur cinquante-huit. Par-contre, il meurt une personne sur cinquante-quatre dans la paroisse de Stoke-Damerel dans la province de Devon. A Madeira, paroisse du Hampshire & dans certaines paroisses Brandebourgeoises, il en meurt une sur cinquante, & dans la vallée de Walden, une sur 45 : dans la ville de Manchester il en meurt une sur vingt-huit ; dans celle de Liverpool, une sur vingt-sept & demie ; à Northampton, à Shrewsbury & à Berlin, une sur $16\frac{1}{2}$; à Breslau une sur vingt-quatre ; à Rome, une sur vingt-trois ; à Dublin, une sur vingt-deux ; à Leeds une sur $21\frac{3}{5}$; à Edimbourg, une sur vingt & $\frac{4}{5}$; à Londres, une sur $20\frac{3}{4}$; à Vienne, une sur $19\frac{1}{2}$; enfin parmi les blancs de la Jamaïque, il en meurt un fur cinq.

Mr. MILLER, fils du celebre botaniste, donne une relation de l'isle de Sumatra, dont nous ne rapporterons que ce qui suit. Quoique cette isle soit si voisine de la ligne, la chaleur y monte rarement au dessus du 88e. degré. Dans le pays des *Battas*, elle ne monte guere plus haut que le 61e. degré à six heures du matin. Depuis les neuf heures du matin jusques au coucher du soleil, il souffle un vent de mer qui tempere beaucoup la chaleur. Il y fait souvent de la pluie mêlée d'orage : outre cela on y est sujet aux tremblements de terre & aux éruptions des volcans. Les Anglois y vivent avec autant de liberté que chez eux, & cependant dans l'espace de six mois, de septante à quatre-vingt personnes qu'ils étoient, ils n'en ont perdu qu'une. Le pays est fort montagneux. Les naturels de l'isle, sur-tout les femmes, ont de gros goîtres. Ils en attribuent la cause à une eau blanche & froide qui leur sert de boisson : il n'y a cependant point de neige dans ce pays. ——

Viennent ensuite des recherches sur l'air & sur les propriétés de diverses exhalaisons faites à York par le célebre docteur White. Nous passerons sous silence la description des lieux, de leur situation &c. Le principal instrument dont l'auteur s'est servi dans ses recherches importantes, étoit un tube ordinaire de baromètre, divisé en parties décimales de pouce. La quantité d'air qui remplissoit un verre de la contenance d'une once occupoit dans le tube un espace égal à 134 de ces portions décimales : en y ajoutant plein un verre de demi-once de gas nitreux, ce mèlange remplissoit tout le tube, qui contenoit 265 des mêmes

Z 2

parties. L'auteur introduifoit l'air dans ce tube par le moyen d'un entonnoir de verre qui y étoit ajufté & plongé fous l'eau (*f*); après quoi il y faifoit entrer le gas nitreux, en fuivant la même méthode. Il marquoit auffitôt l'efpace qu'occupoient les deux airs qu'il combinoit ainfi d'abord après leur introduction, & celui qu'ils occupoient trente minutes après (*g*). Il fouftrayoit le nombre qui exprimoit ce dernier efpace de celui qui défignoit le premier: la différence indiquoit donc la diminution cherchée.

Le volume d'une once d'air corrompu qui s'étoit dégagé de prunes putréfiées, étant mêlé avec celui de demi-once de gas nitreux, ce mélange monta jufqu'au 195ᵉ. degré de la divifion fufdite: il eft à remarquer qu'une partie du premier de ces gas avoit été abforbée par l'eau en la traverfant. Au bout de demi-heure la hauteur du mélange fe trouva encore au 195ᵉ. degré; preuve que ce premier gas étoit du gas méphitique.

Le 30ᵉ. augufte, notre obfervateur effaya l'air de fon jardin dans une pareille proportion pour le mélange: ce mélange alla jufqu'au 205ᵉ. degré; mais demi-heure après il fe trouva defcendu jufqu'au 145ᵉ.: ce nombre étant fouftrait du précé-

---

(*f*) Bien entendu que cet entonnoir y étoit ajufté le bout en haut. *Note de l'Editeur.*

(*g*) On fait que le gas nitreux eft un moyen que l'on met en ufage aujourd'hui pour reconnoître la pureté de l'air commun. Voyez l'ouvrage que j'ai publié en dernier lieu fous ce titre; *Deux mémoires fur les gas* &c. traduits du latin de Mr. SPIELMANN.——A Laufanne chez François Graffet 1782. in-12°; à la page 78. Corollaire troifieme. *Note de l'Editeur.*

dent, il reſtoit 60, qui exprimoit conféquemment l'état de pureté où étoit l'air ce jour-là. L'auteur ayant fait plus de deux cents expériences, le thermometre pendant ce tems-là avoit été conſtamment au 60e. ou 61e. degré (h).

Nous nous bornerons ici ſimplement à donner les réſultats de ces expériences. Un jour qu'il faiſoit une chaleur étouffante & feche, le ciel étant ſerein, Mr. WHITE a trouvé que l'air le moins pur étoit de ſoixante degrés : ce même jour on avoit éprouvé une légere ſecouſſe de tremblement de terre : au bout de la demi-heure, la pureté de l'air ſe trouva ètre de cinquante-huit degrés. Dans les jours pluvieux accompagnés d'un vent froid, elle fut conſtamment de ſoixante-huit degrés. L'air étoit moins pur par le vent d'eſt, mais il étoit le plus pur par le vent d'oueſt.

La différence de la pureté de l'air de l'intérieur de la ville étoit à celle de l'air du dehors comme 59° ou 60°, à 62°. L'air commun agité avec l'eau devenoit de deux juſqu'à quatre degrés moins pur. L'air pris auprès du lit d'un homme au moment où il alloit ſe coucher, alloit à ſoixante-deux degrés ; le lendemain matin il ne ſe trouva plus qu'à cinquante-huit : cependant cet homme couchoit ſeul dans une grande chambre ; il n'avoit tiré qu'un ſeul rideau de ſon lit, pour parer le jour de la fenètre qui donnoit ſur le jardin, & qui étoit ouverte.

Le mème air reſpiré auſſi longtems qu'il étoit

(h) Il s'agit ſans doute encore ici du thermometre de FAHRENHEIT, dont le ſoixantieme degré répond à très-peu près au dix-ſeptieme du thermometre de Mr. DE RÉAUMUR. *Note de l'Editeur.*

Z 3

possible est tombé de soixante-deux à quarante degrés.

La vapeur qui s'exhaloit d'un morceau de viande de veau fraiche, détériora l'air dans lequel elle avoit séjourné pendant vingt-quatre heures, au point de le faire descendre du soixante-quatrieme degré au cinquante-cinquieme : après qu'elle y eût séjourné encore durant vingt-quatre heures, la pureté de cet air se trouva encore diminuée de dix degrés ; cependant cette viande n'étoit point encore gâtée. Il s'étoit donc effectivement exhalé de cette viande une substance qui avoit corrompu l'air : cette substance étoit vraisemblablement du phlogistique, lequel donne une odeur de putridité lorsqu'il se dégage des substances animales, étant combiné avec des particules salines.

L'air d'un privé s'est trouvé presque aussi bon que l'air ordinaire. Mr. PRINGLE a donc raison de dire que les excrémens naturels n'infectent point l'air, ou du moins qu'ils l'infectent très-peu. Quant à ceux qui s'évacuent dans les maladies putrides, ils l'infectent assurément.

Les plantes fraiches, cueillies dans le tems qu'elles ont toutes leurs vertus, sur-tout les fleurs, & après elles les feuilles, alterent la pureté de l'air, & cela d'autant plus qu'elles sont d'un tissu plus serré & plus ferme. Par exemple, les feuilles d'ormiere altererent sa pureté au point, qu'au bout de demi-heure elle fut diminuée de onze degrés ; les feuilles de sauge ne la diminuerent que de six degrés ; celles de thym de cinq degrés : enfin celles de menthe poivrée & de menthe frisée ne la diminuerent que de quatre degrés. Mais après un séjour de vingt-quatre heures, elle se trouva diminuée par les exhalaisons des feuilles d'ormiere, de cinquante-huit degrés, & par celles des feuilles de sauge, de cinquante-deux degrés; ces plantes n'avoient cependant point encore de mauvaise odeur.

Cela fait voir combien peu il faut compter sur la vérité de ce qu'a avancé un auteur moderne, en disant, que les végétaux qui se pourrissent ont une propriété antiseptique, bien loin d'être capables d'infecter l'air. Cela prouve encore combien peu l'absence de la puanteur est un indice sûr pour nous faire éviter l'infection. Notre auteur dit encore plusieurs choses connues sur l'insalubrité d'un air renfermé. Au reste il observe très-bien, que les plantes qu'il a soumises à ces recherches avoient été séparées de leurs meres-plantes, & que par conséquent elles n'étoient pas dans leur état le plus parfait, ni dans celui de végétation; circonstance, dit Mr. TODE, qui doit faire envisager la chose sous un tout autre point de vue.

Les fruits récents corrompent aussi l'air. Le musc, le camphre, l'assa-fétida, le saffran bien séché, l'opium & le sel volatil du sel ammoniac, ne diminuent que très-peu sa pureté. Par contre, les fleurs & d'autres parfums semblables sont très-préjudiciables dans des chambres de malades.

L'eau des rivieres & des marais, quand elle n'est pas trouble, n'infecte point l'air qui séjourne à sa surface, mais bien lorsqu'elle est bourbeuse. Une pareille eau de marais bourbeuse a diminué la pureté de l'air de quinze à dix-huit degrés.

Mr. WHITE n'est point d'accord avec Mr. ALEXANDRE sur la conclusion que celui-ci tire, de ce qu'un morceau de chair avoit conservé sa fraicheur dans un air de cette nature, & il lui oppofe, avec raifon, cet aphorifme qui dit *que les miafmes, non plus que les médicamens, n'agif-fent point fur un cadavre.*

De la fange féchée n'a point corrompu l'air. Cela confirme auffi une vérité connue, c'eft que lorfque les mares & les marais font complette-ment defféchés, ils ne nuifent plus à l'air. Mais une pareille fange qui étoit feche, ayant enfuite été étendue dans de l'eau prit une puanteur ma-récageufe, & fit tomber l'air du foixante-deuxie-me degré au quarante-neuvieme. Il paroît, fui-vant cette expérience, que l'humidité, fur-tout lorfqu'elle eft aidée de la chaleur, occafionne une forte de fermentation.

Les recherches de l'auteur prouvent auffi qu'une inondation fuffifante diminue l'infection des exha-laifons marécageufes. Il a vu la boue des rues faire tomber l'air de huît degrés. La terre de jar-din lui a beaucoup moins fait perdre de fa pureté; enfin l'argille & le fable ne l'ont du tout point altérée. On voit encore par-là la raifon de la fa-lubrité d'une habitation placée fur de pareils fols.

Ce qui fuit eft tiré de la feconde partie du To-me *LXVIII des* Tranfactions philofophiques (i).

Relation de l'isle de St. Miguel (l'une des Açores), par Mr. MASSON.

Il fe trouve dans cette ifle des bains chauds qui font les plus excellens effets dans les affec-tions goutteufes les plus opiniâtres, dans la para-lyfie, & dans toutes fortes de maladies qui pro-

(i) TODE ibid. page 569.

viennent d'une acrimonie décidément virulente. Le pays rapporte abondamment tout ce qui est néceffaire pour la nourriture & pour les autres befoins, & le climat en est très tempéré ; la chaleur refte ordinairement entre le foixante dixieme & le foixante quinzieme degré.

Il eft un homme dans la comté de Lincoln qui ne connoit point de couleur verte : il prend quelquefois le rouge foncé ou le verd foncé pour la même couleur, & quelquefois le rouge pourpré lui paroît noir, &c. D'ailleurs fes yeux n'ont aucun défaut.

A Blandford, qui eft un lieu fort fain du *Dorfetshire*, il ne meurt qu'une perfonne fur trente-neuf.

Viennent enfuite deux mémoires, l'un de Mr. GUTHRIE de Pétersbourg *fur le régime antiputride des Ruffes*, & l'autre de Mr. MERTENS *fur le fcorbut & les antifcorbutiques*.

Mr. GUTHRIE dit qu'en Ruffie le payfan eft expofé à toutes les caufes capables de caufer le fcorbut de la plus mauvaife efpece, & que cependant il eft très-rare qu'il foit attaqué des maladies putrides. Il loge dans une cabane de bois étroite, dont l'air eft détérioré par la chaleur d'un fourneau conftamment brûlant, par la fumée des lampes, & par les exhalaifons des perfonnes qui s'y tiennent. Il dort fur ce fourneau. Il fe paffe quelquefois fix mois fans qu'il entre de l'air frais dans cette demeure. Les lits font de peaux, & les jointures des parois font garnies de mouffe. Ils mangent beaucoup de viande & de poiffon falé, & paffent tout l'hiver fans ufer d'aucune nourriture végétale fraiche. Mais au lieu de cela, il fait ufage d'un autre genre de nourriture, de laquelle il fe dégage beaucoup d'air fixe. En un mot, cela fait voir en général, que l'on doit faire un cas infini de la nouvelle méthode de guérir le fcorbut, puifqu'elle eft fi bien d'accord avec la découverte que les Mofcovites ont faite de l'antidote de cette maladie, & cela en fuivant fimplement l'inftinct de la nature.

Premiérement, le payfan Ruffe mange beaucoup de compôte aux choux : de plus, il ufe d'une boiffon qu'il appelle *quas* (*k*) ; il mange fa viande froide avec beaucoup de concombres, d'oignons, &c. & de bon pain de feigle.

Le *quas* eft de deux fortes, le *quas* ordinaire & un autre qui eft meilleur. L'un & l'autre fe préparent en faifant fermenter de la farine de feigle avec de l'eau, jufqu'à ce que ce mélange foit aigre : on y ajoute du *malt* pour avoir le *quas* de la meilleure qualité. Leur pain a pareillement une faveur fort aigre ; ils peuvent s'en fervir pour faire du *quas*, & ils en mettent à la foupe (*l*). Ceux qui habitent les côtes maritimes mangent toute leur viande dans la foupe ; jamais ils ne la mangent feule. Ils font beaucoup ufage de concombres accommodés en compôte avec du fel, comme auffi de grands raiforts & de raves qu'ils confervent dans le fable. La farine d'avoine leur fert auffi pour certains mets ; ils en prennent le fon

---

(*k*) On prononce *couas*. Note de l'Editeur.

(*l*) Les Polonois ont une boiffon femblable qu'ils appellent *Kwas*, ce qui fignifie boiffon aigre : les Lithuaniens en ont une autre qui y a beaucoup de rapport ; c'eft le *bartfch* dont j'ai parlé dans mon *Mémoire fur la plique polonoife*, imprimé à Laufanne en 1775, chez François Graffet. page 55. *Note de l'Editeur.*

qu'ils mettent fermenter & enſuite évaporer, pour en faire du levain. En un mot, ils uſent de beaucoup d'alimens & de boiſſons qui ont ſubi la fermentation acéteuſe.

Outre cela, les Ruſſes s'habillent fort chaudement, & ſe baignent fréquemment. Mr. GUTHRIE dit n'avoir vu nulle part, que dans la relation du capitaine COOK, que l'on recommandât de s'habiller chaudement ſur mer dans les climats froids.

Mr. MERTENS (m) a fait part à la ſociété royale de Londres de pluſieurs obſervations ſur le ſcorbut. Il regarde auſſi les viandes ſalées, (n) comme étant la cauſe du ſcorbut de mer, parce qu'elles fourniſſent un chyle qui tient trop de la nature animale. Les végétaux cruds ſont aſſurément plus antiſcorbutiques que ceux que l'on a cuits ou que l'on a ſimplement chauffés ſur le feu. C'eſt ce que confirment les expériences que l'auteur a faites à Moſcou. Le ſcorbut y eſt fort rare parmi les gens du peuple, mais il eſt d'autant plus fréquent chez les gens aiſés. Ces derniers mangent beaucoup de viande & de poiſſon, tant de ſalé que de frais; ils font peu d'uſage des légumes, ſi ce n'eſt qu'ils mangent de tems à autre une ſoupe aux choux; enfin ils mangent peu de pain. Ils boivent du *quas*, de la biere, du

---

(m) Ce médecin s'eſt déja fait connoître très-avantageuſement par d'excellentes obſervations de médecine *ſur les fiévres putrides & la peſte de Moſcou* &c. publiées en latin à Vienne 1778. 8°.

(n) Le mot allemand ſignifie alimens ſalés en général: mais je crois qu'il eſt ici queſtion des viandes ſalées ſpécialement. *Note de l'Editeur.*

porter (o), & du brandevin. Il eft vrai que les gens du commun mangent auffi journellement de la viande falée, & du poiffon les jours maigres, (qui reviennent très-fouvent), & que ce poiffon eft accommodé avec une huile puante. Mais ils cuifent toujours ces mets avec leur foupe aux choux, dans laquelle ils mettent beaucoup de gruau : en été ils mangent auffi beaucoup de concombres & en falent pour l'hiver : outre cela ils font un grand ufage du pain de feigle. Au refte ils vivent dans des huttes étroites & font fort mal-propres, queiqu'ils fe baignent fréquemment. Mais ce qui contribue le plus à les guérir du fcorbut, c'eft l'ufage abondant qu'ils font des plantes potageres fraiches, telles que les oignons, les radis, les raves, les pois avec leurs gouffes ; & de toutes fortes de petits fruits aigres.

Dans l'hôpital des enfans trouvés de Mofcou, le fcorbut regne parmi les enfans pendant l'hiver & le printems. Cet hôpital eft fitué fur le confluent de deux rivieres.

Voici quels étoient les fymptômes de ce fcorbut : l'enflure des gencives, une haleine puante, une grande foibleffe, un teint cachectique & plombé : enfuite les gencives devenoient livides ; il furvenoit des puftules à la bouche qui puoit exceffivement & avoit une apparence gangréneufe ; la mâchoire étoit attaquée, les dents & leurs alvéoles tomboient ; les malades pouvoient à peine fe remuer : cependant ils avoient bon appetit & n'avoient point de fievre. Quelques-uns avoient dès le commencement aux jambes, les taches &

(o) Le *porter* eft une efpece de bierre plus forte que la bierre de table. *Note de l'Editeur.*

des écailles seches qui se manifestent ordinairement dans cette maladie; mais chez d'autres ce
symptome ne paroissoit que dans la suite. Presque
tous avoient les jambes enflées. Plusieurs avoient
des contractures aux genoux & les jambes reti-
rées : on a même vu deux malades qui avoient la
contracture aux bras. A la fin la partie écailleuse
de la mâchoire supérieure tomboit. Le mal faisoit
des progrès très-lents, & l'appetit se soutenoit
jusques à la fin. Ces malades poussoient souvent
des plaintes, mais c'étoit toujours d'une voix
foible & sans crier. Il n'y en avoit aucun qui
fût au dessus de l'âge de deux ans.

Il y avoit lieu à la guérison, lorsque l'os de
la mâchoire supérieure n'étoit pas encore attaqué.
Mr. MERTENS commençoit par ordonner la diéte
végétale, & d'user de beaucoup de légumes, de
choux aigres &c. Il faisoit boire du *quas* aux plus
âgés & de l'eau aux plus jeunes. Au printemps il
leur faisoit boire du petit-lait préparé avec des
herbes fraîches. Il leur faisoit user d'un gargaris-
me composé d'une infusion de sauge, de rue, d'ai-
gremoine, mêlée avec de l'esprit de cochléaria.
Lorsque la gangrene se manifestoit, il employoit
le quinquina en décoction, intérieurement & extérieurement, & un onguent composé de miel
rosat & d'un peu d'esprit de sel.

Ces remedes réussirent pendant les trois premieres années. Mais plusieurs enfants ayant été
placés dans une aîle de l'hôpital qui n'étoit pas
encore bien séche, il se manifesta bientôt un scorbut plus violent & plus opiniâtre, que l'on com-
battit inutilement, quoique l'on transportât les
malades ailleurs, & que l'on employât le traitement susdit. Mr. MERTENS mit donc ses malades

à l'usage des raves, des carottes & des raiforts cruds &c. pour le déjeuner & le goûter : à l'heu-re du diner il leur faisoit donner une salade ou-tre les mêmes mets, & à souper des légumes & de la salade. Dans peu de jours il se fit un amen-dement des plus sensibles. L'auteur n'avoit point encore entendu parler alors (en 1771) des ver-tus du *malt*, autrement il en auroit aussi fait usage. Cependant le *qtas* a beaucoup de rapport avec l'infusion du *malt*, si ce n'est qu'il a déja subi la fermentation, & qu'il a une saveur ai-grelette. On l'assaisonne de menthe sauvage en place de houblon.

Cette méthode a pareillement réussi à souhait les années suivantes : il est vrai que le scorbut n'étoit plus aussi commun ni aussi fâcheux, par-ce que le bâtiment avoit eu le tems de se sécher complettement, & que l'on en avoit dégagé le sol, afin qu'il se trouvât plus élevé.

Cet estimable auteur finit par donner un con-seil pour les gens de mer, c'est que tout au moins l'on ait sur les vaisseaux une petite provision des racines susdites enterrées dans du sable ; afin de pouvoir les substituer à la compôte aux choux lorsqu'elle vient à manquer. Aussi-tôt, ajoûte-t-il, qu'un vaisseau aborderoit quelque part, on de-vroit faire donner des herbes à l'équipage : on épargneroit ainsi beaucoup de tems. L'estomac supporteroit sûrement cette nourriture. On pour-roit essayer pareillement de la compôte aux raves, telle qu'elle est en usage en Autriche, & qui se fait en les salant & les mettant fermenter.

XIV.

CAROLI STRACK,

Medicin. Doctor. Sermones academici , &c.

C'est - à - dire :

Deux discours académiques , le premier sur les gardes-malades , le second sur les tromperies des nourrices mercenaires ; prononcés dans l'auditoire de l'université de Mayence , par Mr. CHARLES STRACK , Docteur médecin , professeur en cette faculté dans l'université de Mayence , conseiller aulique de S. A. Electorale , membre de l'académie des sciences utiles d'Erfort & de celle de Gießen , &c. A Francfort sur le Mein , chez ANDRÉ 1779 , quatre feuilles en tout.

CEs deux discours , dit Mr. TODE (a) , sont très-bien écrits , pleins de force , & dignes de la réputation distinguée dont jouit avec raison Mr. STRACK ; & ils méritent d'être lus & médités avec soin par les jeunes praticiens. Il seroit même à propos que l'on insérât dans les almanachs ce qu'ils offrent de plus utile au public , & que l'on cherchât à le répandre par tous les autres moyens possibles parmi le peuple. On doit toujours regarder les empiriques & les charlatans comme des anges exterminateurs ; mais les mauvaises nourri-

(a) Ibid. p. 567.

ces & gardes-malades, méritent réellement beaucoup plus souvent cette qualification odieufe. Ces
déteftables créatures rendent inutiles les foins &
l'art du plus habile médecin, & détruifent en une
nuit l'ouvrage qu'il a eu bien de la peine de mettre en état pendant le jour. Les nourrices & les
gardes-malades tuent la moitié des perfonnes qui
meurent au berceau & dans les hôpitaux.

Les jeunes médecins peuvent apprendre en lifant cette brochure, qu'il feroit beaucoup plus
important pour eux d'avoir la prudence & l'a-
dreffe néceffaire pour ne pas fe laiffer duper ou
circonvenir, que de jouer le role de philofophes
& de philanthropes. Ces philofophes légers & fu-
perficiels qui font profeffion de quinteffencier le
fentiment, imaginent toutes fortes de belles chofes, tandis qu'ils ne penfent pas qu'ils fervent de
jouet à une garde-malade. Il y a tel de ces médecins qui traitent la pratique en fubtils méta-
phyficiens, qui s'étonnant du changement fubit
qui arrive dans une maladie, fe perd avec com-
plaifance dans des raifonnemens fur les tranfmu-
tations & les métamorphofes des maladies, eft au
guet? pour découvrir les routes fecretes de la nature, ou fe donne bien de la peine pour trouver
de la malignité dans les premieres ou dans les
fecondes voies, tandis qu'il ne la cherche point
là où elle eft réellement,.... chez la garde-
malade.

X V.

X V.

MEDICINISCH-PRAKTISCHE
Bemerkungen von D. ALEXANDER BERN-
HARD KŒLPIN profeſſor und ſtadt-phyſicus
zu alten Stettin. Erſtes heft. Wie auch Prak-
tiſche bemerkungen über den gebrauch der
Sibiriſchen ſchneeroſe, &c.

C'eſt-à-dire :

*Obſervations de médecine-pratique, par Mr.
ALEXANDRE BERNARD KŒLPIN, Docteur
& profeſſeur en médecine, & médecin pen-
ſionné de la ville de Stettin. Premier cahier.
Et Obſervations pratiques ſur l'uſage du Rhododendron de Sibérie à fleurs dorées, dans les
affections goutteuſes & rhumatiſmales, par
le même, avec une planche. A Berlin & à
Stettin, chez NICOLAI 1779, in-8°. de 115
pages.*

ON voit, dit Mr. TODE (a) par ces deux
titres, que Mr. le profeſſeur KŒLPIN ſe propoſe
de continuer à nous faire part de ſes obſervations : elles ne pourront que plaire infiniment
aux gens de l'art, ſi elles ſont auſſi intéreſſantes
que celles-ci.

    La plante dont il s'agit ici a été miſe par MR.
GMELIN au nombre des *andromedes*. Mais MR.
PALLAS qui a le premier donné connoiſſance de

_____

(a) Ibid. p. 582.

Tome I.   A a

cette-plante à notre auteur, en lui en envoyant une petite provifion, l'appelle *rhododendrum chryfanthum*. Elle croît fur les fommets chauves des montagnes de la Sibérie. Les habitans de ce pays en font une forte de décoction qu'ils boivent pour fe délivrer des douleurs de goutte & de rhumatifme. Cette décoction caufe des vertiges & excite dans la partie un fourmillement, à la faveur duquel toutes les douleurs fe diffipent. Deux dofes, ou même fouvent une feule, font fuffifantes pour la guérifon. On la donne auffi dans la maladie vénérienne, mais elle ne la détruit pas comme les douleurs de goutte & de rhumatifme. Si l'on boit de l'eau froide | après ce remede, il fait vomir & il purge. Mr. PALLAS croit que l'on pourroit faire des recherches analogues avec le *rhododendron ferrugineux* qui croît en Norvege (*b*). Cette décoction enleve auffi les obftructions internes.

(*b*) Le rhododendron ferrugineux croît auffi en abondance fur nos Alpes dans des lieux pierreux ; il n'eft pas fi commun fur le mont Jurat, mais il l'eft beaucoup en France. Cependant comme cette plante eft mife au rang des vénéneufes, il eft à-propos d'être fort circonfpect dans les effais que l'on voudroit en faire : voyez mon *Hiftoire des plantes vénéneufes de la Suiffe*, page 237 de l'édition d'Yverdon, au mot *Rhododendron ferrugin.* Il eft une autre plante analogue à celles-ci, favoir l'andromede à feuilles de polium (*Andromeda poliifolia* LINN.) qui croît pareillement en Suiffe, & qui, au rapport de Mr. HILL, eft connue avantageufement dans l'Amérique feptentrionale, comme étant propre à guérir le rhumatifme, en en buvant l'infufion théiforme. Le romarin fauvage (*Ledum paluftre* L.) qui appartient encore au même ordre de plantes, paffe auffi pour avoir des vertus analogues. *Note de l'Editeur.*

La defcription botanique, auffi bien que la figure de la plante eft tirée de la troifieme partie des voyages de Mr. PALLAS. Voici comment Mr. KŒLPIN la définit ; *rhododendrun chryfanthum, foliis nitidis, ovalo-lanceolatis, venofiffimis, margine reflexo, floribus fubumbellatis* (c). Elle appartient à l'ordre naturel des *bicornes*, ou plantes dont les antheres fe terminent par deux petites cornes. Elle n'a point d'odeur, mais elle a une faveur âpre, amere & aftringente. Ses branches & fon écorce ont auffi une certaine âcreté. La décoction de ce rhododendron reffemble beaucoup à une forte infufion de thé bou. Notre auteur a fait digérer pendant vingt-quatre heures jufqu'à les faire bouillir, deux dragmes de l'herbe & des tiges dans neuf onces d'eau. Il lui eft refté huit onces de colature.

(c) C'eft-à-dire : *Rhododendron à fleurs dorées, ayant les feuilles luifantes, ovalo-lancéolées, très-veineufes, à bord replié, les fleurs fous-ombelliformes.* Note de l'Editeur.

XVI.

ULRICH CHRISTOPH SALCHOW....
Eröfnet seine erfundene heilung, und gänzliche tilgung der rind-viehseuche.

C'est-à-dire :

Publication faite par Mr. Salchow, Docteur en médecine, professeur & physicien à Meldorf dans la Dithmarsie méridionale, du remede qu'il a inventé pour la guérison & l'extirpation totale de la maladie des bœufs & des vaches. A Hambourg, chez Gleditsch 1779, in-8°. de 88 pages.

Trente-cinq ans de pratique dans l'art vétérinaire assurent à l'auteur l'attention du public. Il a mis au jour à Berlin en 1755, un traité de l'examen & de la guérison de la maladie de ces animaux, qui lui attira un ordre du roi de Prusse de se rendre dans la Marche de Prignitz, d'y rechercher les causes de l'épizootie qui y régnoit, & d'y essayer ses remedes. Il obéit avec zele, & malgré qu'il n'y rencontra pas toute l'assistance nécessaire, il obtint l'approbation du directoire général Prussien, & du college de santé ; car toutes les vaches qui prirent de sa poudre seulement trois fois guérirent, ainsi que les certificats des magistrats de la ville & des maires des villages en font foi. Entr'autres Mr. Schreiber, pasteur à Putlitz, atteste avoir guéri deux de ses vaches avec cette poudre ; & de vingt pieces de gros bétail que contenoient les étables de Mr. Schulze, fiscal de la cour au même lieu ; dix-huit qui ont pris de la poudre ont été fauvées, & les deux autres auxquelles on n'en avoit pu donner, parce qu'elle avoit été épuifée ailleurs, font mortes de la maladie.

Nonobftant des préjugés fi favorables pour le remede, il tomba dans l'oubli pendant l'abfence de l'auteur, que fes affaires appellerent à Péters-bourg & ailleurs. Le directoire général qui pouvoit le recommander, & ordonner aux apothi-caires d'en tenir une provifion toujours prête, écouta d'autres médecins qui furprirent fon atten-tion à force de vanter de prétendus fpécifiques qui n'ont fervi à rien. Cependant de nouvelles expé-riences ayant confirmé l'auteur dans l'opinion que l'épidémie des beftiaux n'eft point incurable, au défaut du premier remede, dont la préparation exige quelque tems, il a eu recours à d'autres plus ou moins difpendieux, qui lui ont encore réuffi.

Comme non feulement la plupart des gens de la campagne employent fouvent des remedes inu-tiles & mêmes contraires, mais qu'auffi ils n'em-ploient pas les bons remedes au tems convenable, ou qu'ils n'en continuent pas l'ufage affez long-tems, qu'ils n'obfervent pas affez foigneufement les premiers fymptomes du mal, pour adminiftrer le remede plus à propos, qu'ils fe fient plutôt à des charlatans ignorans & vagabonds qu'à de fa-vans médecins & à leurs fupérieurs, qu'ils admi-niftrent le remede tumultuairement, & qu'ils exi-gent injuftement que le même guériffe en un clin-d'œil & en tout tems l'animal déja aux prifes avec la mort, comme celui qui n'a effuyé que les pre-miers accès; on voit que bien des obftacles s'op-

posent à ce qu'il soit facile d'extirper promptement une épidémie par les voies ordinaires : c'est
pourquoi Mr. SALCHOW a imaginé une méthode
qui donne en effet la maladie aux bêtes saines,
mais pour les guérir aisément, & pour les en
mieux préserver à l'avenir.

Les médecins les plus renommés demeurant
dans les villes ne sont pas à portée d'observer
jour & nuit, en tout tems & à toute heure, tous
les périodes des maladies des bêtes à corne, &
Mr. SALCHOW convient qu'après trente ans d'é-
tude, il ne les auroit pas assez connües, si la vie
champêtre qu'il mene à Meldorf ne l'avoit mis
dans le cas de visiter ses propres vaches à tous
momens. Ce petit ouvrage contient le résultat de
ses expériences, & sa méthode de guérison qui
est appropriée à la nature de la maladie. La cure
ne dure pas plus de quinze jours, pendant lequel tems on peut préserver du mal des milliers
de bêtes. Le premier chapitre présente une expo-
sition abrégée des principes, avec l'histoire de la
guérison fondée sur ces principes : le second &
dernier prescrit la méthode de guérison avec des
observations pratiques. On verra que pour réussir
avec certitude suivant cette méthode, 1°. il ne
faut ordinairement l'appliquer qu'à des bêtes saines,
n'importe quel en soit l'âge & le sexe ; 2°. qu'elles
ont besoin d'y être préparées ; 3°. qu'il est nécessaire de donner le remede à tems ; 4°. & enfin,
qu'il y a encore des précautions à observer après
la guérison.

CHAPITRE I. On établit pour principe fonda-
mental que les bœufs & les vaches ont une constitution particuliere & une conformation naturelle,
qui les disposent à recevoir seuls le levain ou ve-

nin d'une certaine contagion, de manière à leur
caufer une fievre inflammatoire, maligne & mortelle, qui fe communique aux animaux de la mème efpece, & s'étend par la tranfpiration, tandis
que les animaux d'une efpece différente n'en font
point incommodés. Il s'agit donc pour obtenir
une cure radicale, d'ôter des corps de ces bêtes
la difpofition à mettre les levains morbifiques en
une fermentation, pour qu'ils n'engendrent plus
la contagion & la mort. Des remedes adminiftrés
à-temps, ou quelquefois les feules forces de la
nature ont fuffi au rétabliffement de bètes malades; ainfi l'on ne doit pas defefpérer de détruire
par le fecours de l'art leur difpofition au mal,
foit innée, foit reftée dans le veau après fa naiffance, par le défaut d'une purgation fuffifante. L'inoculation peut fervir ici à attirer le venin & fon
véhicule vers quelque partie extérieure du corps,
au moyen de quoi les parties nobles en fouf-
friroient moins, & le foyer qui l'exhale feroit
éteint.

Un efprit d'économie mal entendue eft caufe
qu'en plufieurs endroits, afin de conferver le
premier lait pour l'ufage de la maifon, on ne
nourrit les veaux nouveaux-nés qu'avec de vieux
lait pendant les trois ou quatre premieres femaines,
tandis que le premier lait ou le lait frais qui le
fuit, feroit pour les jeunes veaux le meilleur
purgatif & le meilleur corroboratif : c'eft peut-ètre
de là que dérive leur difpofition à la maladie.
Au moins on rapporte, que dans quelques contrées d'Allemagne, comme dans le Stolberg, où
les veaux tettent le lait de leur mere pendant
les trois ou quatre premieres femaines, on eft
moins expofé aux maladies contagieufes du bétail.

L'imagination d'inoculer les bêtes n'eſt point nouvelle ; car quelques médecins ayant eſſayé cette inoculation, pluſieurs bêtes en ſont mortes, & d'autres n'en ont pas moins depuis eſſuyé la contagion, dont elles ſont mortes auſſi ; ce qui a fait renoncer à cette pratique, ſans conſidérer que le défaut de ſuccès eſt provenu de ce qu'on a laiſſé trop longtemps ſéjourner dans le corps des animaux le venin qui y a été introduit, & qu'il y avoit pris trop de force. En effet, les expériences réitérées de Mr. SALCHOW lui ont réuſſi, quand il a eu la précaution, après avoir excité la maladie, d'en favoriſer l'iſſue auſſi promptement qu'il a été poſſible, ſans lui donner le temps en ſe domiciliant dans le corps, d'y corrompre entierement les liquides, d'attaquer les ſolides & de produire des inflammations dangereuſes. Il conſeille, par une inciſion faite à l'animal, de lui communiquer le levain de la maladie, de maniere qu'étant porté par la circulation dans les liquides, il allume les humeurs naturellement diſpoſées à le recevoir, & qu'il puiſſe être promptement évacué avec elles par la même inciſion. Les humeurs diſpoſées à recevoir le levain ou venin étant évacuées avec lui, le retour eſt fermé à la maladie. Afin de mieux procurer cette évacuation, il faut accompagner le ſéton des remedes internes qui conviennent. Peut-être que l'inoculation n'a mal réuſſi entre les mains de pluſieurs, que parce qu'ils ont laiſſé trop long-temps dans la plaie, comme cinq ou ſix jours, leurs fils chargés de la matiere morbifique. Par-là ils ont bien communiqué le levain & mis les humeurs en fermentation, mais ce levain & ces humeurs n'ayant pas trouvé une prompte iſſue, ils ont cauſé une inflammation intérieure & une fievre chaude & maligne qui a été fuivie de la mort.

La mobilité du féton avec la préparation & le traitement de l'animal, eft ce qui diftingue la méthode de Mr. SALCHOW. L'animal qu'on veut inoculer doit être affujetti à une diète qui modere la fievre & ne gène point l'eftomac. C'eft pourquoi il eft bon de ne lui point préfenter en ce tems de fourrage dur, comme les feves, le foin & la paille, & de le nourrir d'alimens fluides. On a vu des animaux dont on avoit défefpéré, fe fauver par la feule abftinence du fourrage & la refpiration de l'air libre.

Cependant pour mieux foigner les animaux, il eft néceffaire de commencer la cure dans l'étable. L'on peut fe difpenfer de mettre dans une étable particuliere, ceux qu'on veut entreprendre, parce qu'on fera bien de les inoculer tous en même tems. Par ce moyen, en trois femaines la maladie peut être prévenue & extirpée de toute une paroiffe, & même de tout un pays.

Mr. SALCHOW raconte comment il a fait fur un veau l'effai de fes principes de guérifon. Dès que ce veau étoit venu au monde, on l'avoit faupoudré & frotté de fel, on lui en avoit mis auffi un peu dans le mufeau ; enfuite on l'avoit laiffé vingt-quatre heures fans nourriture, & on l'avoit fait auffi jeuner pour qu'il fe déchargeât autant que poffible de fes ordures. Depuis le fecond jour jufqu'au quatrieme, on lui donna le matin, à midi & au foir, chaque fois une demi-chopine du lait de fa mere. Le cinquieme jour on lui en donna le quart d'une chopine feulement le matin, & autant le foir. Ce jour là, le 19 Mai, on commença de le préparer à l'inoculation, en mêlant

dans ce lait fraichement tiré, une pareille quantité d'eau tiéde, & en jettant dans la portion du
matin la poudre préparatoire pour bien purger l'a-
nimal & fortifier ses entrailles contre l'action
du venin.

Le 20 Mai, sixieme jour de la naissance de l'a-
nimal, il fut transferé de la grande étable dans
une plus petite pour y recevoir la maladie. Ce
matin même on avoit enduit un gros fil de coton
plié en quatre & long de huit pouces, du venin
de la maladie tiré des narines & du coin des yeux
d'une vache qui en étoit malade à mort, & qui
en est morte en effet depuis. Le fil imprégné de
la viscosité morbifique fut porté dans une boite
au lieu où l'on en fit usage avant midi. On
coupa avec des ciseaux deux pouces de long &
autant de large du poil du veau sur l'épaule, à
trois ou quatre pouces du dos. A cet endroit on
souleva un peu la peau avec la main gauche, &
de la droite avec un instrument aigu, on perça
la peau ainsi élevée d'un côté à l'autre : on y passa
le fil imprégné de la matiere morbifique, avec une
aiguille d'emballage, & on fit des nœuds à chaque extrèmité pour le retenir, en sorte qu'il fût
facilement mobile du haut en bas & du bas
en haut.

Après cette opération, on donna au veau sa mesure de lait mêlé avec autant d'eau tiéde, & l'on
fut exact à ne la lui donner que trois fois par
jour, malgré la faim & la soif dévorantes qu'il
témoignoit par ses beuglemens. Le troisieme jour
de l'inoculation & le quatrieme de la cure, les
excrémens parurent plus durs qu'à l'ordinaire :
l'appétit extraordinaire est le premier signe de
l'apparition de la maladie. Dès ce troisieme jour

les autres fignes de la maladie commencerent à fe manifefter, tels que la dureté de la fiente avec quelque épreinte, la trifteffe, la froideur des oreilles, & quelques heures plus tard celle des narines & du mufeau. Déja au quatrieme jour la plaie exhaloit de la mauvaife odeur. Le feptieme jour la plaie ayant jetté pendant plufieurs jours beaucoup de pus fétide, toutes les fois qu'on remuoit le féton, & qu'on le tiroit du haut en bas & du bas en haut; on ôta le féton. Cependant l'animal fut foumis à la même diéte depuis le huitieme jour jufqu'au quinzieme, pendant lefquels on exprimoit trois fois par jour le pus de la plaie, lequel s'épaiffiffoit dans les derniers jours. Alors la guérifon fut eftimée complette, d'autant que le huitieme & le neuvieme jour & les fuivans l'animal avoit repris fa gaieté, & que la rougeur remarquée au blanc des yeux le feptieme jour, s'étoit entiérement diffipée. *La plaie fe ferma naturellement & fans appareil.

Pour s'affurer que l'animal n'étoit plus dorénavant fujet à la contagion, le dixieme jour après l'inoculation, il lui fallut fubir une rude épreuve. Pour cela il fut conduit dans une étable que la maladie venoit d'infecter violemment, & où une vache qui en étoit morte le matin, étoit encore couchée & une autre étoit mourante. Là on lui fit flairer la fiente des bètes morte & mourante; on lui fit lécher la vifcofité maligne de leur mufle, de leur nez & de leurs yeux; & on lui en frotta le corps, qu'il lécha encore lui-même avec fa langue à la maniere de ces fortes d'animaux: puis il fut ramené à fon étable. Ceci fe paffa à huit heures du matin, deux heures après que le veau eût pris fa pótion liquide. D'abord il parut trifte

& flairer autour de lui comme s'il eût été défa-
gréablement affecté ; il fe coucha pendant quelque
temps, enfuite fe leva & fe mit à fauter, de maniere à prouver que le venin lui avoit caufé de
la répugnance fans autre mauvais effet. On ne lui
donna depuis aucun remede, pour voir fi les
fymptomes du mal ne l'annonceroient point de
nouveau. Il ne s'en montra aucun. A midi il
avala fa potion avec appétit, & après-midi la gaieté
lui étoit revenue : d'où l'on peut conclure que l'i-
noculation pratiquée comme il a été dit, détruit
la difpofition à être de nouveau infecté.

La cure ayant été terminée au bout de quinze
jours, on a remis l'animal peu-à-peu à la nourriture ordinaire dans le pays. Il s'eft maintenu plein
de fanté au milieu des maladies regnantes, & il
a furpaffé en embonpoint tous les veaux de fon âge.

Voilà une méthode qui n'eft ni difficile ni dif-
pendieufe, ce qui doit la recommander, quand
même elle ne feroit pas l'unique falutaire.

CHAPITRE II. Il faut raffembler dans une ou
plufieurs étables faines tous les taureaux, vaches,
veaux & bœufs qu'on veut conferver par l'inoculation ; parce qu'il feroit trop embarraffant de les
foigner dans les champs. Il ne s'agit que de ceux
qui ne font point encore attaqués de la maladie,
quoique la même méthode qui attire le venin au
dehors, pût avoir auffi fon utilité à l'égard des
autres, dont les parties nobles ne feroient pas
encore mortellement offenfées. Quand les animaux
font raffemblés pour le traitement, on ne leur
fournit plus de nourriture crue ou dure, telle
que le foin, la paille & la vefce, mais on donne
à chacun quatre ou cinq chopines d'eau tiéde,
dans laquelle on a mêlé environ deux livres ou

fix poignées de gruau d'avoine. Dans la premiere chopine de cette eau d'avoine, on jette une demi-once de la poudre de préparation, on la lui fait avaler, & enfuite le refte de la potion. La quantité de quatre à cinq chopines d'eau mêlée de gruau, eft celle qui convient aux animaux qui ont atteint au moins un an, trois fois par jour ; favoir, le matin à fix heures, à deux heures après midi & à fept heures du foir. Ce doit être leur unique nourriture jufques-à ce qu'ils foient guéris. Dans tout cet intervalle il faut tenir l'auge nette, n'y mettre aucun fourrage, & renouveller tous les jours la litiere fraiche ; & afin que l'animal ne dévore point fa litiere & ne léche point fa bleffure, on le tient lié fort court. L'étable doit être ouverte quelques heures dans la journée pour la circulation de l'air.

Les veaux nouveaux-nés fe traitent comme il a été rapporté au chapitre précédent, avec l'attention de ne mettre que deux gros de la poudre dans leur potion, & pour les animaux intermédiaires à proportion. Voici la compofition de cette poudre :

Prenez de fel commun une once & deux gros,
de tartre rouge crud une demi-once,
d'antimoine crud pulvérifé deux fcrupules,
de manganaife piémontoife très-finement pulvérifée, deux fcrupules (a).

Mèlez le tout enfemble, c'eft la poudre de préparation.

_____

(a) Les Editeurs de *l'Efprit des journaux* fe fervent ici du nom de magnéfie que l'on donne auffi à la manganaife, mais je préfère cette derniere dénomination, pour éviter que quelques lecteurs ne tombent

Elle eſt fort utile par ſa propriété de purger & de fortifier en même temps les organes de la digeſtion. La manganaiſe eſt un antidote fortifiant: les jeunes veaux doivent être quelque temps expoſés à l'air frais immédiatement avant que d'être traités, autrement pluſieurs ne prendroient peut-être pas la maladie.

Le ſecond jour du traitement, c'eſt-à-dire le jour qui ſuit la purgation, on coupe la longueur & la largeur d'un demi empan du poil de la bète ſur l'omoplate, & en ſoulevant la peau on la perce du haut en bas avec une groſſe aiguille, afin de paſſer à travers les ouvertures un fil groſſier de coton plié en huit, chargé de la matiere morbifique tirée des yeux & des narines d'une bète malade de la maladie contagieuſe. Ce fil doit être noué en dehors & pouvoir ſe remuer à volonté dans la plaie. Il ne doit pas être imprégné depuis plus de trois jours. La matiere qui ſeroit tirée de la bouche n'auroit pas tant d'activité, étant plus délayée par la ſalive.

Depuis le ſecond jour juſqu'au ſeptieme, tout le traitement conſiſte à préſenter à chaque animal, trois fois par jour, la potion marquée pour ſa nourriture, & en même temps à élever le matin en haut de deux pouces le fil de l'inoculation, & à le baiſſer d'autant à midi & le ſoir. Le ſeptieme jour on ôte entiérement ce fil, & on l'en-

dans l'erreur, & ne prennent la mine de fer connue ſous ces deux noms & qui eſt noire, pour la magnéſie que l'on employe fréquemment en médecine à titre d'abſorbant, & qui eſt une ſubſtance calcaire, blanche & très-différente de la manganaiſe. *Note de l'Editeur.*

terre profondément: on peut ajouter à la potion un peu de foin léger & fec, & en été un peu de bonne herbe, & fi l'on voit que la bête mange & rumine avec appétit; mais il lui en faut donner en ce cas moitié moins que dans l'état de fanté.

Depuis le feptieme jour jufqu'au quinzieme, chaque fois qu'on donne à l'animal fa nourriture, on preffe la plaie du haut en bas pour en faire fortir le pus, qu'on effuye avec un morceau d'étoffe de laine ou une feuille de chou; on effuye auffi la matiere qui pourroit s'être arrêtée à l'ouverture d'en-haut. À la fin de la cure il faut enterrer ou brûler l'étoffe, de maniere que les bêtes ne puiffent y toucher: il en eft de même de la feuille de chou qu'il faut enterrer chaque fois.

Quand au quinzieme jour il ne fort plus de pus de la plaie, mais feulement un peu de fang, fi l'on exprime fort, on ceffe déformais d'exprimer, & on laiffe la plaie fe cicatrifer d'elle-même. On la vifite néanmoins de tems en tems pour la tenir nette & empêcher que les mouches ne s'y établiffent.

On peut ordinairement au bout de ces quinze jours envoyer l'animal au pâturage, & l'employer à fon fervice accoutumé: & c'eft un des grands avantages de la méthode, que la maladie artificielle foit fi bénigne, qu'elle ne détruife point les forces comme la naturelle, outre que cette méthode eft très-facile & ne coûte prefque rien.

On trait les vaches à lait jufqu'au feptieme jour de la cure, quand elles ne donneroient que quelques gouttes de lait; mais depuis le quatrieme jour jufqu'au feptieme il n'eft bon qu'à jetter au fumier.

À quelque épreuve que l'on ait foumis les bêtes

ainfi traitées, elles n'ont point pris une nouvelle infection. On ne confeille pas néanmoins de multiplier inutilement ces épreuves.

Il eft à-propos d'inoculer le même jour toutes les bêtes de la même étable. Il ne faudroit pas s'épouvanter fi fur plufieurs centaines de pieces de bétail, il en mourroit quelqu'une dont la mort, fi elle furvenoit, doit être attribuée à d'autres caufes.

On peut mettre pour les grands bœufs de Pologne & de Jutland, une demi-livre de gruau de plus dans leur eau chaude. A l'égard des autres, il faut être inflexible quelque appétit qu'ils témoignent.

Les inoculations effayées en Angleterre & en Hollande ont peu réuffi, parce qu'on a excité la maladie fans ouvrir l'iffue à fon venin, parce qu'on n'y a pas préparé les bêtes, parce qu'on ne leur a pas ôté affez tôt le fourrage crud & indigefte, & parce qu'on n'a pas changé ou détruit l'aptitude de leurs humeurs à être mifes en fermentation par un nouveau levain. Les divers genres de maladies contagieufes, peuvent fe guérir de la même maniere, en inoculant le venin forti avec les modifications qu'exigent les circonftances.

Mr. SALCHOW ajoute un exemple de l'inoculation pratiquée fur une geniffe d'environ un an, qui commençoit d'avoir la maladie. Le treizieme Janvier 1779, il lui donna la poudre préparatoire, & il lui inocula la matiere tirée d'une vache très-malade. Celle-ci devint auffi plus grièvement malade que celles qui ne reçoivent la maladie qu'artificiellement. Le phlegme purulent lui coulant abondamment de la plaie; des yeux, du

nez

nez & des levres, on avoit foin d'effuyer fréquemment toutes ces parties. Le dixieme jour
après l'inoculation, la gorge parut enflammée,
& enfla au point qu'elle ne pouvoit plus rien
avaler, quoiqu'elle parût encore defirer de boire
& de manger. L'inflammation paroiffoit moins
une fuite de la maladie, que l'effet de la fituation
de cette bête expofée à un vent coulis froid dans
une faifon auffi rude. On prit de l'eau de faturne, c'eft-à-dire, de l'eau diftillée ou de l'eau de
pluie bien filtrée, dans laquelle on avoit mèlé
une once d'extrait de faturne par bouteille; &
après qu'on eut bien raclé la langue & la gorge
de l'animal avec une petite plaque d'argent attachée à un manche de fer, afin de les nettoyer
de leur vifcofité, on les lava fortement avec un
linge trempé dans cette eau chaude. Enfuite on
lui lia autour du cou un fac rempli de gruau d'a-
voine, & humeclé de cette eau : on boucha toutes les fentes du treillis, & on lui donna de bonne litiere pour qu'il paffât la nuit chaudement.
Le lendemain l'enflure commença de fe diffiper,
la geniffe but & mangea, & quoiqu'elle eût encore de la peine à mâcher, cette peine ne dura
pas, & le feizieme jour de la cure elle fut en état
de retourner à l'étable, & de vivre comme les
bêtes faines.

Il vaut bien mieux pour inoculer ne pas attendre que la maladie ait gagné les bêtes faines. On
confeille encore de faire dans l'étable des fumi-
gations de vinaigre & de genievre pendant la
cure, de ne fe fervir que d'eau qui aura bouil-
li, de mettre les animaux à l'abri du vent coulis, & cependant d'ouvrir les portes & les fenê-

Tome I. B b

tres dans le beau tems pour leur faire refpirer l'air pur. Nous remarquons que plufieurs des con- feils de Mr. SALCHOW ne font point nouveaux, tels que l'abftinence de nourriture feche, la ra- tiffure de la langue avec une piece d'argent. Mr. LE CLERC, médecin des armées du roi de Fran- ce, prefcrit de nourrir fobrement l'animal mala- de avec le fon & la farine de feigle bouillis dans l'eau, de lui faire avaler toutes les trois heures demi-once de poudre compofée avec le nitre, le tartre blanc, de chacun demi-livre, crème de tar- tre deux onces, & camphre une once, & de lui donner entre chaque prife de poudre un breuva- ge compofé de boiffon tiede & de deux cuillerées d'un mèlange fait fur le feu, avec fix livres de vinaigre de vin, autant de miel crud, demi-li- vre de nitre & demi-once d'huile de vitriol. Il ordonne encore de le frotter deux fois le jour avec une étrille. Il recommande auffi l'ufage d'un cautere au fanon. Il profcrit l'ufage de l'ail, de l'eau de vie, du foufre & de la thériaque, qui ne font propres felon lui, qu'à favorifer & per- pétuer la mortalité.

Mr. le baron de HUPSCH, favant naturalifte de Cologne, y a fait imprimer en 1776 en fran- çois & en allemand, une relation de la découver- te d'un remede efficace tant préparatif que cura- tif contre la maladie contagieufe des bêtes à cor- nes, dans laquelle on lit qu'il a eu un fuccès ad- mirable: qu'il eft compofé de plantes que les plus pauvres payfans peuvent planter pour s'en fervir dans le befoin, de forte qu'il coûte très-peu de chofe & qu'il eft très-aifé à préparer. C'eft auffi une poudre. Voilà tout ce que nous en favons.

Un grand nombre de certificats en attefte l'efficacité. Quiconque voudra l'effayer & obtenir les
directions convenables, peut s'adreffer directement à Mr. le baron de HUPSCH à fon hôtel à
Cologne fur le Rhin.

(*Efprit des Journaux*, *Mars* 1782.)

FIN DU PREMIER VOLUME.

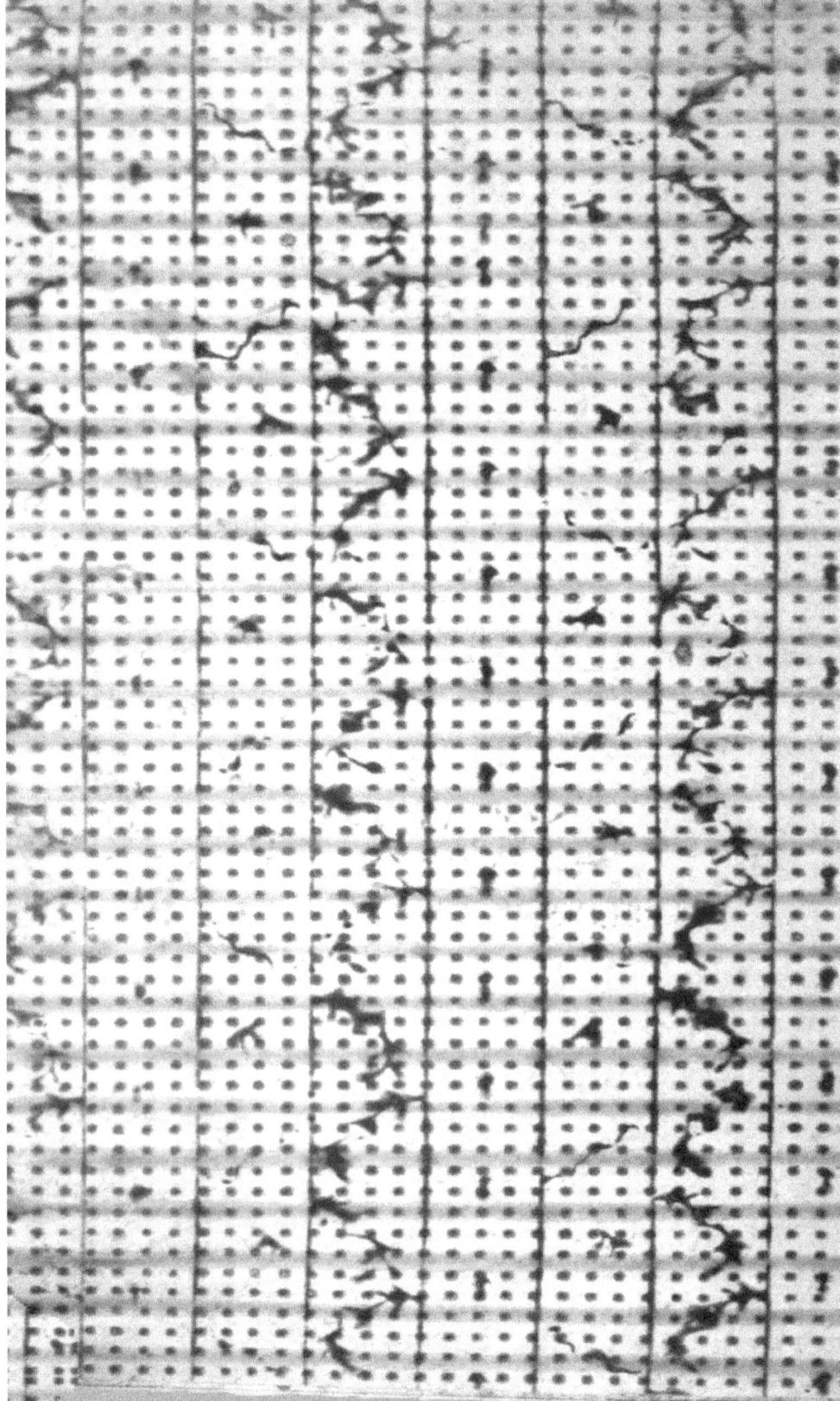

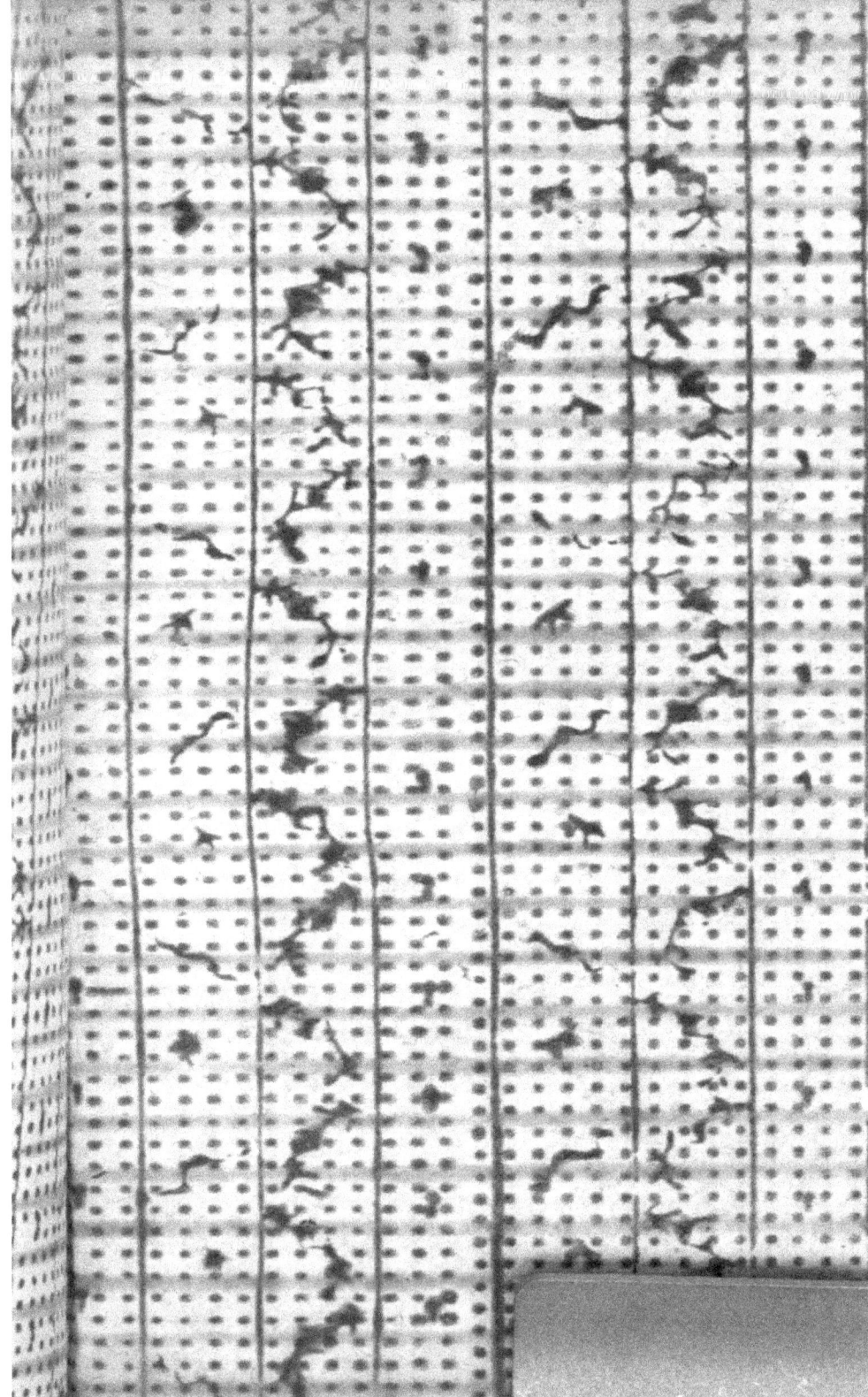

Check Out More Titles From HardPress Classics Series In this collection we are offering thousands of classic and hard to find books. This series spans a vast array of subjects – so you are bound to find something of interest to enjoy reading and learning about.

Subjects:
Architecture
Art
Biography & Autobiography
Body, Mind &Spirit
Children & Young Adult
Dramas
Education
Fiction
History
Language Arts & Disciplines
Law
Literary Collections
Music
Poetry
Psychology
Science
…and many more.

Visit us at www.hardpress.net

Im The Story
personalised classic books

JANE IN WONDERLAND

LEWIS CARROLL

"Beautiful gift, lovely finish.
My Niece loves it, so precious!"

Helen R Brumfieldon

★★★★★

UNIQUE GIFT

FOR KIDS, PARTNERS
AND FRIENDS

Timeless books such as:

Kids

Alice in Wonderland · The Jungle Book · The Wonderful Wizard of Oz
Peter and Wendy · Robin Hood · The Prince and The Pauper
The Railway Children · Treasure Island · A Christmas Carol

Adults

Romeo and Juliet · Dracula

Highly
Customisable

Change
Books Title

Replace
Characters Names
incl. yours

Upload
Photo (on
inside page)

Add
Inscriptions

Visit
Im The Story .com
and order yours today!

CPSIA information can be obtained
at www.ICGtesting.com
Printed in the USA
BVHW080058120819
555624BV00024B/3933/P